UWE GEORGE Inseln in der Zeit

Venezuela · Expeditionen zu den letzten weißen Flecken der Erde

Dank an
Barbara Brändli
Charles Brewer Carias
Klaus Jaffe
Armando Michelangeli
Fabian Michelangeli
Armando Subero
Volkmar Vareschi

Gestaltung: Erwin Ehret
Dokumentation und wissenschaftliche Beratung:
Prof. Dr. Volkmar Vareschi, Caracas
Prof. Dr. Lotte Vareschi, Caracas
Herstellung: Jürgen Hartmann, Druckzentrale G + J
Lithographie und Druck: Brillant Offset GmbH
Gedruckt auf Papier mit
chlorfrei gebleichtem Zellstoff

Herausgeber: Hermann Schreiber
Lektorat: Ortwin Fink
Bildredaktion: Ruth Eichhorn

4. Auflage 1993
ISBN: 3-570-06212-0

© GEO im Verlag
Gruner + Jahr AG & Co, Hamburg

SEITE 4
Himmel und Hades am Berg der Kristalle

SEITE 68
Der ewige Traum von El Dorado

SEITE 96
Der Orchideenwald in den Wolken

SEITE 162
Auf dem Tepui der hängenden Gärten

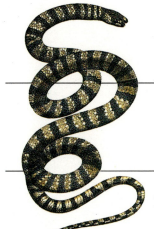

SEITE 200
Das Geheimnis der Sonnenamphoren

SEITE 222
Die Kinder des Mondes

SEITE 254
Im Labyrinth der schwarzen Wasser

SEITE 300
Aratitiope – das Haus der Papageien

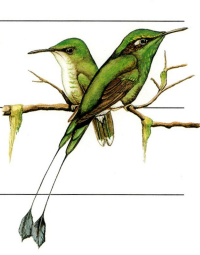

SEITE 342
Pirá-Pukú – der lange Fisch

Himmel und Hades am

Mitten in der tropischen Regenzeit begann die Expedition von GEO das Wagnis, die Felsenburg des Roraima zu erklimmen — auf den Spuren des berühmten Südamerikaforschers Robert Schomburgk. Dessen Berichte inspirierten den englischen Landarzt Conan Doyle zu einem phantastischen Roman über die Entdeckung einer lebenden prähistorischen Welt voller Saurier und urtümlicher Pflanzen, die man bis dahin nur als Fossilien kannte: Gefangene von Inseln in der Zeit. Die GEO-Expedition kam in ein Labyrinth voll schimmernder Kristalle. Hier bestätigten sich die Fiktionen des Dichters auf seltsame Weise

Berg der Kristalle

Die aufgehende Sonne findet ihren Widerschein in den Wolken, die über den mehr als zweieinhalbtausend Meter hohen Tramen-Tepui hinwegziehen. Nur sein oberes Drittel ist aus dieser Perspektive hinter dem Ilu-Tepui sichtbar

La Proa, Schiffsbug, heißt der Nordsporn des fast 3000 Meter hohen, 45 Quadratkilometer umfassenden Roraima-Tepuis. Jeden Morgen quellen aus dem Regenwald in der Ebene von Guyana dichte Nebelschwaden empor, die das Land verhüllen

Wie verloren wirkt der Botaniker, den der Hubschrauber soeben nahe dem Bug des Roraima-Tepuis abgesetzt hat. Auch in der mehr als tausend Meter hohen Wand haben sich Pflanzenpolster angesiedelt.

Die Oberfläche vieler Tepuis besteht aus Fels-Labyrinthen, die so unzugänglich sind, daß sie bis heute unerforscht blieben. Das Lager der Wissenschaftler auf dem Kukenam-Tepui konnte nur mit Hilfe eines Hubschraubers errichtet und erhalten werden

Den staunenden Blicken der Forscher offenbart sich auf den Tepuis eine Welt voller noch unbekannter Tiere und Pflanzen. Die balkonartigen Nischen im Fels werden durch den Pflanzenwuchs und sein eigenes Mikroklima ständig erweitert

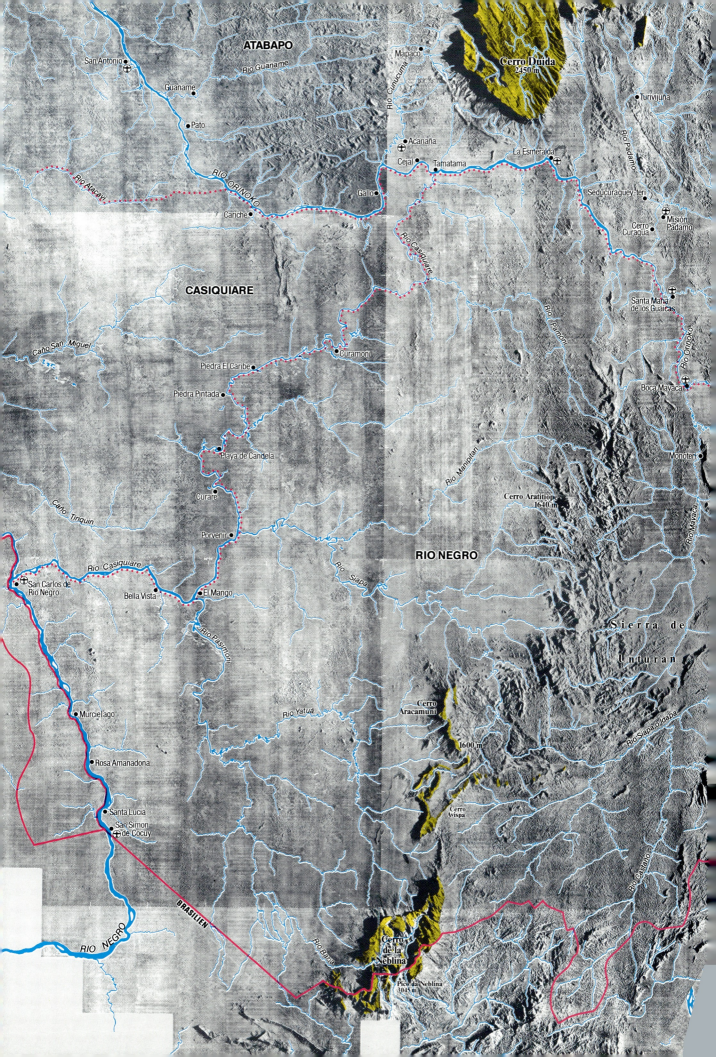

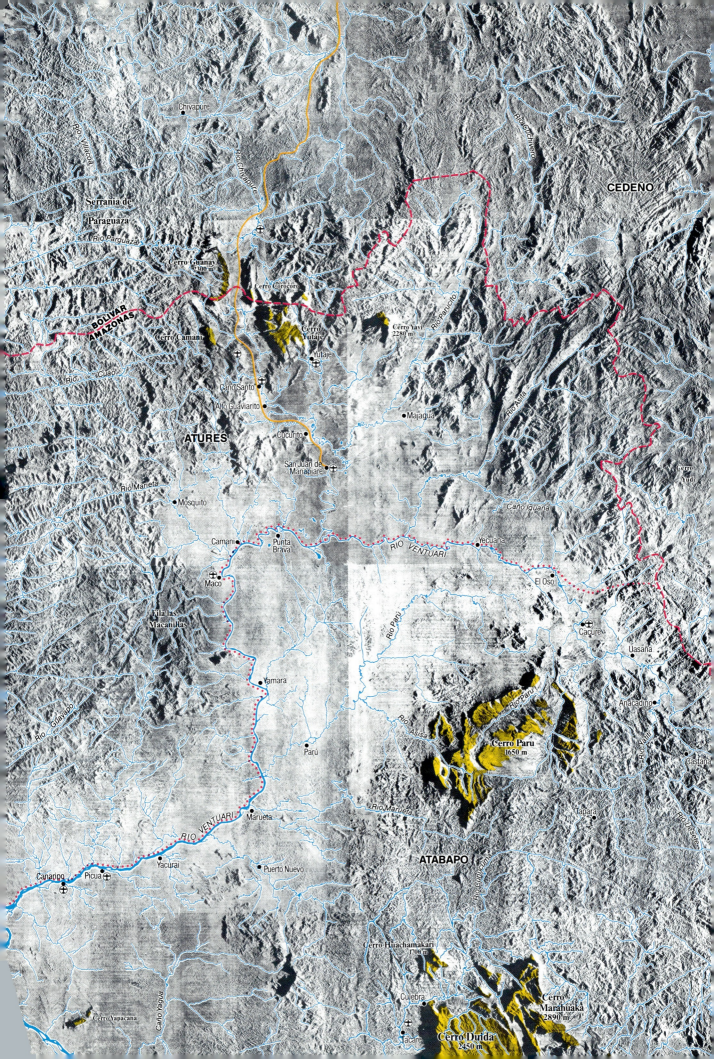

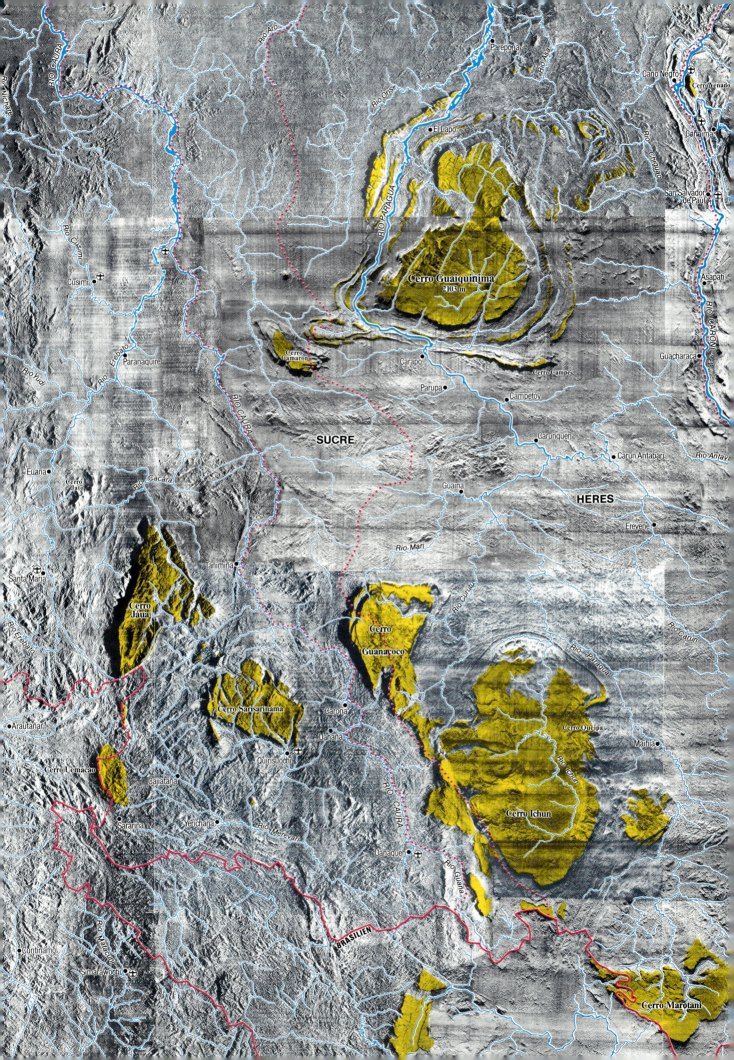

Auf dem kahlen, wasserüberfluteten Felsplateau des Roraima-Tepui bilden Pflanzengemeinschaften kleine Oasen. Pioniere sind Krustenflechten, denen humusbildende Moose folgen. In ihnen siedeln sich höher entwickelte Pflanzen wie die rosettenförmige *Orectanthe sceptrum* an, die es nur auf wenigen Tepuis gibt

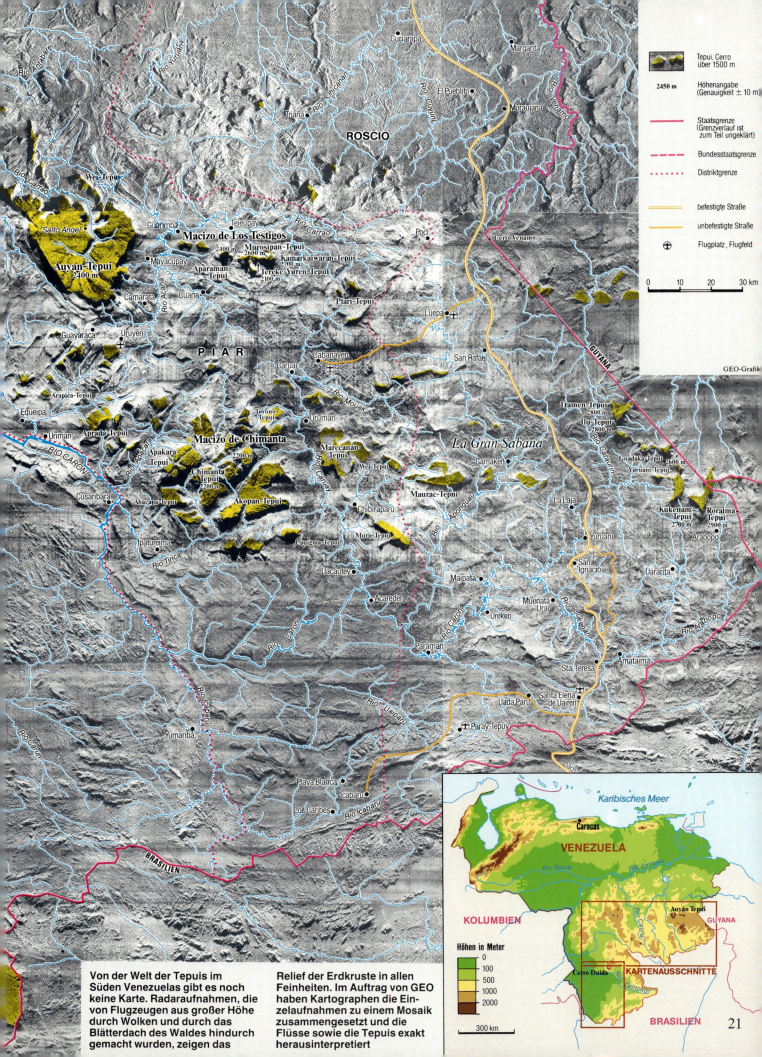

Die Fangtrichter der *Heliamphora,* der fleischfressenden Sonnenamphoren, lauern auf Insekten. Diese besondere Lebensweise gleicht den Mangel an Nährstoffen aus, die der Regen aus dem Boden in die Tiefe spült

Auf den Tepuis haben Wesen längst vergangener Erdzeitalter Zuflucht gefunden. Sie konnten überleben, weil „Neubürger" des Tieflandes nicht als Konkurrenten zu ihnen hinaufgelangten. Zu den endemischen Arten gehört auch der urtümliche, nur 22 Millimeter lange Frosch *Oreophrynella*

Die Indianer in der Umgebung der Tepuis haben diese „Häuser der Götter" nie bestiegen. Ihre kindhaft-heiteren Zeichnungen sind ein begleitendes Element dieses Buches

„Eine Zauberfrau tanzt mit einem Ameisenbären": Die Skulptur wurde von der Verwitterung in Jahrmillionen erschaffen. Im Felsenlabyrinth des Kukenam-Tepuis scheint jede in der Phantasie denkbare Form zu existieren

Vergleichbar den Brandungswellen an einer Küste, bildet der Passatwind über den Tepuis Luftwirbel, die in großer Höhe durch Kondensation Gestalt annehmen. Sie zirkulieren mit der Geschwindigkeit von Orkanen

Während der Regenzeit die Welt der Tepuis zu erforschen, ist ein ebenso schwieriges wie gefährliches Unterfangen. In Wolkenschwaden kann sich der Wanderer leicht verirren; Blitze der pausenlos tobenden Gewitter drohen ihn zu erschlagen

In schroffen Senken auf der Höhe des Kukenam-Tepuis stauen sich die Regenfluten und machen das Labyrinth vollends unbegehbar. Algen geben dem unirdisch erscheinenden Gewässer seine Färbung

Südamerika ist ein Land, das ich liebe; von Darien bis hinunter nach Fuego ist es für meine Begriffe das großartigste, reichste, wundervollste Stückchen Erde auf diesem Planeten...
Warum sollte in so einem Land nicht etwas Neues und Wunderbares verborgen liegen? Und warum sollten nicht gerade wir diejenigen sein, es ans Licht zu bringen?
Arthur Conan Doyle,
„The Lost World"

Der Weg wird zunehmend steiler und führt direkt in die Wolken. Es beginnt zu regnen. Stellenweise ist der Untergrund so schlüpfrig, daß ich nur auf allen vieren vorankomme. Es riecht nach Moder: süßlich, schwer und aufdringlich.

Drei, vier Meter, die ich mühsam hochgeklettert bin, rutsche ich auf glitschig bemoosten Felsen wieder hinunter. Auf der Suche nach Halt greife ich in die dichte Pflanzenmasse links und rechts und reiße mir die Hände an dornigen Lianen blutig. Sobald mich die Anstrengung zwingt innezuhalten, bin ich im Geruch meines Schweißes wie in einer Hülle gefangen.

Humus gibt es hier nur wenig: Bevor er sich bilden kann, werden die pflanzlichen Ablagerungen vom Regen weggespült. Die Wurzeln der Bäume klammern sich um herabgestürzte Felsbrocken, während ihre Äste Wachstumsplattformen für Farne, Moose, Orchideen und Bromelien sind. Klettergewächse verweben alles zu einer undurchdringlichen grünen Masse; nicht selten schnüren sie den Saftstrom der Bäume ab. Würger wachsen hier auf Würgern, und jeder zielt auf den Tod seines Nachbarn, um dessen Platz an der Sonne zu erringen.

Ich befinde mich in einer entlegenen Ecke Venezuelas. Irgendwo hier in der Wildnis liegen die Grenzen zu Brasilien und Guyana. Mit meinem Freund José Miguel Perez und vier ortskundigen Indianern vom Stamme der Pemó als Kundschafter und Träger will ich das Roraima-Plateau besteigen, das sich mit seinen senkrechten Felswänden wie eine unbezwingbare Burg fast 3000 Meter erhebt. Es ist einer von 115 Tafelbergen, die in einem wenig bekannten, weil schwer zugänglichen Areal von rund einer halben Million Quadratkilometern im Süden Venezuelas verstreut liegen. Viele von ihnen gehören zu den letzten weißen Flecken der Erde. Von Professor Volkmar Vareschi, Botaniker-Ökologe und einer der besten Kenner der Region, hatte ich in Caracas erfahren, daß noch nicht einmal ein Dutzend dieser Tafelberge richtig erforscht sei, und etwa die Hälfte insgesamt, versichert er mir, ist noch nie von eines Menschen Fuß betreten worden. Viele dieser steilwandigen Festungen liegen wie die Oberfläche der Venus fast das ganze Jahr unter einer dichten Wolkendecke verborgen; von einigen weiß man nur durch Radaraufnahmen, die Flugzeuge durch Wolken und Dunst machten.

Die Indianer nennen die Tafelberge Tepuis, „Häuser der Götter". Für Geographen sind sie

Quelle am Fuß der Steilwand des Roraima

Überreste eines mächtigen Sandsteinplateaus, das einst die granitenen Urgesteine des sogenannten Guyanaschildes zwischen der Nordgrenze des Amazonasbeckens und dem Orinoko, zwischen der Atlantikküste und dem Rio Negro völlig bedeckte und im Laufe der Erdgeschichte durch Erosion abgetragen wurde. Fachleute nennen jene Erhebungen auch Zeugenberge, weil sie Zeugnis ablegen von der ursprünglichen Ausdehnung eines Plateaus.

Der Warnruf meines indianischen Begleiters schreckt mich auf: Wieder einmal nach Halt suchend, hätte ich fast in eine *Veinticuatro* gegriffen, eine „24-Stunden-Ameise", die vor mir über einen vermoderten Baumstamm kriecht. Nun sehe auch ich die großen metallisch schimmernden Facettenaugen des Tieres, dessen Länge ich auf fast drei Zentimeter schätze. Dieses Insekt wird von den Einheimischen mehr gefürchtet als Schlangen und Skorpione. Das Gift aus seinem Stachel verursacht 24 Stunden lang grausame Schmerzen und Fieber; bei allergischen Reaktionen kann es gar in kurzer Zeit tödlich sein. Der englische Botaniker Richard Spruce, der hier im 19. Jahrhundert forschte, hat über seine Begegnung mit dem Rieseninsekt einen eindrucksvollen Bericht hinterlassen.

„Sehr rasch wurde mir klar, was passiert war. Stechender Schmerz im Oberschenkel, den ich für einen Schlangenbiß hielt, ließ mich hochfahren; ich sah, daß meine Füße und Beine buchstäblich zugedeckt waren von den gefürchteten *tucandera*. Da blieb nur die Flucht. Ich rannte davon, so schnell es ging zwischen all den verfilzten Ästen und Zweigen und konnte endlich auch die Ameisen abschütteln, doch war ich von ihnen an den Füßen ganz fürchterlich zugerichtet worden... Ich litt Höllenqualen und war drauf und dran, mich hinzuwerfen und herumzuwälzen, so wie die Indianer es vor meinen Augen getan hatten, zur Raserei gebracht von diesen Ameisenstichen... Es war nachmittags gegen 2 Uhr, als ich von den Tieren angegriffen wurde, und bis 5 spürte ich nicht die geringste Schmerzlinderung. Unbeschreiblich, was ich in diesen drei Stunden durchmachen mußte — Schmerzen wie von hunderttausend Brennesseln. Die Füße und manchmal auch die Hände zitterten wie bei Schüttellähmung, und eine Zeitlang lief mir der reine Angstschweiß aus Nase und Ohren... Die Entzündung hielt volle dreißig Stunden unvermindert an."

Veinticuatro: die „24-Stunden-Ameise"

Der Wald endet am Fuß der senkrechten Felswand, deren Oberkante in dichten Wolken nicht auszumachen ist. Mit ihrer horizontalen Schichtung, den senkrechten Erosionsrunsen und aufsitzenden rotschwarzen Platten metallischer Gesteinsverbindungen mutet die Wand an wie eine gewaltige gepanzerte Festung.

**Nächtliche Ausbeute:
Der Schein der Lagerlampen zog
die schillernden Käfer an**

Wir klettern über bewucherte Felssimse höher und höher. Aus Rissen und Löchern in der Wand schießt Wasser wie aus einer dicken geborstenen Leitung hervor. Auch von oben, von der regenverhangenen Kante des Plateaus, stürzen Kaskaden auf uns herab. Immer wieder signalisieren dumpfe Aufschläge im Pflanzenwerk unter uns, daß die strömenden Wasser Gesteinsbrocken mit in die Tiefe reißen.

Über uns auf dem Plateau grollen ferne Gewitter. Die große Regenzeit des Sommers ist noch nicht zu Ende.

Irgendwann am späten Nachmittag öffnet sich die schwere düstere Wolkendecke einmal kurz, und das Licht der schon tief stehenden Sonne läßt die Felswand für eine Minute wie pures Gold erstrahlen. Gebannt verharre ich bei diesem Anblick. Alte Mythen und Legenden fallen mir ein – El Dorado –, doch bevor ich ihnen nachsinnen kann, höre ich Miguel hoch über mir rufen und zur Eile mahnen. Wir müssen unbedingt vor der Nacht oben sein.

Wie recht er hat. Schnell kriecht die Dunkelheit an den Felsen empor. In der steilen, regennassen Wand können wir nicht übernachten. Endlich, beim allerletzten Lichtschimmer – ein fernes Wetterleuchten ist bereits heller als der Tag –, erreichen wir in etwa 2600 Metern Höhe die Oberfläche des Plateaus.

Was ich jetzt gerade noch wahrnehmen kann, scheint einem Alptraum entsprungen zu sein: Als wäre es ein Steinbaukasten von Zyklopen, türmen sich Felsblöcke und Zinnen jeder Größe und Form aufeinander.

Sturm peitscht uns eiskalten Regen ins Gesicht. Im Schein unserer Stirnlampen stolpern wir noch ein paar hundert Meter weiter. An Zeltaufbau ist überhaupt nicht zu denken. Es gibt nicht einen einzigen Quadratmeter ebener Fläche. Und was nicht nackter glitschiger Fels ist, ist bodenloser Morast. Wie nasse Hunde verkriechen Miguel und ich uns in den nächstbesten Unterschlupf – nicht viel mehr als der weite Überhang eines pilzförmigen Felsens. Die Indianer hasten zu einem anderen Felsdach und entschwinden unseren Blicken.

Dann bricht ein Gewitter von urzeitlicher Gewalt über uns herein. Wehe der Kreatur, die jetzt keine Höhle gefunden hat. Die Länge der ersten Donnerschläge können wir noch messen – sie währen über eine volle Minute.

Im Abendlicht
erglühen die senkrechten,
von Bergkristallen durchsetzten
Wände des Roraima-Tepui
wie pures Gold

Dann aber kracht Blitz auf Blitz in die Felsen, begleitet von sintflutartigen Güssen. Geborgen in unseren Schlafsäcken, unsicher, ob wir unsere felsige Behausung nicht mit Skorpionen und anderem giftigen Getier teilen, starren wir in das Inferno, das einer schaurigen Inszenierung von Wagners Götterdämmerung zur Ehre gereicht hätte.

Je nachdem, wo die Blitze aufflammen, entstehen immer neue Bühnenbilder. Es fällt mir leicht, in vielen Felstürmen und Zinnen die Tempelruinen einer fremdartigen Kultur zu sehen; ägyptische Kolosse darunter, siamesische Pagoden, Grimassen furchtbarer Götzen, menschliche Zerrgestalten, gewaltige Hunde und Schweine – alles für die Ewigkeit erstarrt. Unter ohrenbetäubendem Krachen schlägt ein Blitz in die Felsplatte über uns ein. Ich spüre, wie sie vibriert, und ich fürchte, sie könne abbrechen und uns unter sich begraben. Aber wir haben keine Wahl. Denn hinaus können wir nicht.

Das Gewitter dauert die ganze Nacht. An Schlaf ist nicht zu denken. Doch ich bin glücklich. Eine Legende ist für mich Wirklichkeit geworden. Seit ich als Junge die Bücher des deutschen Südamerikaforschers Robert Schomburgk gelesen habe – wohl der erste Weiße, der den Roraima gesehen hat –, träumte ich davon, es ihm gleichzutun.

Die abenteuerliche Geschichte von Robert Schomburgk beginnt mit der Unabhängigkeit Venezuelas im Jahre 1810, als ein Streit über den Grenzverlauf mit der neuen Kolonie British Guyana ausbrach. Die ehrwürdige Royal Geographical Society in London sandte den angesehenen Geographen aus, um die weiße Karte der Kolonie mit Flüssen und Bergen zu füllen und dadurch die Gebietsansprüche zu untermauern. Im November 1838 erreichte Schomburgk den Berg, den seine indianischen Begleiter Ru-Ru-Ima nannten: stets fruchtbare Mutter der Gewässer.

Schomburgk notierte: „Vor Sonnenaufgang und noch eine halbe Stunde danach war der Roraima wunderschön klar und wir sahen ihn in all seiner Majestät... Seine Steilhänge erhoben sich zu Höhen von 1500 Fuß... Sie sind so senkrecht, wie mit einem Bleilot errichtet. Es ist mir kaum möglich, die Erhabenheit dieser Berge mit ihren donnernden und schäumenden Wasserfällen zu beschreiben."

Der Forscher blieb vier Wochen in der Umgebung des Tepui, ohne eine Aufstiegsmöglichkeit zu finden. Unter kaum vorstellbaren Strapazen durchquerte er dann auf einer ausgedehnten Expedition den ganzen Süden Venezuelas und drang bis zum Rio Negro vor. 1840 wurde er für seine Leistungen mit der Goldmedaille der Society ausgezeichnet, und die britische Regierung ernannte ihn ein Jahr später zum Grenzkommissar für ihre Kolonie.

1842 kehrte Robert mit seinem Bruder Richard, einem Botaniker, zum Roraima zurück, voll der

Vor der Urgewalt des Gewitters suchen die indianischen Träger Schutz unter einem Überhang, auf dem auch die *Ledothamnus guianensis* wächst. Als die Sonne wieder durchbricht, dampft die Oberfläche des Roraima

Hoffnung, daß dieses Mal der Aufstieg gelingen möge. Die Forscher folgten einem langen Felssims, das wie eine Rampe diagonal am Südwestwall der Felsenburg emporsteigt. Doch ein Bruch auf halbem Wege erwies sich für sie als unüberwindlich. Es war die Stelle, an der auf Miguel und mich das Wasser und die Felsbrocken herabstürzten.

Die Berichte und Bücher der Schomburgk-Brüder heizten das Interesse an dem geheimnisvollen Berg so an, daß immer wieder Forscher ihr Glück versuchten. Unter ihnen war auch der Geologe Charles Barrington Brown, der zwar auch nicht die Oberfläche des Tafelbergs erreichte, aber ihm immerhin als erster ein hohes Alter zusprach: Das war mutig, denn die Erdgeschichte war noch höchst umstritten.

In der zweiten Hälfte des 19. Jahrhunderts begannen sich die revolutionären Theorien von Charles Lyell und Charles Darwin durchzusetzen. Demnach war die Erde nicht Schlag neun Uhr am 23. Oktober des Jahres 4004 vor Christi Geburt mit allen ihren Kreaturen erschaffen worden, wie es der irische Erzbischof James Usher 1742 anhand des Alten Testaments ausgerechnet hatte, sondern sie war viele Millionen Jahre alt. Die Saurier, die riesigen Drachenechsen, deren Skelette man in Südengland ausgegraben hatte, waren nicht in der biblischen Sintflut ertrunken, sondern in einer weit zurückliegenden erdgeschichtlichen Periode ausgestorben. Wie sich die Oberfläche der Erde, nach Lyell, im Laufe von Jahrmillionen allmählich entwickelt und umgestaltet hatte, so hatten es – laut Darwin – auch die Lebewesen getan.

Was aber mußte, so fragten sich die Wissenschaftler damals, mit Pflanzen und Tieren geschehen sein, wenn sie an Orten, die keinen großen geologischen Umgestaltungen unterworfen waren, für vielleicht Jahrmillionen isoliert geblieben waren? Hatten die populären Saurier gar in einem entlegenen Winkel der Erde die Zeiten lebend überdauert?

Die sogenannten lebenden Fossilien, von denen man damals schon einige entdeckt hatte, stellten für Darwins Entwicklungstheorie ein schwieriges Problem dar. Warum hatten sich, wenn die natürliche Selektion die Arten unentwegt umwandelte – wie Darwin glaubte –, gewisse Arten gegen diesen Vorgang als immun erwiesen? Darwin äußerte die Vermutung, daß an einigen begrenzten Orten alte Arten erhalten blieben, weil sie dort einem harten Wettbewerb weniger ausgesetzt waren.

Die Faszination dieser Hypothese ergriff die wissenschaftliche Welt. War der von Barrington Brown untersuchte Roraima etwa so ein Ort? Im April 1874 fragte die Zeitschrift „Spectator" provokativ: „Will no one explore Roraima and bring us back the tidings which it has waited these thousands of years to give us?"

Endlich fand sich einer: Everard Im Thurn, Bürgermeister eines kleinen Ortes in British Guyana und begeisterter Botaniker. Auf einer Vortragsreise in Nordamerika suchte er Unterstützung für seine geplante Expedition zum Roraima-Tepui: „Ich möchte jetzt noch nicht allzuviel sagen... über die primitiven Tiergestalten und Pflanzenformen, die angeblich überlebt haben, abgekapselt vom Rest der Welt durch mächtige Felswände. Gar nicht schlecht, diese Idee von einer kleinen urzeitlichen Welt, seit Ewigkeiten da oben in den Wolken verloren..., um eines Tages entdeckt zu werden!"

Im Thurn zog los, zusammen mit Harry Perkins, dem Assistant Crown Surveyor der Kolonie, und einem Orchideensammler namens Siedal, den sie unterwegs trafen. Siedal kannte sich aus. Er war bereits am Fuße des Roraima gewesen, um Cattlaya-Orchideen zu

sammeln, die damals vom europäischen Adel und der neuen Oberschicht der Industriellen als Statussymbol begehrt waren wie Edelsteine und dem Sammler deshalb hohen Gewinn versprachen. Aber Siedals erste Exemplare hatten die Reise nach Europa nicht überstanden, und so war er begierig, sein Glück erneut zu versuchen.

Nach monatelangen Strapazen, Irr- und Umwegen betraten die drei Forscher am 18. November 1884 als erste Menschen die Oberfläche des legendären Tafelberges. Mich faszinierte, als ich da so in meinem Schlafsack kauerte, die Vorstellung, daß sie vielleicht unter dem gleichen Pilzfelsen wie wir Zuflucht vor Sturm und eiskaltem Regen gesucht hatten, von denen Im Thurn später berichtete. So weit sie von einem hohen Felsen blicken konnten, erstreckte sich das Plateau nach Norden – eine menschenabweisende Wildnis chaotisch aufgetürmter Felsen und unheimlicher Sümpfe.

Colibri coruscans: eine Art, die ausschließlich auf den Tepuis lebt

Nach nur drei Stunden mußten sie vor einem aufziehenden Gewitter flüchten. Mit ihrer unzulänglichen Ausrüstung konnten sie es nicht wagen, auf dem Plateau zu übernachten. Aber sie brachten schon von diesem kurzen Aufenthalt in der unbekannten Höhe viele Pflanzen mit, die die wissenschaftliche Welt verblüfften. Fast alle hatte noch nie ein Mensch gesehen, geschweige denn beschrieben. Viele muteten an, als entstammten sie längst vergangenen Erdzeitaltern. Damit war ein weiterer Beleg für Isolation und Evolution entdeckt, ähnlich jenem, den Charles Darwin ein halbes Jahrhundert zuvor auf den Galapagos-Inseln inmitten des Pazifik als erster Wissenschaftler beobachtet hatte.

Keiner der Forscher, die bald danach auf den Spuren Im Thurns zum Roraima zogen, fand lebende Saurier oder deren Fossilien auf dem Plateau. Aber die Wildheit der Landschaft machte eine gründlichere Erforschung unmöglich. Obwohl die Oberfläche Roraimas nur 65 Quadratkilometer mißt, war – mit den Mitteln jener Zeit – nur ein kleiner Teil einigermaßen zugänglich. So blieb das Rätsel des Roraima in den Köpfen der Forscher.

Zu den aufmerksamen Zuhörern von Im Thurns Vorträgen in England und den begeisterten Lesern der Reiseberichte Schomburgks, die zuerst in England er-

Die extremen klimatischen Bedingungen auf den Tepuis schaffen ungewöhnliche Formen: Kelche und Pflanzenkolonien, die wie Korallen wachsen

schienen, gehörte auch Arthur Conan Doyle, wie viele seiner Zeitgenossen Anhänger der Theorien Darwins – und befreundet mit dem Paläontologen Ray Lankester, der in England selber einige Saurier ausgegraben hatte. Doyles Sherlock-Holmes-Geschichten waren so erfolgreich gewesen, daß er seinen Arztberuf aufgeben konnte, um sich ganz der Schriftstellerei zu widmen. Inspiriert von dem, was die Wissenschaftler berichteten, dachten und wonach sie suchten, schrieb er einen phantastischen Roman. Im Jahre 1912 erschien „The Lost World" mit dem Untertitel: „Being an account of the recent amazing adventures of Professor George E. Challenger, Lord John Roxton, Professor Summerlee, and Mr. E. D. Malone of the Daily Gazette."

Der Held der Geschichte, Professor Challenger, dessen Forschungsberichten aus Südamerika niemand Glauben schenken will, führt zum Beweis seiner Behauptungen eine Expedition auf ein entlegenes südamerikanisches Plateau, nach „Maple White Land", wo er und seine Gefährten eine phantastische prähistorische Welt entdecken, voller Saurier und Pflanzen, die man bisher nur als Fossilien kannte. Sie waren Überlebende in einer Welt, die sich seit Millionen Jahren nicht verändert hatte, sie waren Gefangene einer Insel in der Zeit. Vorbild für das fiktive Plateau Conan Doyles ist zweifellos der Roraima, denn seine Beschreibung stimmt in vielen Punkten mit der Wirklichkeit überein.

So gelangen die Akteure des Romans über einen hohen Felspfeiler auf das Plateau: „An diesem Abend schlugen wir das Lager direkt unter der Steilwand auf – der wildeste Platz und unheimlich öde. Ganz in der Nähe war die hohe, dünne Felsspitze... Sie sah aus wie ein großer roter Kirchturm, die Spitze auf gleicher Höhe mit dem Plateau, aber eine breite, tiefe Schlucht dazwischen. Oben auf ihrem Gipfel stand ein einzelner hoher Baum."

Indem die Männer den Baum so fällen, daß er eine Brücke bildet, gelingt ihnen der Übergang. Von der Felsnadel hatte Doyle aus der Reisebeschreibung Im Thurns erfahren: „An seinem südlichsten Punkt, wo das Gebirgsmassiv sich über die Wälder erhebt – ein Teil ist irgendwann einmal senkrecht von den Klippen abgetrennt worden –, steht dieser Klotz, ein roher Obelisk aus nacktem Gestein mitten überm Urwald und höher als die nahe Klippe von Roraima." Nur den Baum auf dem Felsen hat sich Conan Doyle hinzugedacht.

Irgendwann in jener Gewitternacht unter dem Felsüberhang muß ich wohl doch noch eingeschlafen sein. Die Grenze zwischen Traum und Wirklichkeit wird in dieser Landschaft schnell unklar. Das Geklapper von Tassen weckt mich. Miguel hat Tee aufgebrüht. Wie vielen Saurierarten ich letzte Nacht begegnet bin, will er wissen. Die seien längst alle vom Blitz erschlagen, gebe ich zurück.

Die Morgenluft ist klar und kalt. Die schauerlichen Bühnenkulissen haben sich in freundlichere, sonnenlichtdurchflutete verwandelt. Von einer Anhöhe oberhalb unseres Übernachtungsplatzes bietet sich ein überwältigender Ausblick. Inmitten eines endlosen dichten Wolkenmeeres tief unter uns stehen wir auf einem steinernen Floß, dessen wilde Oberflächenformen alles übertreffen, was ich je in der Welt gesehen habe. In einiger Entfernung ragen andere Tepuis wie Inseln aus den Wolken empor. Der nächste – nur ein paar Kilometer entfernt – heißt Kukenam. „Viele Männer sind hinaufgestiegen, aber keiner ist je wieder heruntergekommen", erzählt mir einer der Indianer. Auch vom Kukenam stürzen Wasserfälle hinab in die Wolken.

Etwa zehn Kilometer nordwärts können wir nach dem Bekunden der Indianer ein Lager errichten, aber bei diesem Gelände bedeutet das ungefähr einen Tagesmarsch. Dann, wir sind gerade aufgebrochen, nehmen die Visionen Conan Doyles vor meinem Auge Gestalt an. Merkwürdige, schwingenförmige Wolken bilden sich in Schwärmen sekundenschnell aus dem Nichts, stürzen in rasendem Tempo auf uns herab und lösen sich unmittelbar vor uns wie ein Spuk auf. Sie erscheinen mir wie die Flugsaurier, die Professor Challenger und seine Männer überfallen haben.

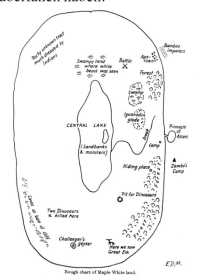

Der Felspfeiler auf Conan Doyles Karte von „Maple White Land", über den seine Romanhelden auf das Plateau gelangten, ist am Kukenam-Tepui tatsächlich zu finden

Orkanböen tosen zwischen den Felsen. Die schwerbeladenen Indianer haben Mühe, sich auf den Beinen zu halten.

Fast drei Kilometer hoch über der größten zusammenhängenden Waldregion der Erde, dem benachbarten Amazonasbecken, marschieren wir durch eine Landschaft, für die ich spontan die Bezeichnung Regenwüste erfinde. Der starke Niederschlag wäscht fast alle für das pflanzliche Wachstum unerläßlichen mineralischen Nährstoffe aus dem Gestein von dem Plateau herunter. Dasselbe geschieht mit den meisten Humusstoffen. Wir ziehen durch eine kahle Gesteinswüste, angefüllt mit nährstoffarmen Sandpfannen, in denen Regenwasser steht. Gleichwohl gedeihen in ihnen wunderschöne Oasen vieler verschiedener Pflanzenarten, zusammen oft nicht viel größer als Blumengestecke — Lebensgemeinschaften, die sich aus sich selbst erhalten.

Stellenweise schreiten wir über Rippelmarken, und in den Fels-

pfeilern sehen wir Kreuzschichtungen, wie sie charakteristisch für Sedimente sind, die durch Wasserströme antransportiert und abgelagert wurden.

Miguel meint, wir bewegten uns auf einem alten, Fels gewordenen Boden eines flachen Meeres. Wir schauen uns um. Es könnte aber auch der Grund einer breiten Flußmündung sein, wo Gezeiten und Strömungen an der Meeresküste die Sandfracht verdriftet haben, wende ich ein und zeige auf eine Schicht von Rippelmarken, die ganz deutlich quer über der darunter liegenden verläuft. Die Rippelmarkenmuster, zusammen mit der Analyse anderer Gesteinsmerkmale, zeigen dem Geologen, daß Strömungen ihre Sandfracht einst von Osten herantransportierten. Umstritten ist jedoch das erdgeschichtliche Alter der Sandsteine, aus denen sich alle diese Tafelberge aufbauen, vom Roraima bis hin zum fernen Neblina-Tepui in der Südwestecke Venezuelas, für die die Geologen die einheitliche Bezeichnung Roraima-Formation verwenden. In diesem Sandstein sind keinerlei Überreste von Lebewesen, auch nicht die kleinsten, die sogenannten Mikrofossilien, zu finden, aus deren entwicklungsgeschichtlicher Abfolge

Auf dem Kukenam entdecken die Forscher einen fremdartigen Wald, dessen Bäume mit Moosen und Tillandsien bewachsen sind. Unermüdlich kartiert und skizziert Professor Volkmar Vareschi die Vegetation, um dann eine Darstellung der Lebensgemeinschaften anzufertigen

sich das Alter von Sedimenten ablesen läßt. Von einem einzigen Fund – verkieselte Schwämme –, der den Geologen bekannt wurde, fehlt leider die entscheidende Angabe, wo genau und in welcher Schicht er gemacht wurde. So läßt sich nicht sagen, ob dieses fossile Zeugnis bereits ursprünglicher Bestandteil der Roraima-Formation war oder sich erst sekundär in ihr abgelagert hat. Man versuchte lange, über bestimmende Merkmale ihrer Beschaffenheit indirekt zu einer Datierung der Gesteinsschichten zu gelangen. Die Ergebnisse variierten von 15 bis 500 Millionen Jahren. Ersteres erschien etlichen Fachleuten zu jung, letzteres vielen zu alt.

Vor wenigen Jahren erst entdeckten Geologen dann Stellen, an denen einst glutflüssiger Dolerit zwischen die Sandsteinschichten gedrungen war. Dolerit enthält bestimmte radioaktive Elemente, an deren Zerfallsgeschwindigkeit sich datieren läßt, wann die Gesteinsschmelze in den Sandstein eingedrungen ist. Erstaunliches Resultat: Das Ereignis fand vor 1,7 Milliarden Jahren statt. Der Sandstein ist demnach noch älter.

Sedimentgesteine dieses Alters werden äußerst selten gefunden.

1 Schefflera spec. (Araliaceae)
2 Bonnetia roraimae (Theaceae)
3 Xyris spec. (Xyridaceae)
4 Orectanthe sceptrum (Xyridaceae)
5 Connellia augustae (Bromeliaceae)
6 Stegolepis spec. (Rapataceae)
7 Lycopodium alopecuroides (Lycc.)
8 Brocchinia reducta (Bromeliaceae)
9 Ericaceae gen.
10 Navia splendens (Bromeliaceae)
11 Nietneria corymbosa (Liliaceae)
12 Rubiaceae gen.
13 Tillandsia turneri (Bromeliaceae)
14 Kolonien von Lebermoosen (Hepaticae)

Fast alle, die älter als 600 Millionen Jahre sind, haben sich längst – nach Verschiebungen der Erdrinde – durch Druck und Temperatur in der Tiefe der Erde zu sogenannten metamorphen Gesteinen, etwa zu Gneis, verwandelt.

1,7 Milliarden Jahre – 1700mal eine Million Jahre: Das kann ich mir nicht mehr vorstellen. Ich weiß natürlich, wie viele Nullen eine Milliarde hat, die Zeit selbst aber wird zur Metapher. Es ist Menschen nicht möglich, die Erfahrungen ihrer eigenen winzigen Lebensspanne in geologische Zeit zu übersetzen. Das vielleicht hundertjährige Alter der wunderschön blühenden kleinen Oase neben meinem Weg vermag ich mir noch vorzustellen. Wenn ich das kugelförmige Polster aufbreche, kann ich nachvollziehen, wie sich jedes Jahr eine neue Pflanzenschicht über die andere gelegt hat. An den Wänden der bizarren Felszinnen vor mir haben sich Flechten angesiedelt: schwarze und graue Zeichen wie aus einer fremden Schrift, Umrisse unbekannter Länder und Kontinente. Ihr Alter kann ich selbst nicht mehr erkennen; ich weiß nur noch, was ich darüber gelesen habe. Diese Flechten werden Jahrtausende alt.

Um geologische Zeiträume nachvollziehbar zu machen, greift der Mensch gern auf die Maße des Menschen zurück. Das schönste Gleichnis hat John McPhee in seiner Novelle „Basin and Range" gebracht: „Wenn man als Maßeinheit für die Geschichte der Erde das alte englische Yard nimmt, also die Länge von der Nase des Königs bis zur Spitze seiner ausgestreckten Hand: Dann tilgt ein einziger Feilenstrich über den Nagelrand des Mittelfingers die ganze Geschichte der Menschheit."

Die polsterförmigen Lebensgemeinschaften auf den Tepuis bestehen aus bis zu zwanzig verschiedenen Pflanzenarten. Ihre Wuchsform hat eine doppelte Funktion: In der Regenzeit widersteht sie den Wasserfluten am besten; während kurzer Trockenzeiten schützt sie vor übermäßigem Verlust an Feuchtigkeit

1,7 Milliarden Jahre – das reicht tief in die Frühzeit der Erdgeschichte zurück. Damals gab es allenfalls primitiv entwickelte Lebensformen in den Urozeanen, und es sollten noch 1,3 Milliarden Jahre vergehen, bis Pflanzen und Tiere des Meeres sich anschickten, das feste Land zu besiedeln.

Die Sedimentgesteine des Roraima waren also bereits uralt, als Südamerika noch zusammen mit Afrika Bestandteil des Großkontinents Gondwanaland war, der vor rund 250 Millionen Jahren auseinanderzubrechen begann. Das Material für die heutigen Tepuis stammt von einer so alten Landmasse, daß Gondwanaland dagegen aus der erdgeschichtlichen Gegenwart zu stammen scheint. Die Kräfte der Erosion trugen sie ab, und Wind und Flüsse transportierten den Sand auf meeresüberflutete Teile der granitenen Urschilde des heutigen nördlichen Südamerika und Nordwestafrikas, wo er sich zu Gestein verfestigte. Aus Sandsteinen wie die der Roraima-Formation bestehen auch Kliffs und tepui-ähnliche Tafelberge, die das Taoudeni-Becken in der Westsahara umrahmen.

Im Laufe des Vormittags steigen die Nebel von tief unten an den Flanken des Roraima empor und verdichten sich über uns zu quellenden Stratokumuluswolken, aus denen bereits gegen Mittag die ersten Blitze zucken. Wir müssen uns beeilen, wenn wir unseren Lagerplatz noch vor dem nächsten Unwetter erreichen wollen.

Das Gelände wird immer wilder, und bald habe ich das Gefühl, durch die ausgebrannten Ruinen einer zerbombten Stadt zu ziehen. Aber dann treten wir ein in einen kilometerlangen Cañon, der mich

Tavernierung nennt der Fachmann dieses landschaftsgestaltende Phänomen. Wind und Wetter sowie Algen, die den Fels besiedeln, zerfressen den Kukenam-Tepui. So entstehen Höhlen, Brücken, Fabelwesen oder mehr als 30 Meter hohe Säulen mit wuchtigen Kapitellen

Am frühen Morgen
findet der Himmel sein
Spiegelbild auf der völlig unbewegten
Oberfläche des großen Sees auf
dem Roraima-Tepui. Das Licht der noch
tiefstehenden Sonne läßt die
Kronen der Bonnetia-
Bäumchen erglühen

Wasser und Hitze haben in Jahrmillionen wundersame Bergkristalle entstehen lassen, die nun an den Flanken des Roraima zutage treten

glauben macht, wir seien in ein Märchen versetzt: Der Grund besteht stellenweise aus den schönsten weißen und rosa Bergkristallen. Gleich tonnenweise liegen die Kostbarkeiten umher. Der venezolanische Wissenschaftler Charles Brewer Carias, der diesen Teil auf einer seiner vielen Expeditionen 1976 entdeckte, gab ihm den schönen Namen *Vallee de los Cristales*: Tal der Kristalle. Es ergießt seine Wassermassen über die Ostflanke des Roraima in die Tiefe. In der Umgebung des mächtigen Wasserfalls tritt die kristallführende Schicht in der senkrechten Felswand zutage, und das Licht reflektiert sich dort wie in einem tausendfach zerborstenen Spiegel.

Am Ende des Cañons errichten wir unser Lager. Im Norden liegt ein so gut wie unerforschtes Areal. Man nennt es *Gran Laberinto del Norte*, ein schauriges, mindestens zehn Quadratkilometer großes Gewirr aus Felszinnen, kreuz und quer zerfurcht durch bis zu 50 Meter tiefen Spalten und zerfressen von Höhlen. Von den Indianern hören wir, daß in diesem Hexenkessel der Natur Diamanten zu finden seien.

Jenseits des großen Labyrinths, in einem flacheren Areal nahe der Nordspitze des Roraima, hat Charles Brewer Carias vor einigen Jahren aus dem Flugzeug einen großen tiefen See entdeckt, dessen Ufer noch nie ein Mensch erreichte. Von diesem See hatten die Indianer bereits den Brüdern Schomburgk berichtet. In den Mythen der Eingeborenen leben darin Delphine, bewacht von großen weißen Adlern. Arthur Conan Doyle hatte daraus seinen See „Gladys" gemacht, der von Plesiosauriern und anderen vorzeitlichen Reptilien bevölkert wird.

In der ersten Nacht vernehme ich aus der Ferne einen unheimlichen Schrei. Er muß aus jenem Labyrinth kommen. Sofort fallen mir die furchtbaren Abenteuer von Conan Doyles Professor Challenger ein, der von diesen ohrenzerreißenden Schreckenslauten berichtet hatte.

Noch einmal höre ich den gespenstischen Schrei. Ich überlege, ob ich Miguel wecken soll. Aber nun bleibt es ruhig.

Am nächsten Morgen brechen wir auf, um so weit wie möglich in das Labyrinth einzudringen. Die Indianer drücken sich scheu herum und weigern sich schließlich, uns zu begleiten.

Wir betreten einen Hades ohne Dach. Düstere Nebelschwaden ziehen hindurch. Heftiger Dauerregen setzt ein. Das Fortkommen

ist eine Qual. Die Stiefel saugen sich im Morast am Grunde der Felsspalten fest, und stellenweise ist die Vegetation so undurchdringlich, daß wir lange Umwege machen müssen. Der gewandte Miguel erklettert Felszinnen, die mir unzugänglich sind, um den Weg auszukundschaften. Wir verlieren uns aus den Augen. Miguel ruft mich, ich rufe ihn – doch unsere Namen kommen als seltsam vermischte Echos von überall her. Streckenweise steht Wasser am Grunde der Felsspalten, so daß man sich nicht darauf verlassen kann, in den eigenen Fußspuren zurückzufinden. Doch dann, an einer Gabelung, treffen wir völlig unvermittelt wieder aufeinander. Für eine Strecke von nur 200 bis 300 Metern benötigen wir Stunden.

Niemals zuvor hat ein Geräusch mich mehr beunruhigt als jene nächtlichen Schreie. Gleichwohl lockt mich die Neugier immer tiefer in das Labyrinth; an jeder Ecke bin ich darauf gefaßt, eine monströse Kreatur anzutreffen. Und dann begegne ich ihr tatsächlich.

Unendlich langsam, wie in Zeitlupe, schreitet ein höchst merkwürdiges Wesen mit weit ausholenden Beinen über einen Felsvorsprung. Warzenübersät ist der Körper und das Auge vergleichsweise riesig. Das Mini-Monster ist die Kröte *Oreophrynella* – nicht viel größer als zwei Zentimeter. Diese Art kommt auf der ganzen Erde nur hier vor.

Die wissenschaftliche Erkundung der einzigartigen Naturphänomene der Tepuis ist noch sehr jung, und abschließende Erklärungen lassen noch auf sich warten.

Von 1980 bis 1984 unternahm Charles Brewer Carias mehrere

Ein Hades ohne
Dach: Wer ihn erforschen
will, benötigt den Faden der
Ariadne. Doch oft verhindern Nebel
und bodenlose, versumpfte
Spalten ein Fortkommen

Expeditionen zum bis dahin völlig unerforschten Neblina-Tepui – mit 40 nord- und südamerikanischen Wissenschaftlern das bisher umfangreichste Projekt dieser Forschung: Darunter war auch der Herpetologe Roy McDiarmid von der Smithonian Institution. Er wußte mir zu erzählen, daß die nächsten Verwandten vieler der von ihm auf dem Neblina-Tepui gesammelten Amphibien und Reptilien in Afrika leben. Und Jerome G. Rozen vom American Museum of Natural History kommentierte: „Wir haben so viele neue alte Lebensformen auf Neblina entdeckt, daß man wirklich wie Conan Doyle von einer vergessenen Welt sprechen kann."

Nach Ansicht von Professor Vareschi blieben die urtümlichen Relikte längst vergangener Erdzeitalter auf den Tepuis unverändert erhalten, weil die im Laufe der Erdgeschichte auftauchenden neuen Arten des Tieflandes nicht als Konkurrenten zu ihnen hinaufgelangen konnten.

Auch der Frosch *Oreophrynella* könnte also aus einer Zeit stammen, als die beiden Kontinente Afrika und Südamerika noch zusammenhingen, und so durchaus ein Zeitgenosse der ausgestorbenen Saurier sein. Damit hätte sich dann die Phantasie des Sherlock-Holmes-Erfinders auf erstaunliche Weise bestätigt.

Aufbruch in das botanische Paradies

Richard Schomburgk, der deutsche Botaniker und Forschungsreisende, begleitete seinen Bruder Robert, der 1835 bis 1844 in englischen Diensten die Grenze zwischen der Kolonie Guyana und Venezuela absteckte. Richard sammelte unermüdlich Pflanzen, von denen etliche nach ihm benannt wurden, und verfaßte ein umfangreiches Reisewerk. Hier ein Auszug

Mit dem Roraima lag die Wasserscheide der drei grossen Flussgebiete Guiana's, des Amazonenstromes, des Orinoko und des Essequibo vor mir...

Nordwestlich vom Roraima erhebt sich der Kukenam mit gleicher, wallförmig auslaufender Gipfelhöhe, sowie der Ayang-catsibang; nördlich der Marima. Diese vier Berge nehmen von S.O. nach N.W. einen Flächeninhalt von 10 geographischen Meilen ein. Das östliche Ende des Roraima hat täuschende Aehnlichkeit mit einem riesigen Portal. Der nordwestliche Theil von Ayang-catsibang liegt unter 5° 18′ Norderbreite. Zwei Miles nordwestlich von ihm steigt eine andere Sandsteinhöhe, der Irwarkarima bis zu einer Höhe von 3600 Fuss über das Tafelland. Auf seinem östlichen Absturz liegt ein mächtiger Sandsteinblock von 466′ Höhe mit einer Basis von 381 Fuss im Umfange, auf einem Piedestal von 3135 Fuss Höhe auf, der ziemlich täuschend eine riesige Urne darstellt. Ihm schliesst sich der Wayacapiapa, der „gefällte Baum" an, den, nach der Tradition der Indianer, der gute Geist Makunaima auf seiner Reise über die Erde umhieb und in Stein verwandelte, um ihn zur Erinnerung an seine Wanderung den Menschen zurückzulassen. Wayacapiapa hat viel Aehnlichkeit mit einem Obelisk. Die Berge Yaruaramo, Irutipu, Carauringtipu, von denen sich der letztere 4943 Fuss über das Tafelland erhebt, schliessen diese merkwürdige Gruppe.

Zahllose Wasserfälle stürzen sich von den flachen Gipfeln herab, und die feurigste Beschreibung wird immer nur ein Schatten gegen die wahrhaft imposante, unendlich grosse Wirklichkeit mit den donnernden und schäumenden Cataracten, mit der wunderbaren, zauberhaften Tropenvegetation der Basis bleiben. Von dem östlichen Ende des Roraima stürzt sich der Cotinga herab und führt seine Wasser vermittelst des Takutu, Rio Branco und Rio Negro, dem größten Strome, dem Amazon zu. Etwas nördlicher von der Wogenrinne des Cotinga hat sich der Cuya, ein Nebenfluß des Mazaruni und dadurch des Esseguibo, sein Bett in den Sandsteinabsturz ausgewaschen. Einige Ströme der südwestlichen Seite eilen dem Fluss Kukenam zu, unter denen der Kamaiba der bedeutendste ist.

Der Fluss Kukenam selbst entströmt dem Nachbarfelsen des Roraima, dem Kukenam, und bildet, nach der Vereinigung mit dem Yuruani, den Caroni, einen Nebenfluss des Orinoko…

Welch unendliche Wassermassen sich unter einem betäubenden Getöse von diesen jähen Steilhöhen herabstürzen, kann man nach der Menge der Flüsse beurtheilen, die auf den Plattformen ihren Ursprung haben, weshalb die Gebirgsgruppe mit Recht von den Indianern „die ewig fruchtbare Mutter der Ströme" genannt wird. Ein gleich interessantes geognostisches Phänomen möchte sich kaum noch einmal wiederfinden.

Mit stiller Bewunderung staunte ich die vor meinen Augen sich ausbreitenden Gebirgsmassen, mit ihren schäumenden Wasserbändern an, bis sie mir plötzlich wieder durch einen neidischen Nebelschleier verhüllt wurden. Die dichten Waldungen, welche sich von ihrer nördlichen Spitze bis zu der Küste des atlantischen Ozeans hinziehen, denen sich südlich von dem Gebirge die unabsehbaren Savannen vorlegen, mögen ohne Zweifel die Hauptursache dieser fortwährenden Nebelbildungen, so wie ihres Niederschlags und der fast tagtäglichen Gewitterstürme sein.

Mit schnellen Schritten eilten wir nun über den noch vor uns liegenden Wellengrund, der von einer Menge Nebenflüsschen des Kukenam durchschnitten wurde, die mit einer mir ganz fremdartigen Vegetation umsäumt waren. In ihrer Nähe zeigte die letztere ihre gewöhnliche Ueppigkeit und Kraft der Tropen; entfernt von ihnen dagegen waren die Gesträuchgruppen auffallend küm-

Nach Skizzen der Schomburgk-Brüder fertigte ein englischer Maler diese Darstellung des Roraima, des Kukenam und benachbarter Tepuis für ihr Reisewerk an

merlich. Die Augen waren fortwährend auf den Roraima gerichtet, und alles andere neben und vor uns weniger achtend, erreichten wir endlich den Gebirgsstock desselben und begannen diesen auf einer der von Waldung entblössten Flächen, zwischen kolossalen Sandsteinblöcken in den phantastischsten Formen, zu besteigen. Je höher wir stiegen, um so schöner und überraschender ward die Vegetation des Bodens und der uns umgebenden Sandsteinblöcke, welche letzteren sich, wo sich irgend etwas Erde in den Spalten gesammelt, namentlich eine eigenthümliche Pflanzenform, mit starken, lederartigen Blättern zum Standort gewählt; es waren Clusien, Mimosen, Myrica, Gaultheria, Thibaudia, indessen zwischen den Felsenspalten die kleine niedliche Meisneria cordifolia (Benth.) wucherten. Die von aller Erde entblössten Seiten deckten Agaven, Cactus, Gesnerien, Moose und Flechten. Noch hatten wir nicht die Hälfte der Basis des Steinwalles erreicht, als sich plötzlich jene dichten Nebelmassen, die bisher nur den Gipfel umlagert hielten, immer tiefer und tiefer senkten, und uns bald selbst umschlossen, so dass wir kaum 6–8 Schritt vor uns sehen konnten. Der Nebel verwandelte sich schnell in einen wolkenbruch ähnlichen Niederschlag, bei dem die im Verlauf von 1½ Stunde herabstürzende Wassermasse mehre Zoll betrug. An eine Fortsetzung des Aufwärtssteigens war nicht mehr zu denken. Zitternd vor Kälte, preisgegeben dem heftigen Regenguss, suchten wie so schnell als möglich unsere Zeltdächer aufzuschlagen, um dann unser dringendes Verlangen nach Wärme durch Feuer zu befriedigen, das aber erst nach vielen vergeblichen Versuchen gelang, da der Regen alles Holz, was wir fanden, durchnässt hatte. Endlich war es gelungen und trotz des beissenden Rauches, der dem zischenden nassen Holz entstieg, hockten wir uns doch zähneklappernd um die spärliche Flamme herum. Der Regen und Nebel währte bis zum Einbruch der Nacht. Das Thermometer zeigte 58° Fahrenheit. Die armen nackten Indianer, die keinen Platz unter dem Zeltdach fanden, eilten einer dichtbewaldeten Schlucht zu, um in dieser die kalte Nacht zuzubringen, die auch uns mehrmals aus dem Schlafe aufschüttelte; – eine Empfindung, die uns eben so fremd geworden, wie sie empfindlicher war, als in Norden eine Kälte von 10° Reaumur nur irgend sein kann.

Der mit Sehnsucht herbeigewünschte Morgen brachte uns endlich die erwärmenden Strahlen der Sonne, die unser Zähneklappern schnell vertrieben. Erwärmt schritten wir zwischen dem herrlichen, üppigen Gesträuch, das im Schmelz von Millionen Thau- und Regentropfen erglänzte, bergauf, der vom jungen Sonnenstrahl in magischer Beleuchtung erglühenden Felsenmasse entgegen.

War unser Aufsteigen auf dem durch den heftigen Regenguss schlüpfrig gewordenen Pfad gegen gestern auch doppelt schwieriger, so achtete doch keiner von uns diese Anstrengung, denn mit jedem Schritt wurde die Vegetation interessanter; jeder Schritt aufwärts brachte mir eine neue, noch nie gesehene Pflanze entgegen, ja in den Zwischenräumen von je hundert Schritt wechselten sogar die verschiedensten Pflanzenzonen. Ladenbergia, Cosmibuena, als 2–3 Fuss hohe Sträucher, die reizendsten Orchideen sprossten aus allen Spalten und Ritzen mächtiger Sandsteinschichten hervor, unter denen ich nur die kleine schilfartige Species, die ich schon bei Besteigung des Humirida gefunden, so wie die herrliche Cattleya, Oncidium, Odontoglossum und Maxillaria erwähne. Etwa hundert Fuss über diesen trat die reizende Sobralia Elisabethae in all' ihren Varietäten mit 6–8 Fuss hohen Blüthenstengeln in solcher Menge auf, dass wir uns den Weg durch sie mit unsern Waldmessern bahnen mussten. Auf jedem Felsblock, die mit dem niedlichen Moose, Octoblepharum albidum, und Flechten, Usnea australis (Fl.), Cladonia rangiferina, cocomia, carnea überzogen waren, zeigte sich eine Mannigfaltigkeit der Pflanzenformen, wie ich sie noch nirgends gefunden. Gespannt auf den nächsten Augenblick überklimmten wir die scharfen, spitzen und kantigen Felsenblöcke, vorwärts ging es, bis ein Ausruf des Staunens, den ein neuer Fund hervorrief, die Emsigen eine kurze Zeit zum Stillstand brachte, und ich muss gestehen, ich kam während der ersten Stunden in diesem botanischen Paradiese eigentlich zu keiner rechten Besinnung, zu keinem rechten Nachdenken …

Gegen sieben Uhr verwandelte sich der Nebel in einen in Strömen herabfallenden Regen, der von einem heftigen Sturmwind begleitet war. Es war ein grausiger Aufruhr, bei dem der wüste Sturm den Regen mit fürchterlicher Gewalt durch unser Zelt jagte,

Thyrsacanthus schomburgkianus

uns vollkommen durchnässte und unsere Zähne aufs neue klappern machte. Das Thermometer stand auf 58° Fahrenheit. Das Feuer konnte die Wirkung des schneidenden Windes nicht mildern. Nachdem dieser Aufruhr eine Stunde angehalten, legte sich der wilde Sturm, die Wolken zerteilten sich und der Himmel wurde wieder hell und klar, der Mond und die Sterne des blauen Domes beleuchteten ein Schauspiel, dessen erschöpfende Beschreibung selbst die feurigste Phantasie vergeblich versuchen würde. Uebergossen von dem magischen Silberlicht des Mondes, unter dem schauerlichen Getöse eines dumpfen Donners, stürzten sich die zu Strömen angeschwollenen Wassermassen von der Scheitelfläche herab. Herab von dem Roraima tobte es, als seien Hunderte von Dampfmaschinen im Gange, herüber brüllte es vom Kukenam, als habe das Meer seine alten Ufer durchbrochen und wälze sich nun, alles hinter sich begrabend, über die Feste hin! In friedlicher Stille warfen der Mond und die Sterne ihr silberbleiches Licht auf die entfesselten und in weissen Schaum aufgelösten Wogenmassen, die wie zerschellende Wellen über die niedere Waldung aufbrausten, auf den dunkeln Coloss in unserer Nähe und die tiefe, schwarze Schlucht, welche den Roraima von dem Kukenam trennt, die sie aber nicht zu erhellen vermochten. Der am Nachmittag nichts weniger als breite Komaiba stürmte jetzt als 20–30 Fuss breiter Strom hernieder; – doch unser Entzücken sollte sich noch mehr steigern, als sich plötzlich der schönste Mondregenbogen vor uns aufbaute, den ich noch gesehen!

Zitternd vor Kälte wachte ich am Morgen des 20. Novembers zwischen 4 und 5 Uhr auf. Das Thermometer zeigte 52° Fahrenheit. An Schlaf war bei diesem Schütteln des Frostes nicht zu denken, und wir dankten Gott, als wir mit dem anbrechenden Morgen unsere erstarrten Glieder durch Bewegung wieder erwärmen konnten, was das Feuer nicht vermochte. Das am gestrigen Abend unser Gemüth so aufregende Getöse hatte nachgelassen, die Wasserfälle hatten ihre frühere Grösse wieder angenommen – das Gesehene und Gehörte kam uns

Zwei Tage verwandte der Autor darauf, den Ort zu finden, an dem die Schomburgk-Brüder einst ihre Skizzen fertigten. Selbst ein Vergleich der Vegetationsverteilung von einst und heute ist möglich

wie ein Traum vor! Nach den Traditionen der Indianer breiten sich auf den Plattformen grosse Seen aus, die mit allerlei Fischen, besonders aber mit Delphinen, gefüllt sind, und ununterbrochen von riesigen, weissen Adlern, als ewigen Wächtern umkreist werden. Der anbrechende Tag entfaltete einen neuen Zauber vor unsern staunenden Augen. Der Roraima und Kukenam, so wie die übrigen höhern Punkte waren vollkommen wolkenlos und glänzten im friedlichen Strahl der erwärmenden Sonne, tief unter uns aber überzog ein dichter, weisser Nebel die ganzen Umgebungen wie mit einem grossen Schneetuch, das in dem merkwürdigen Lichtwechsel und unter der verschiedensten Strahlenbrechung von der Sonne beleuchtet wurde...

Der Nebel fing an, sich zu heben, stieg als langgestreckte Wolke aus der Tiefe auf, die schnell von dem Winde über den grössten Theil der Umgegend hingetrieben wurde, und uns und die hohen Felsen bald wieder in jenen neidischen, für die Augen undurchdringlichen, feuchten und kalten Schleier einhüllte...

Die Menge Pflanzen, die ich in kurzer Zeit mit meinem Begleiter gesammelt, nöthigten mich, nach dem Lager zurückzukehren, um diese erst unter die Presse zu bringen, was leider leichter beschlossen, als ausgeführt werden konnte, da das Papier, so wie es vom Feuer weggenommen wurde, von der feuchten Luft auch unmittelbar so durchnässt wurde, dass ich an ein Trocknen nicht denken konnte, mochte ich die Bogen auch mehrmals des Tages wechseln lassen. Die Feuchtigkeit in dieser Höhe war so gross, dass Herr GOODALL sich mit seinen erstarrten Händen vergeblich bemühte, den Roraima auf das nasse Zeichenpapier überzutragen. Trotz der sorgfältigsten Verwahrung der astronomischen Instrumente wurden diese doch von Rost überzogen; ein geladenes Gewehr, das einige Stunden gestanden, ging schon nicht mehr los, da sich dann das Pulver bereits in eine schmierige Masse verwandelt hatte; es war zum verzweifeln!...

Schon gestern hatten wir vier unserer Indianer vorausgeschickt, um uns wenigstens einen gangbaren Weg durch das Gesträuch bis zur Basis des Walles zu bahnen. Dies war geschehen, und am folgenden Morgen trat ich in Begleitung zweier Indianer den schwierigen Weg an. In einer förmlichen Dämmerung ging es zwischen zwei Vegetationswänden bergauf; eines solchen Gewirrs von Gesträuch, Bäumen, Farrn und Schlingpflanzen konnte ich mich kaum erinnern. Baum stand an Baum, die Äste eng in einander verschränkt; Moose, Lichenen, Jungermannien und Farrn überzogen die Stämme der Bäume, die Sträucher und zackigen Felsenmassen, die hier zu Tage traten, oder als abgerissene Colosse zerstreut herumlagen; – alles triefte von Nässe, als hätten sich eben die Wolken in einem Platzregen ergossen.

Der mühsam errungene Pfad führte uns über das Grab unzählbarer Pflanzen; Feuchtigkeit hatte alles in Moder verwandelt, in den wir oft bis an die Knie einsanken; jetzt ging es über kleine Strecken vom Sturmwind umgerissener Bäume, deren modernde Stämme von Lichenen, Moosen, so schlüpfrig waren, dass ich fast jeden Schritt ausglitt, dann bis unter die Arme zwischen die Äste und Stämme hinein fiel und von meinen Begleitern erst wieder zu Tage gefördert werden mußte, jetzt wieder über zackige und sich zerset-

Im frühen 19. Jahrhundert brachen die europäischen Botaniker und Zoologen nach Südamerika auf, um die exotische Natur zu erforschen. Teile der umfangreichen Herbarien der Brüder Schomburgk blieben erhalten

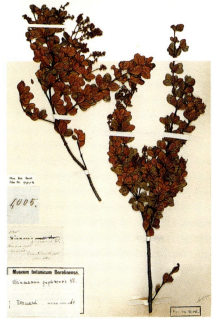

zende Felsen, dann über die oft Fuss tiefen, schon zersetzten und sich noch zersetzenden Laub- und Gesträuchmassen, die von Pilzen und Farrn überzogen waren. Wo in Folge einer jener Waldbrüche die Lichtstrahlen die ungeheuren schwarzen, dunkelgrünen, schlüpfrigen Steinblöcke erwärmen konnten, und sich auf ihrer Oberfläche nur etwas Humus angesammelt hatte, da machten sich Arum, Antherium, Bromelia, Heliconien, Peperomien und baumartige Farrn den Standort streitig.

Schon eine Stunde waren wir dem ermüdenden, eigenthümlichen Wege gefolgt, hatten uns mittels herabhängender Wurzeln und Schlingpflanzen an Felsenmassen hinaufgeschwungen, und an ihnen wieder in tiefe Steilabhänge hinabgelassen, noch aber hatte ich bis jetzt den riesigen Steincoloss nicht sehen können, und wusste daher nicht, wie weit wir uns ihm genähert. Da leuchtete mir mitten in diesem Labyrinth eine grosse carmoisinrothe Blüthe entgegen. Freudig erstaunt eile ich auf sie zu, um sie in der Nähe zu bewundern. Ein Halbstrauch mit blassgrünen Aesten und gegenüberstehenden, langgestielten, mattgrünen, glatten, an beiden Enden verdünnten, ganz-

randigen Blättern trägt die herrliche Blüthe. Die Blüthen waren ohne Geruch, dafür aber von ungemeiner Schönheit, mit carmoisinrother, präsentirtellerförmiger Blumenkrone, im Centrum milchweiss, welche weisse Färbung vom Centrum aus nach dem Rande der Blumenkrone hin strahlenförmig auslief. Es war eine neue Gentianee und zwar eine neue Species der seltenen Gattung Leiothamnus, die man mit vollem Recht die Königin dieser Familie nennen kann. Ihre Majestät die Königin gestattete mir huldvollst, diese reizende Species Leiothamnus Elisabethae nennen zu dürfen…

Die immer mehr anwachsenden, massenhaften Felsenblöcke, zwischen denen wir uns durchwinden mussten, liessen vermuthen, dass ich mich der Felsenmauer näherte. Die bisher freundliche und lichte Umgebung verschwand, ich befand mich wieder in grüner Nacht. Je höher wir stiegen, je näher wir nach der Felsenwand vorzudringen suchten, um so dichter war die Vegetation. Wir mussten an Felsenblöcken empor, in Abgründe hinab steigen, bei denen es mir jedesmal wundersam deuchte, sobald ich den Blick zurückwarf, wie das Emporklimmen uns hatte gelingen können. So hatten wir eben wie-

der eine wilde Felsenmasse erklimmt, als sich die dichte Vegetation öffnete, und der 1500 Fuss hohe Sandsteincoloss vor mir sich erhob. Die Gipfelhöhe erhebt sich nach einer trigonometrischen Messung 5000 Fuss über das Tafelland. Neue Bewunderung ergriff mich, als ich an der gigantischen Wand, deren Scheitel etwas überhängt, emporblickte; — befangen von einem eigenthümlich beklemmenden fast möchte ich sagen, schmerzlichen Gefühle fing mein Herz so heftig an zu schlagen, als drohe mir hier Gefahr, gegen die meine Myrmidonenkräfte in ein Nichts versänken. Wild und grausig kam mir die Masse vor, wenn ich an ihrer schwindelnden Höhe empor sah; — um mich herum aber lagen in dämonischer Verwirrung riesige Blöcke, die sich vom Scheitel oder den Abhängen losgerissen haben mochten, zwischen denen nun zersplitterte und zerschmetterte Trümmer früherer Bäume emporstarrten. Das Grossartige, das Erhabene, was in der gigantischen Masse dieses Naturwunders lag, das Gefühl der eigenen Unbedeutsamkeit, dann der immer von neuem aufsteigende Gedanke: jetzt stürzt der überhängende Scheitel auf dich herab und begräbt dich unter seiner zermalmenden Kraft, alles dieses vereint mochte jenes mir sonst ganz fremde Gefühl hervorrufen…

Eine Menge blühender Orchideen, Bromeliaceen, mit grossen, scharlachroten Blüthen, Farrnkräuter, deren zarte Wedel anmuthig von dem Winde bewegt wurden, kleine Sträucher mit gelben und weissen Blüthen, Schlingpflanzen in vollem Blüthenschmuck wucherten aus der durchnässten Felsenwand hervor, flatterten in zierlichen Schwingungen hin und her, lachten und winkten mir neckend von der steilen Felsenwand entgegen, schaukelten sich, als seien sie sich ihrer Sicherheit vor meiner tödtenden Hand bewusst, und täuschten bei jeder Schwingung, die in mir lebendig gewordene Hoffnung, diese oder jene, von dem Winde abgerissen, mir zu Füssen fallen zu sehen. Welche botanischen Schätze mochte diese steile Wand enthalten, wie viel die Oberfläche des Felsenwall's bergen! Doch sie wurden von der Unmöglichkeit des kühnen Aufwärtsdringens sicherer bewahrt, als das Innere der Erde selbst. Der Felsen bestand aus einem festen, feinkörnigen, röthlichen Sandstein mit weissen Glimmerblättchen. An seiner Basis wucherte eine Spec. Rubus, dessen süsse Beeren uns zum wahren Labsal wurden, wahrscheinlich die einzige Species der Tropen, indessen in den Spalten des steilen Felsens, sowie in den Vertiefungen oder Vorsprüngen, wo sich etwas Humus gesammelt hatte, eine kleine niedliche Melastomacee mit schwefelgelben Blüthen sprosste, die sich bei näherer Untersuchung als eine neue Species Cambessedesia ergab, der ich wohl keinen charakteristischern Speciesnamen als: Roraimae geben konnte, indem ich diese eigenthümliche Pflanze nirgends anders als am Roraima-Felsen gefunden hatte.

Leider erlaubten mir die bis zu der Basis herantretende Waldung, wie das wilde Gehege der Farrnkräuter, nur einzelne verstohlene Blicke über die sich zu meinen Füssen ausbreitende Landschaft.

Meine Beklommenheit verlor sich erst, als ich meine Schritte wieder bergab richtete; — frei aber athmete die Brust erst dann auf, als ich mich ausserhalb des Bereiches der Steilwand befand. Unser Abwärtssteigen war mit unendlich mehr Schwierigkeiten verknüpft, als das Aufsteigen. Hätte ich ein Schlammbad genommen, ich hätte nicht schmutziger im Lager ankommen können, als es eben der Fall war.

Expedition der Phantasie

Sir Arthur Conan Doyle, englischer Landarzt, war mit seinen Sherlock-Holmes-Geschichten so erfolgreich, daß er sich ganz der Schriftstellerei widmen konnte. Die Lektüre des Reisewerks der Gebrüder Schomburgk mit ihren Schilderungen der weltentlegenen Tepuis inspirierte ihn zu dem phantastischen Roman „The Lost World", der 1912 erschien. Hier ein Auszug mit zeitgenössischen Illustrationen

Aus dem Englischen von Jan-Albert Kröger

Kaum hatten wir uns aufgemacht, als wir auf Vorzeichen stießen, daß uns tatsächlich wahre Wunder erwarteten. Nach ein paar hundert Metern dichten Waldes, in dem viele Bäume standen, die mir völlig unbekannt waren, die aber Summerlee, der Botaniker unserer Gruppe, als Nadelhölzer und bei uns längst ausgestorbene palmähnliche Farnarten bestimmte, kamen wir in ein Gelände, wo der Bach breiter wurde und dann ein ziemlich ausgedehntes Sumpfgebiet bildete...

Plötzlich hielt Lord Roxton, der voranging, mit erhobener Hand an. „Schauen Sie sich das an!" sagte er. „Nicht zu fassen, dies muß die Spur des Vaters aller Vögel sein!"

Eine enorm große, dreizehige Fährte war in dem weichen Schlick vor uns abgedrückt. Die rätselhafte Kreatur war quer durch den Sumpf und dann weiter in den Wald gezogen. Wir blieben stehen, um diese riesige Spur zu untersuchen. Wenn es wirklich ein Vogel war — und welches Tier könnte ein Trittsiegel wie dieses hinterlassen? —, dann war sein Fuß soviel größer als ein Straußenfuß, daß seine Körpergröße entsprechend kolossal sein mußte. Lord Roxton hielt eifrig Umschau und schob zwei Patronen in seine Elefantenbüchse.

„Ich stehe mit meinem guten Ruf als Jäger dafür ein", sagte er, „daß die Spur frisch ist. Das Tier ist vor noch nicht zehn Minuten hier vorbeigekommen. Sehen Sie, wie das Wasser da noch in die tiefere Stelle sickert! Und hier! Ganz klar, hier ist der Fußabdruck eines kleineren Tieres!"

Tatsächlich liefen neben der großen, mächtigen auch noch kleinere Spuren, die aber genauso geformt waren.

„Ja, doch was sagen Sie nun?" rief Professor Summerlee triumphierend und zeigte auf eine Stelle, die unter

den übrigen dreizehigen Markierungen aussah wie das riesengroße Abbild einer fünffingrigen Menschenhand.

„Wealden!" schrie Challenger, ganz hingerissen. „Ich hab' sie in Wealden als Lehmabdrücke gesehen. Ein Tier, das aufrecht auf dreizehigen Füßen geht, wobei es von Zeit zu Zeit eine der beiden Vorderpfoten mit den fünf Fingern auf die Erde stellt. Kein Vogel, mein lieber Roxton – kein Vogel."

„Ein Vierfüßer? Säugetier?"

„Nein; ein Reptil – ein Dinosaurier. Nichts anderes hätte solche Spuren hinterlassen können. Vor gut neunzig Jahren hat sich ein wackerer Gelehrter aus Sussex den Kopf darüber zerbrochen; aber wer in aller Welt hätte hoffen – hoffen! – dürfen, so etwas wie hier mit eigenen Augen zu sehen?"

Seine letzten Worte verhallten zu einem Geflüster, und jeder von uns stand staunend da. Dann weiter auf der Spur, heraus aus dem Morast, durch Dickicht hindurch, an Gestrüpp und Bäumen vorbei. Drüben war jetzt eine offene Lichtung, und mitten darauf waren fünf der außer-

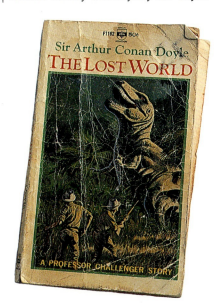

Conan Doyles packende Schilderung von der Entdeckung urweltlicher Kreaturen gehört mit immer neuen Auflagen längst zur Weltliteratur

gewöhnlichsten Geschöpfe, die ich je gesehen habe. Wir duckten uns im Gebüsch und konnten sie in aller Ruhe beobachten.

Es waren, wie gesagt, fünf Tiere, zwei ausgewachsene und drei junge. Ihr Umfang war gewaltig. Sogar die Jungen waren schon so groß wie Elefanten. Die beiden Alten übertrafen alles, was mir je vor Augen gekommen war. Sie hatten eine schieferfarbene Haut, geschuppt wie bei Eidechsen und schimmernd, wenn Sonne draufflel. Alle fünf saßen aufrecht und hielten sich auf ihren dicken, kräftigen Schwänzen und den ungeheuren dreizehigen Hinterfüßen im Gleichgewicht, während sie mit den kleinen fünffingrigen Vorderfüßen Zweige herunterrissen und sich damit vollstopften... Sie sahen aus wie überdimensionale Känguruhs, sieben Meter lang, die Körperoberfläche wie schwarze Krokodile...

Ab und zu purzelten die Jungtiere in plumpen Freudensprüngen um die Eltern herum; dabei machten diese Monsterbabys dann Riesensätze und fielen schwerfällig mit dröhnenden Aufschlägen zur Erde zurück.

Die Kraft der Eltern schien grenzenlos zu sein. Eines der beiden erwachsenen Tiere hatte Mühe, an ein Laubbündel ziemlich weit oben in der Baumkrone heranzukommen. Es schlug einfach seine Vorderbeine um den Stamm und riß ihn wie einen Schößling aus. Dieser Gewaltakt war der Beweis für seine extrem stark ausgebildete Muskulatur und verriet mit kaum weniger Deutlichkeit, wie unterentwickelt das Gehirn war. Denn das ganze Gewicht des Baumriesen krachte ihm voll auf den Schädel. Er stieß ein paar kurze, schrille Schreie aus und ließ sich doch anmerken, daß ihm trotz aller Riesenhaftigkeit ein gewisses Schmerzempfinden nicht völlig fremd war. Der kleine Zwischenfall schärfte ihm offenbar den Gedanken ein, die Gegend sei vielleicht gefährlich, denn er wankte langsam durch den Wald davon, sein Weibchen und die drei Nachkömmlinge hinterdrein. Wir sahen den schimmrigen Schieferglanz ihrer Körper zwischen den Baumstämmen und nahmen noch ihre Köpfe wahr, wie sie sich hoch überm Unterholz in Wellenformen unserm Blick entzogen. Dann verschwanden sie plötzlich ganz.

...„Wie, sagten Sie, hießen die Tiere noch mal?"

„Iguanodons", sagte Summerlee. „Ihre versteinerten Fußabdrücke sind überall auf den Stränden von Hastings, in Kent und in Sussex zu finden. Der Süden Englands wimmelte von ihnen, als es dort noch saftiges, üppiges Grünzeug in Hülle und Fülle gab, sie satt zu machen. Die Umweltbedingungen haben sich verändert, und die Tiere gingen zugrunde. Hier haben sich die Lebensbedingungen offensichtlich nicht gewandelt, und die Tiere konnten weiterexistieren."

„Wenn wir je heil hier 'rauskommen, muß ich einen Schädel mitnehmen", sagte Lord Roxton. „Herrlich, wie schön grün vor Neid meine Jagdbrüder aus der Zeit von Somali-Uganda anlaufen würden, wenn sie ihn zu Gesicht bekämen! Leute, ich weiß ja nicht, wie euch zumute ist, doch mir kommt es so vor, als ob wir hier unheimlich dünnes Eis unter den Füßen hätten."

Ich hatte auch dieses Gefühl von Geheimnis und Gefahr. Im Halbdunkel der Bäume lauerte dauernd etwas Drohendes, und wenn wir nach oben in ihr dämmriges Blätterdach lugten, umklammerten halbbewußte Ängste unser Herz. Gut, diese ungestalten Urtiere, die wir beobachtet hatten, waren schwerfällige, harmlose Geschöpfe, die wahrscheinlich niemals angriffen, jedenfalls nicht aus eignem Antrieb. Aber in

dieser Welt der Zeichen und Wunder: Welche anderen vorsintflutlichen Ungeheuer mochten hier hausen – was für grimmige Scheusale in ihrem Unterschlupf zwischen Felsen oder im Gebüsch bereit sein, um plötzlich wütend über uns herzufallen? Ich hatte so gut wie keine Ahnung von prähistorischen Lebewesen, erinnerte mich aber noch genau der Lektüre eines bestimmten Buches, in dem es um Fleischfresser ging, die sich von Löwen und Tigern ernährten wie die Katze von der Maus. Angenommen, solche würden hier auch vorkommen!...

Im Schneckentempo krochen wir weiter. Lord Roxton machte den Späher und ließ uns nur Meter für Meter vorrücken. Es lag aber auch an unseren beiden Professoren, daß wir so langsam waren. Jeden zweiten oder dritten Schritt verharrten sie vor Staunen – meistens auf eine völlig neue, unbekannte Blumen- oder Insektenart. Nach zwei, drei Kilometern längs des rechten Ufers unseres Wasserlaufs kamen wir wieder auf eine ziemlich breite Waldschneise. Das Gesträuch führte zu einer Geröllhalde hin – die ganze Hochebene war mit Findlingen übersät. Wir bewegten uns bedachtsam auf diese Brocken zu, zwischen Büschen hindurch, die uns bis zur Hüfte gingen, als wir plötzlich ein merkwürdiges leises Schnatter- und Pfeifgeräusch vernahmen, das wie anschwellender Tumult in der Luft hing.

Der Lärm schien aus einer Quelle unmittelbar vor uns zu kommen. Lord Roxton hob den Arm und signalisierte „Halt"! Vornübergebeugt und schnellfüßig war er an der Felskante... Eine Grube war es, in die wir hineinstarrten, vielleicht ein kleiner Vulkankrater. Er hatte die Form einer Schüssel, und unten, einige hundert Meter von uns entfernt, waren mehrere von Binsen und Rohr-

kolben umsäumte Tümpel, in denen grünlich schäumendes Wasser stand. Die Stelle selbst war schon unheimlich genug, doch ihre Bewohner schienen eine wahrhaft Dantesche Höllenszene heraufzubeschwören. Es war eine Brutkolonie der Flugsaurier. Hunderte von ihnen waren dort versammelt. Der ganze Talgrund um den Pfuhl herum wimmelte von Jungen und gelblich lederne Eier bebrütende gräßlichen Müttern. Mitten aus dieser kriechenden, in Klumpen krabbelnden, flügelschlagenden, garstig widerlichen Reptilienmasse brach das haarsträubende Geschrei hervor und der modrige, in Giftschwaden aufquellende entsetzliche Gestank, der uns den Magen umdrehte.

Hoch über der ganzen Szenerie, jedes für sich auf seinem eigenen Felsblock, lang aufgeschossen, grau und verwelkt, eher toten und präparierten Museumsstücken als wirklich lebenden Geschöpfen ähnelnd, thronten die fürchterlichen Männchen, völlig reglos, ausgenommen das Rollen ihrer roten, blutunterlaufenen Augen oder ein gelegentliches blitzschnelles Vorschnappen der gleich Rattenfallen funktionierenden Schnäbel, wenn eine Libelle vorbeisurrte. Die Arme verschränkend, hatten sie ihre gewaltigen Hautflügel angelegt und hockten da wie gigantische alte Weiber, in abstoßende Schals gehüllt, die aussahen wie Spinnweben und aus denen sich ihre wilden, grausamen Köpfe herausstreckten.

Große und kleine zusammengenommen, lagen nicht weniger als tausend dieser ekelhaften Kreaturen in dem Loch vor uns.

Unsere Professoren wären am liebsten den ganzen Tag dageblieben und gaben sich dieser günstigen Gelegenheit, gleichsam auf du und du mit den Lebewesen eines vergangenen Urzeitalters stehen zu dürfen, auf

weise in ganz bestimmten, eng begrenzten Zonen gefunden würden, wie etwa in den Grünsandablagerungen bei Cambridge. Jetzt war ja bewiesen, daß sie wie die Pinguine in großen Kolonien zusammenleben.

Zu böser Letzt hätte Challenger uns um ein Haar ins Verderben gestürzt. Summerlee hatte ihm die Meinung über eine Detailfrage streitig gemacht, Challenger wollte sie wieder mit aller Gewalt durchsetzen und nahm den Mund zu voll. Im Nu gab das nächstbeste Sauriermännchen einen gellend kreischenden Ruf von sich, riß klatschend seine sieben Meter langen lederhäutigen Flügel auseinander und schwang sich empor. Die Weibchen und Jungen drückten und drängten sich um die Wasserlöcher und hockten zusammengekauert da, während die ganze Runde der Wachposten einer nach dem anderen abhob und himmelwärts schwebte.

Der Anblick war eine Augenweide. Wir schätzten gut hundert Exemplare dieser Flugechsen, wie sie in ihrer gewaltigen Größe und mit den häßlichen Fratzen den Schwalben gleich aus der Höhe herabschossen und mit schnellen, schneidenden Flügelschlägen durcheinandersausten. Doch mußten wir sehr rasch einsehen, daß uns diese Schau nicht allzu lange vergönnt war. Zunächst einmal zogen sie einen Riesenkreis, als ob sie die Gefahr überblicken und sich vergewissern wollten, wie groß sie möglicherweise sei. Dann gingen sie tiefer und ballten sich enger zusammen, bis sie zuletzt direkt über und um uns herumzischten. Der harte, rauschende Schlag ihrer ungeheuer wuchtigen, schiefergrauen Flügel ließ die Luft mit einer Lautstärke erzittern, die mich an Flugveranstaltungen auf dem Flugplatz von Hendon erinnerte.

„Zurück in den Wald und zusammenbleiben", kommandierte Lord Roxton und fuchtelte mit seinem Schießprügel. „Diese Rohlinge sinnen auf Unheil."

Als wir uns anschickten, schnell das Feld zu räumen, brach der wilde Schwarm der Furien über uns herein, bis die ersten mit den Flügelspitzen fast unsre Gesichter berührten. Wir schlugen mit den Schäften unsrer Flinten nach ihnen, trafen aber nichts Festes. Sie schienen unangreifbar und hatten kaum wunde Punkte. Urplötzlich schoß da aus dem tobenden, glänzendblauen Geflatter ein langer Hals hervor, und ein wütender Schnabel startete die Hackattacke. Immer mehr stießen nach. Summerlee schrie auf und legte die Hand vors blutüberströmte Gesicht. Etwas prallte von hinten gegen mich. Ich spürte einen Stich im Nakken. Mir dröhnte der Kopf. Challenger stürzte. Als ich mich bückte, ihm wieder auf die Beine zu helfen, traf es mich noch einmal so hart von hinten, daß ich der Länge nach auf ihn fiel. In dieser Sekunde hörte ich Lord Roxtons Elefantenbüchse losdonnern und sah eine der Bestien flügellahm auf der Erde zappeln. Das Tier geiferte uns mit sperrweit aufgerissenem Schnabel und glühend blutroten Glotzaugen an wie der leibhaftige Teufel aus einem Gemälde des Mittelalters. Die andren waren hastig aufgestiegen und kreisten hoch über unsern Köpfen.

„Los jetzt!" rief laut Lord Roxton. „Weg von hier, schnell, schnell...!"

Wir kämpften uns durchs Gestrüpp, taumelnd, und noch am Waldrand gingen uns die Harpyien erneut zu Leibe. Summerlee wurde zu Boden geschleudert. Wir schleiften ihn mit und flüchteten unter die Bäume. Dort waren wir endlich in Sicherheit, denn diese gewaltigen Flügel hatten unterm Geäst nicht Raum genug für ihren mächtigen Schlag. Als wir weiterhumpelten,

Gedeih und Verderb hin. Sie machten sich gegenseitig auf Fischreste und tote Vögel aufmerksam, die überall zwischen den Steinen herumgammelten und ganz offensichtlich ein Hinweis auf die Beutetiere der Flugsaurier waren. Ich hörte und sah, wie sie einander mit Handschlägen gratulierten, endlich Licht in die Sache gebracht zu haben, warum Skelette gerade dieser Pterodaktylen so haufen-

übel zugerichtet und völlig niedergeschlagen, haben wir sie noch lange beobachtet, wie sie sich, rundum schwebend, gegen den tiefblauen Himmel abhoben, in der Höhe nicht größer als Ringeltauben. Sie behielten uns im Auge und gaben die Verfolgung erst auf, als wir im Urwald untertauchten.

Welcher Erdenbürger hat jemals seit Beginn der Welt so einen Tag erlebt! Eine Überraschung löst die andre ab. Nie gehen die Wunder zu Ende!

Der Bach führte uns zurück, und als die vertraute Lichtung sich vor uns auftat und wir die Dornenbarrikade des Lagers sehen konnten, schien auch das Ende unsrer Abenteuer in Sicht. An Rast und Ruh war indessen nicht zu denken, da neue Sorgen uns erwarteten. Die Pforte am Eingang ins Fort Challenger war unberührt, die Umfriedung nicht beschädigt, und dennoch war der Ort in unsrer Abwesenheit von einer fremden, offensichtlich riesenstarken Kreatur heimgesucht worden. Kein einziger Fußabdruck verriet eine Spur von ihr; nur der vorstehende Ast des weit ausgreifenden Ginkgobaums konnte dem Eindringling als Brücke in unser Versteck gedient haben. Der Zustand unsrer Vorräte war Beweis genug für seine Kraft und das Ausmaß seiner Zerstörungswut. Sie lagen überall wild verstreut herum. Eine der Fleischdosen war zerquetscht und völlig leergesogen. Ein Munitionskasten war kurz und klein geschlagen...

Wieder beschlich uns diese unbestimmte Angst, wieder starrten wir mit entsetzten Mienen auf all die düsteren Schatten um uns, deren Umrisse immer neue, gräßlichere Schreckgespenster zu verbergen schienen...

Die beiden Professoren lagen sich in den Haaren, ob unsre Angreifer zur Gattung Pterodactylus oder Dimorphodon gehörten. Ihre gereizte Stimmung hatte sich durch ihre Verletzungen zweifellos noch gesteigert. Sie führten heftige und scharfe Wortgefechte. Ich hatte die akademischen Streithähne satt für den Abend, setzte mich von ihnen auf einen Baumstumpf ab und zog mir meine eignen Gedanken aus meiner Pfeife.

Lord Roxton hatte recht gehabt. Die Hiebe, Bisse und Stiche der widerlichen Ungetüme, die uns attackiert hatten, waren giftig. Morgens hatten Summerlee und ich Fieber und unheimliche Schmerzen. Challengers Knie war grün, blau und dick angeschwollen. Er konnte sich kaum von der Stelle bewegen. Wir blieben den ganzen Tag im Lager. Wir konnten uns kaum rühren, während Lord Roxton sich daranmachte, noch mehr Gestrüpp und Stachelzweige auf die Hecke zu werfen. Sie war unser einziger Schutz. Ich wurde den ganzen Tag das beklemmende Gefühl nicht los, wir würden scharf und genau beobachtet. Von wem und woher?

Der Eindruck war so stark, daß ich Professor Challenger davon erzählte. Er meinte, meine Nerven seien durch das Fieber angegriffen. Ich fuhr jedesmal blitzschnell herum, da müsse doch etwas sein, sah aber nur das dunkle Heckengewirr oder verlor den Blick in den mächtigen, tiefen Kronen der feierlich düsteren Bäume. Um so deutlicher malte ich mir aus, der Feind sei auf Armeslänge angerückt, wachsam, hellhörig, übelwollend und böse. Ich mußte an Curupuri denken, den schaurigen Wald-

Der ewig mürrische Held des Romans: Professor Challenger – Leiter der fiktiven Expedition zu den lebenden Fossilien

geist der abergläubischen Indianer, der heimlich umging oder stets sprungbereit auf der Lauer lag. Jetzt konnte ich mir das Entsetzen und die wahnsinnige Angst vorstellen, die seine Allgegenwart denen einjagte, die in seine letzten Schlupfwinkel bis an sein Heiligstes vorgedrungen waren.

In dieser Nacht – unserer dritten im Maple-White-Land – hatten wir ein Erlebnis, das Mark und Bein erzittern ließ. Wir lagen an unsrem langsam verglimmenden Feuer, als wir plötzlich aus dem Schlaf gerissen wurden durch ganz fürchterliche Schreie und ein entsetzliches Angstgekreische, wie es gräßlicher und scheußlicher nicht hätte ausgestoßen werden können. Ich kenne keinen Laut, mit dem ich dieses unglaubliche Höllengetöse vergleichen könnte. Wie dankbar waren wir Lord Roxton, daß er unser Versteck unangreifbar gemacht hatte! Der Aufruhr tobte ganz in der Nähe, vielleicht ein paar hundert Meter von uns entfernt. Er war so ohrenzerreißend wie der Pfiff einer Lokomotive. Nur, der Pfeifton einer Eisenbahn ist klar, mechanisch, scharf; dieser war viel bauchiger, tiefer, und er vibrierte unter der äußersten Spannung des Todeskampfs und der Todesqual. Wir hielten uns die Ohren zu, um diesen nervenaufreibenden Schmerzensschrei auszusperren...

Und dann brach in diesem schrillen Widerhall plötzlich noch ein andrer Laut aus, stoßweise, ein leises, dickbrüstiges Lachen, ein grollendes, kehliges Gurgeln und vergnügliches Glucksen, eine groteske Begleitung zu dem gellenden spitzen Schrei, mit dem es verschmolzen war. Drei bis vier Minuten lang dauerte dieses unheimliche Duett. Das Laub über uns raschelte von aufgescheuchten Vögeln. Dann verstummte der Lärm ebenso abrupt, wie er begonnen hatte.

Wir saßen mit schlotternden Knien da. Keiner sagte ein Wort. Lord Roxton warf eine Handvoll Zweige aufs Feuer; der entfachte Schein traf die gespannten Mienen der Freunde und züngelte durchs Geäst.

„Was war das?" flüsterte ich.

„Werden wir morgen früh sehen", sagte Lord Roxton. „Es war ganz in der Nähe — nicht weiter als die Lichtung."

„Wir haben heute nacht den Vorzug genossen, eine prähistorische Tragödie belauschen zu dürfen, eines der Trauerspiele, die im Schilfgürtel einer Lagune des Jura über die Bühne gegangen sind, als das größere Ungeheuer den Schwächeren in die Enge trieb und abwürgte", sagte Challenger mit einer feierlichen Steifheit, wie er sonst noch nie gesprochen hatte. „Der Mensch hat Glück gehabt, daß er Letzter geworden ist in der Schöpfungsgeschichte. In der Urzeit haben Mächte ihr Unwesen getrieben, gegen die er trotz aller Tapferkeit und mit all seinen Erfindungen nicht im geringsten erfolgreich gewesen wäre. Was hätten ihm Steinschleuder, Wurfspieß oder Pfeil und Bogen gegen Kräfte genützt, wie sie heute nacht hier gewütet haben? Selbst gegen ein modernes Gewehr hätten die Monster noch alle Vorteile für sich."...

Summerlee hob die Hand. „Scht, still!" rief er. „Da..."

Aus der völligen Stille heraus kam ein schweres, gleichmäßiges „Pat-pat", der Schritt eines Tieres, der Rhythmus sehr weicher, aber plumper Füße ganz behutsam, Tritt für Tritt auf uns zu... Es schlich langsam um das Lager herum und blieb nahe beim Eingang stehen. Wir lauschten dem leisen, zischenden Ein- und Auspumpen seiner Atemzüge. Nur die dünne Hecke trennte uns von dieser neuen Horrorerscheinung. Jeder war schußbereit.

Lord Roxton hatte Zweige für eine Schießscharte herausgerissen.

„Donnerwetter!" murmelte er. „Ich glaube, da ist es!"

Ich beugte mich vor und spähte über seine Schulter durch das Loch in der Hecke. Ja, ich konnte es auch sehen. Im düstern Schatten eines Baums stand ein noch düsterer Schatten, schwarz, undeutlich, verschwommen — eine geduckte, drohende Gestalt voller Wildheit und Kraft. Sie war nicht höher als ein Pferd, aber der matte Umriß verriet kolossale Körpermasse und unwahrscheinliche Stärke. Das fauchende Keuchen und Schnaufen, regelmäßig und volltönig wie das Ventil einer Dampfmaschine, erweckte die Vorstellung ungeheurer Lungen. Einmal bewegte es sich, und ich glaubte das Funkeln schrecklicher, grünlich schimmernder Augen gesehen zu haben. Ein nervöses Raschelgeräusch drang herüber, als ob es sich Zentimeter um Zentimeter heranschliche.

„Es springt über die Hecke!" sagte ich, den Hahn spannend.

„Nicht schießen! Nicht schießen!" flüsterte Lord Roxton. „Ein Schuß ist in dieser grabstillen Nacht meilenweit zu hören. Nur im äußersten Notfall."

„Wenn es 'rüberkommt, sind wir erledigt", sagte Summerlee. Er preßte die Worte irgendwie und lachte nervös.

„Nein, herüber darf es nicht", rief Lord Roxton, „doch alle Mann bis zuletzt am Feind bleiben. Vielleicht zeig' ich dem Burschen mal, woran er mit uns ist. Ich laß es drauf ankommen; egal, wie's weitergeht."

Ein tapferer Schritt. Kein andrer hätte ihn gewagt! Er holte sich einen lodernden Ast aus dem Feuer und schlüpfte in Sekundenschnelle durch ein kleines Loch am Eingang ins Freie. Das Monstrum kam ihm zähnefletschend und wutknurrend ent-

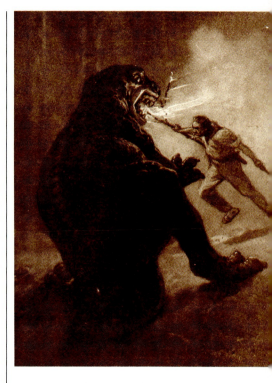

gegen. Lord Roxton zögerte nicht einen Augenblick, war flink und leichtfüßig da und rammte dem Untier sein brennendes Holzscheit voll in die Visage. Ich sah eine gräßliche Maske, wie die Fratze einer Riesenkröte; mir fiel die warzige, aussätzige Haut ins Auge, das offene, geifernde, über und über mit frischem Blut beschmierte Maul. Dann krachte, brach und polterte es im Unterholz. Unser unheimlicher Gast war verschwunden.

„Ich hab' gewußt, er würde das Feuer nicht mögen", lachte Lord Roxton und warf den Ast wieder auf die Glut.

„Wer sich in Gefahr begibt, kommt darin um! Das Risiko war viel zu hoch!" kam es wie aus einem Mund.

„Es war die einzige Möglichkeit. Wenn er herübergekommen wäre, hätten wir alle auf ihn losgeknallt und uns nur gegenseitig über den Haufen geschossen. Und wenn wir durch die Hecke feuernd das Tier ver-

wundet hätten, wäre es erst recht über uns hergefallen. Und durch die Knallerei hätten wir uns obendrein noch verraten. Nein, ich meine, wir haben uns wacker gehalten und sind noch einmal gut davongekommen. Nebenbei, was war es denn?"

Unsere Gelehrten sahen sich etwas unschlüssig an.

„Ich persönlich sehe mich vorerst außerstande, diese Kreatur auch nur einigermaßen richtig einzuordnen", sagte Summerlee und steckte seine Pfeife am Feuer in Brand.

„Daß Sie sich nicht festzulegen gedenken, beweist Ihre geziemende wissenschaftliche Zurückhaltung", sagte Challenger in großer Herablassung. „Auch ich bin kaum geneigt, weitere Aussagen als ganz allgemein diese zu machen, daß wir mit allergrößter Wahrscheinlichkeit heute nacht mit einer Art der fleischfressenden Dinosaurier Berührung gehabt haben. Ich hatte schon vorher der Erwartung Ausdruck verliehen, daß etwas Derartiges auf diesem Plateau vorkommen könnte."

„Wir dürfen nicht vergessen", warf Summerlee ein, „daß es viele prähistorische Arten gibt, die bei uns nie vorgekommen sind. Es wäre daher voreilig, von der Vermutung auszugehen, wir hätten für alles, was hier kreucht und fleugt, auch schon einen Namen parat."

„Genau! Eine oberflächliche Klassifizierung ist das Äußerste, was wir versuchen können. Morgen finden wir vielleicht weitere Anhaltspunkte, die uns einer endgültigen Identifizierung näherbringen. Inzwischen sollten wir versuchen, unsern Schlaf nachzuholen."

„Aber nicht ohne Wachtposten", sagte Lord Roxton mit Nachdruck. „Wir können uns hier keine Unvorsichtigkeiten mehr leisten. In Zukunft also Zweistundenwachen für jeden von uns."

„Ich übernehme die erste und rauche meine Pfeife zu Ende", sagte Professor Summerlee, und von da an schliefen wir nie wieder ohne Wache.

Am Morgen brauchten wir nicht allzuweit zu gehen, um die Ursache des schauerlichen Spektakels der Nacht zu entdecken. Die Iguanodon-Lichtung war der Schauplatz einer entsetzlichen Schlächterei gewesen. Blutlachen standen da, und enorme Fleischfetzen lagen allerorts über die grüne Fläche verstreut. Zuerst glaubten wir, daß mehrere Tiere hier zerfleischt worden seien, doch bei näherer Untersuchung der Überreste stellte sich heraus: Das ganze Gemetzel stammte von einem einzigen dieser schwerfälligen Geschöpfe, das von einer Mitkreatur in Stücke gerissen worden war, die sicher nicht größer war als es selbst, aber blutgierig und viel grausamer.

Unsre beiden Professoren schürften eifrig diskutierend inmitten all der Fleischlappen, die sie Stück für Stück genau auf Biß- und Reißmerkmale untersuchten. Sie waren buchstäblich in ihrem Fett.

„Wir müssen uns doch noch im Urteil zurückhalten", sagte Professor Challenger, einen gewaltigen, weißlich schillernden Fleischfetzen auf den Knien. „Es scheint tatsächlich alles darauf hinzudeuten, daß es ein Säbelzahntiger war, solche, die heute noch in unsren Höhlen gefunden werden, doch war das Tier, das wir gesehen haben, zweifellos größer und reptilienartiger. Ich würde auf Allosaurus tippen."

„Oder Megalosaurus", meinte Summerlee.

„Richtig. Jede der größeren Arten fleischfressender Dinosaurier würde hier passen. Zu ihnen gehört die ganze Reihe der schrecklichsten Vertreter des Tierreichs, schrecklicher noch als all die andern Ungeheuer, die je die Erde heimgesucht haben oder das Schmuckstück eines Museums geworden sind."

Ich habe jetzt viel von den Schrecken des Maple-White-Landes erzählt. Es hatte aber auch seine schönen Seiten. Den ganzen Morgen wanderten wir zwischen wunderhübschen Blumen dahin. Mir fiel auf, daß fast alle weiß oder gelb waren, und die Professoren belehrten mich, dies seien die ersten und primitivsten Blumenfarben. An vielen Stellen war die Erde von ihnen übersät. Und wenn wir knöcheltief auf diesem herrlich weichen, elastischen Teppich losstapften, berauschte uns ein süßer Duft und machte uns trunken vor Freude. Bienen summten wie zu Hause in England. Äste hingen tief unter der Last ihrer Früchte. Einige kannten wir, andere waren neu. Wir pflückten nur von Vögeln angepickte, um Vergiftungen vorzubeugen, und füllten unsere Vorräte auf...

Den lebenden Beweis für seine Entdeckungen führt Professor Challenger schließlich seinen ungläubigen Kollegen in der Londoner Albert Hall vor. Doch das Ungeheuer entweicht durch ein geöffnetes Fenster und fliegt auf seinen ledernen Schwingen in die Welt der Tepuis zurück

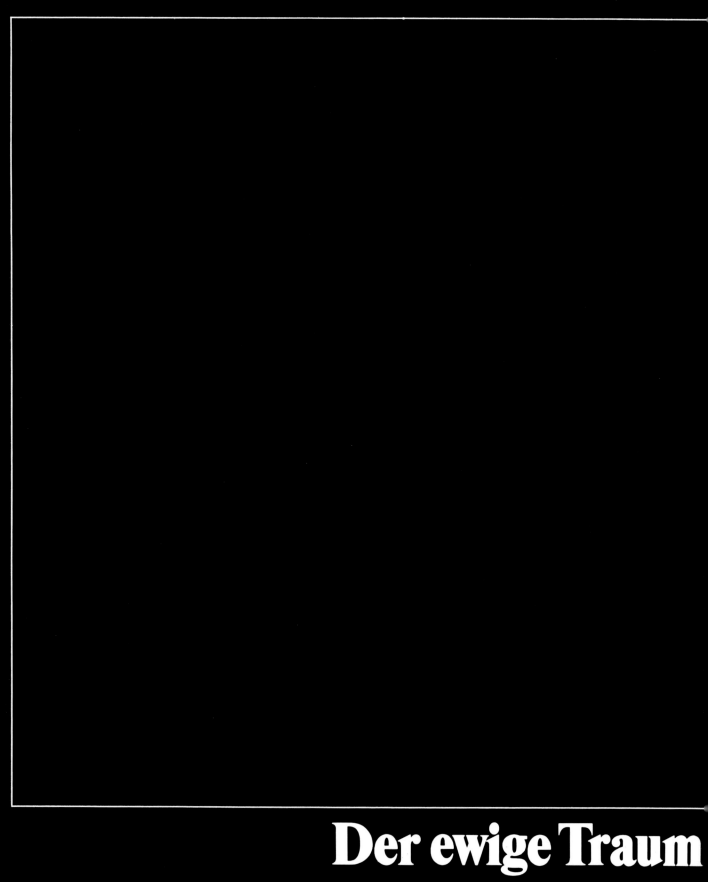

Der ewige Traum

Die ewige Sehnsucht der Menschheit nach dem Paradies und der Traum von unermeßlichem Reichtum lockten nach der Entdeckung der Neuen Welt Scharen von Abenteurern und Forschern in das Land der Tepuis. Sie waren der Legende von „El Dorado" verfallen — aber die Wirklichkeit übertraf noch alle Erwartungen. Hier spülten die Wassermassen in den Äonen der Erdgeschichte Gold und Diamanten aus dem Innern der Erde zutage, stürzen Wasserfälle über puren Jaspis in die Tiefe. Doch auch die Wissenschaft fand hier bis in unsere Tage ihr El Dorado

von El Dorado

Die Färbung vieler Flüsse in Guyana mag dazu beigetragen haben, daß hier die Legende von El Dorado angesiedelt wurde. Humusstoffe verleihen dem Wasser den goldenen Glanz und lassen die Kiesel am Grund wie Nuggets erscheinen

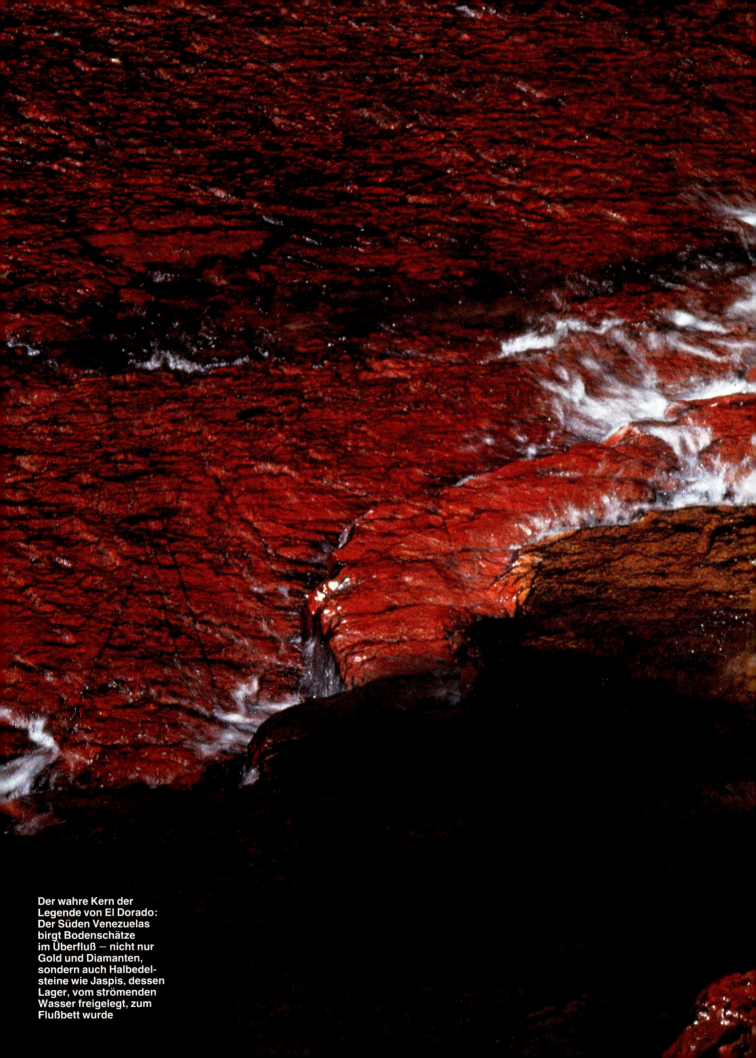

Der wahre Kern der Legende von El Dorado: Der Süden Venezuelas birgt Bodenschätze im Überfluß — nicht nur Gold und Diamanten, sondern auch Halbedelsteine wie Jaspis, dessen Lager, vom strömenden Wasser freigelegt, zum Flußbett wurde

Das Kernland des legendären El Dorado ist eine Landschaft, die die Venezolaner La Gran Sabana nennen: eine sanft gewellte Savanne mit Palmenhainen und baumgesäumten Flüssen. Hier erheben sich die Tepuis zu wolkigen Höhen

Selten wurde die Vorstellung, die der Name eines Ortes in mir bewirkt, so sehr durch die Realität verändert, als ich El Dorado endlich erreichte: ein bedeutungsloses, armseliges Nest im entlegenen Südosten Venezuelas nahe der Grenze zu Guyana. Statt der prunkvollen Fassaden einer imaginären Residenz des legendären Königs „El Dorado" – des Vergoldeten – tragen die Häuser verrostete Wellblechdächer, und die Farbe ihrer Wände ist längst verwittert.

Dieses El Dorado hatten die Kriminellen, die „Gesetzlosen", mehr gefürchtet als den Tod, denn es war gleichbedeutend gewesen mit dem nahegelegenen berüchtigtsten Zuchthaus des Landes, das vor wenigen Jahren geschlossen wurde – ein Abbild der höllischen Strafkolonie auf der Teufelsinsel an der Küste von Französisch-Guyana.

Lianen überwuchern heute die Mauern, und in den Zellen, an deren Wänden Räuber und Mörder mit Strichen die Ewigkeit ihrer Verdammnis gezählt hatten, hausen nun Skorpione und Vampirfledermäuse. Das Zementdenkmal des großen Staatsmannes Simon Bolivar vergeht im Tropenregen langsam wie Zuckerguß.

Die Bar der einzigen Herberge am Ort, in der ich zusammen mit meinem Freund José Miguel Peréz abgestiegen bin, ist von weißem Neonlicht grell beleuchtet. An den Wänden machen fette Geckos Jagd auf die geblendeten Motten der Nacht. Bier wird in Dosen gefroren serviert, doch auch der Abend ist noch so warm, daß es in wenigen Minuten trinkbar wird.

Jeder Fremde wird hier mißtrauisch begutachtet. Befragt, tut

Die romantisch illustrierten Reisewerke des 19. Jahrhunderts suggerieren Abenteuer und Reichtum in tropisch-exotischer Natur. Doch zu jener Zeit begann auch schon die wissenschaftliche Erforschung der großen Wälder und Ströme in Südamerika

man gut daran zu versichern, daß einen ausschließlich naturkundliche Interessen hierher verschlagen haben.

Zwei der Männer, um deren Gunst zwei Mädchen uns gegenüber an der Bar buhlen, tragen goldene Gebisse zur Schau, und auf des einen Brust prangt ein schweres Nugget an einer ebenfalls goldenen Kette mit häßlich dicken Gliedern.

Viele Legenden wurzeln irgendwo in der Wirklichkeit. Südöstlich von El Dorado liegen die größten und ergiebigsten Goldminen des Landes. Doch die beiden Männer gehören ganz sicher nicht zu den Tausenden von Garimperos, die dort als Tagelöhner reicher und einflußreicher Geschäftsleute schuften und nur ihr Dasein fristen. Die beiden sind selbständig und leben wie Nomaden in der Wildnis, auf der ständigen Suche nach dem gelben Metall, das sie so begehren wie der Teufel die Seele. Der sicherste Ort für Reichtümer ist der eigene Körper, denn ist man auch vor Dieben niemals sicher, so wird die Schwelle zum Mord hier selten überschritten.

Einer der Gäste offenbart sich mir als Landsmann — den ich in ihm nie erkannt hätte, da er längst wie ein Südamerikaner aussieht. Er nennt seinen Namen nicht und ich frage auch nicht danach, denn ich weiß um die Vorteile der Anonymität in solcher Gegend. Nach der fünften Dose Bier zeigt er mir in seinem Zimmer einen Beutel mit Nuggets und einen mit wunderschönen Aquamarinen. Und dann — er muß wirklich Vertrauen zu mir haben — funkeln in seiner Hand ein gutes Dutzend kleiner und großer Diamanten. Sie stammen aus geheimen Minen irgendwo in dieser Gegend, in denen die bis an die Zähne bewaffneten Eigentümer die kostbarsten aller Edelsteine gewinnen: ein ganzes Karat des durchsichtigen Kohlenstoffs pro Kubikmeter Erdreich — doppelt soviel wie in den besten Minen Südafrikas.

Südlich von El Dorado führt die rote ausgewaschene Piste aus den von Feuchtigkeit dampfenden Wäldern des Tieflandes in das riesige Hochland der Tepuis, das fast die Hälfte Venezuelas ausmacht. Wer über ein stabiles Geländefahrzeug und viel Zeit verfügt, kann auf der Piste von den Ufern des Orinoko hinab nach Brasilien bis an den Amazonas fahren.

Die Venezolaner nennen die Landschaft im südöstlichen Teil des Hochlandes *La Gran Sabana*: eine sanft gewellte Savanne, die mich an die weiten Landschaften Ostafrikas erinnert. Jetzt, im Oktober, am Ende der großen Regenzeit, steht das Gras hoch und grün, und der Passatwind kräuselt es wie die Oberfläche des Meeres. Die zahlreichen, tief eingeschnittenen Flüsse sind gesäumt von üppigen Galeriewäldern, in denen viele Bäume gerade ihre exotische Blütenpracht entfaltet haben.

Miguel, der den langen beschwerlichen Weg hierher schon mehrmals gemacht hat, verspricht mir ein visuelles Ereignis, das ich für immer vor Augen behalten soll. Wir verlassen die Piste und folgen zwei Fahrspuren hinab in eines der Flußtäler. Nach kurzem Marsch durch den Galeriewald bleibe ich überrascht stehen, glaube meinen Sinnen nicht zu trauen: Vor uns strömt glasklares Wasser über tiefroten Jaspis — und das auf einer Strecke von mehreren Kilometern. Rechts von uns stürzt der Fluß über treppenartige Jaspis-Felsen in die Tiefe. Eingefaßt von der üppigen tropischen Vegetation, erfüllt mit farbenprächtigen exotischen Schmetterlingen, so liegt das Flußtal vor uns wie die Kulisse einer Märchenwelt. Miguel ist sicher, irgendwo und irgendwann in dieser Gegend *Shangri La* zu finden — das Paradies.

Von einzigartigen Wasserfällen über rotem Jaspis hatte schon der deutsche Forschungsreisende Richard Schomburgk gesprochen, der hier vor mehr als 150 Jahren zusammen mit seinem Bruder Robert als wohl erster Weißer forschte.

Aus seinem Bericht: „Mit jedem Schritt vorwärts stieg auch das wilde Getöse der zerschellenden Wassermasse, bis wir unerwartet auf das terrassenförmig abwärts steigende Lager eines dunkelroten Jaspis traten, von dem wir, durch das saftige Grün der Bäume und Gesträuche, das entfesselte

Die Wasserfälle über Jaspis-Treppen faszinierten bereits Richard Schomburgk. Nach seinen Angaben entstand der Stahlstich für sein 1877 erschienenes Reisewerk

Element, in Myriaden von Schaumflocken aufgelöst, ungefähr 100 Fuß unter uns hindurch schimmern sahen... Die Basis eines der mächtigsten und pittoreskesten Wasserfälle Guayanas war erreicht. Über eine 120 Fuß hohe, vollkommen perpendiculäre Jaspismauer stürzt sich die bereits in der Mitte ihrer Höhe halb in Schaum und Dunst aufgelöste Wassermasse auf ein breites Jaspislager hinab, um nach diesem ersten gewaltigen Sturze noch 16 Cascaden von 4 bis 40 Fuß perpendiculärer Höhe und 1 bis 8 Fuß Breite zu bilden und sich dann unmittelbar an der Basis der letzten Cascade, nachdem sie sich überhaupt eine Höhe von 220 Fuß niedergestürzt, mit dem Kukenam zu vereinigen. Stumm vor Staunen, gefesselt von der schauerlich imposanten Naturscene, schauten wir in das wilde Getriebe der sich einander bekämpfenden Wogenmassen hinein, die in ihrem sinnbetäubenden, dumpfen Gedonner jeden andern Ton verschlangen."

Von dieser Art waren Schomburgks Expeditionsberichte, welche in mir schon zu Jugendzeiten jenes Fieber geheimnisvoller Entdeckungen auslöste, das Forscher vergangener Jahrhunderte stets in die Welt hinausgelockt hat.

Jeder Entdecker benötigt eine Vision, die ihn die Strapazen seiner Expedition überstehen läßt. Für die wagemutigen Männer, die zu Beginn der Neuzeit aufbrachen, waren es die legendären Reichtümer „Indiens", von denen der venezianische Forschungsreisende Marco Polo gegen Ende des 13. Jahrhunderts wahrlich phantastische Berichte nach Europa gebracht hatte. Unter „Indien" verstand man damals alles, was jenseits der feindlichen islamischen

Welt des Vorderen Orients lag, von Persien bis China und Japan.

Weniger Abenteuerlust und Entdeckerfreude trieben zur Erkundung der weithin unbekannten Welt als vielmehr handfeste wirtschaftliche Interessen — der gestiegene Bedarf besonders an Luxusgütern des Fernen Ostens: Gewürze, Seide, Porzellan und Edelhölzer. Der arabische Zwischenhandel verteuerte diese Waren ins Unbezahlbare; zudem erwies sich der Weg über Land als zu zeitraubend und zu gefährlich.

Die Portugiesen setzten um die Wende zum 16. Jahrhundert darauf, einen Seeweg nach „Indien" in östlicher Richtung um Afrika herum zu finden, doch sie wagten sich entlang der afrikanischen Westküste nur langsam voran, denn aus der Beobachtung, daß es gen Süden immer wärmer wurde, zogen sie den Schluß, daß am Äquator die Sonne das Land verbrenne und das Meer kochen lasse: Daß dort die Hölle liege.

Wies eine Vorstellung aus der Antike einen weniger beschwerlichen, einen anderen Weg nach „Indien" — gen Westen? Nach dem Glauben der alten Griechen lagen im Westen jenseits des großen Ozeans die „Inseln der Seligen" mit dem Reich der Toten, aber auch dem Eingang ins Paradies mit dem Brunnen der ewigen Jugend. Gab es diese Inseln wirklich? Und waren sie vielleicht identisch mit jenen, die „Indien" vorgelagert waren? Denn schon die Alten hatten ja berechnet, daß die Erde eine Kugel sein müsse — man also in beiden Richtungen ans Ziel komme. Zu dem materialistischen Antrieb der Entdeckungsreisen, zum Traum vom großen Reichtum, kam also auch dieser: die Suche nach dem Paradies auf Erden, nach einer neuen und besseren Welt.

Der schicksalhafte Irrtum des Kolumbus, der in Diensten des spanischen Königshauses den Weg nach Westen einschlug, ist bekannt. Er startete, dank einiger Rechenfehler, mit der Vorstellung von einer zu kleinen Weltkugel, auf der für einen neuen Kontinent Amerika gar kein Platz war. Als er mit seiner Flottille nach zweimonatiger Reise am 12. Oktober 1492 die Bahamas erreichte, war er deshalb überzeugt, den Weg nach „Indien" gefunden zu haben. Er war sicher, daß auch die großen Inseln Kuba und Haiti, die er entdeckte, dem asiatischen Festland vorgelagert waren. Bereitwillig finanzierte der Hof dem Genueser weitere Reisen, denn er hatte das Ziel, das reiche Beute vermuten ließ, ja noch nicht ganz erreicht.

Auf seiner dritten Reise segelte Kolumbus an den Karibischen Inseln vorbei und warf vor dem südamerikanischen Festland in der Orinoko-Mündung Anker. Aus der gewaltigen Wassermenge, die sich vom Fluß ins Meer ergoß, folgerte er, daß er einen großen Kontinent vor sich hatte — verkannte aber, daß das neue Land nicht Asien zuzurechnen sei. Freilich bemerkte er, daß Land und Leute wenig mit den Berichten des Marco Polo übereinstimmten.

Die versprochenen Schätze konnte Kolumbus nach seiner Rückkehr nicht vorweisen. Statt dessen pries er die Schönheit und Fruchtbarkeit des just entdeckten Landes und die Sanftmut seiner

Bewohner, die nackt waren wie die Menschen vor dem Auszug aus dem Paradies und die mit ihrer Umwelt in Harmonie zu leben schienen. Konnten das nicht die „Inseln der Seligen" aus der griechischen Mythologie sein?

Was Kolumbus verborgen geblieben war — daß es sich nämlich um einen besonderen Erdteil handelte —, erkannte wenige Jahre später sein Landsmann Amerigo Vespucci. Kolumbus, der 1506 starb, blieb es erspart zu erfahren, daß die Neue Welt auf der ersten Landkarte, die ihre Konturen zeigte und von dem deutschen Kartographen Martin Waldseemüller 1507 publiziert wurde, nicht nach ihm, sondern nach seinem Nachfolger benannt war.

Kartographen litten zu allen Zeiten unter dem „horror vacui", einer „Scheu vor dem Leeren" oder Angst vor dem „Weißen Flecken" — ein magischer Begriff, der jede Entdeckung noch als möglich erscheinen läßt. Um ihre Unkenntnis von der Geographie fremder Länder zu verbergen, projizierten sie auf die „weißen Flecken" ihrer Karten nach Schilderungen von Reisenden oder nach eigener Intention angst- wie lustbesetzte Vorstellungen von Land und Leuten — oft reine Phantasiegebilde. Im Falle Amerikas hatten sie besonders viel zu tun: In dem Maße, wie man die Ausdehnung des neuen Kontinents begriff, wuchsen auch die „weißen Flecken" auf seinen Karten. Da wurden die Schiffe schon auf der Reise ins ferne Land von Windbläsern angetrieben und von furchtbaren Meeresungeheuern bedroht.

Das gleiche Phänomen kennzeichnet auch die zeitgenössische Reiseliteratur, die mit der Erfindung des Buchdrucks zu einer wahren Flut anschwoll. Aber hatten deren Urheber, die aus der Neuen Welt zurückkehrten, nicht wahrlich Wunderbares gesehen? Da gab es bunte Vögel, deren Schnäbel größer waren als sie selbst; da gab es wie Ritter gepanzerte Schweine sowie Schlangen, die wirklich fast so lang waren wie jene Seeungeheuer, die in den Köpfen der Menschen spukten. Das alles regte natürlich die Phantasie an. So wurde das neue Wissen, das nach Europa gelangte, oft dazu benutzt, die alten Lehren über Geographie, Naturgeschichte, Menschen, Tiere und Monster zu bestätigen, nicht jedoch, um sie zu berichtigen. In den Reisebeschreibungen wimmelt es von Fabelwesen, etwa von hundeköpfigen Menschen, ja selbst von kopflosen Menschen, deren Gesicht sich auf der Brust befindet, oder von dem Antipoden der südlichen Hemisphäre, der seinen einen übergroßen Fuß wie einen Sonnenschirm emporhält.

Die Projektionen solcher Phantasien und Mythen, die vielfach schon aus der Antike stammten, bewiesen ein zähes Leben. Bis ins späte 17. Jahrhundert ließen sie sich nur sehr schwer von realen Entdeckungen korrigieren. Und

Die abenteuerlichen Berichte der ersten Reisenden aus Südamerika inspirierten die Illustratoren in Europa zu monströsen Darstellungen, in denen sich Realität und Phantasie vermischten

der Kirche waren die Schreckensfiguren nicht unwillkommen, um die eigenen frommen Schäfchen bei Räson zu halten.

Wesen, die daran zweifeln ließen, ob sie wirklich den Menschen zuzuordnen waren, konnte man leicht furchtbare Eigenschaften anhängen. 1520 stellte der angesehene Gelehrte Paracelsus die Frage, ob die Indianer überhaupt Nachkommen von Adam und Eva seien – eine Vorstellung, die immerhin geeignet war, die Wahrheit der Heiligen Schrift zu untergraben.

Am populärsten wurde die Vorstellung, die Bewohner Südamerikas seien Menschenfresser. Schon Kolumbus berichtete – nach Hörensagen – von einer Insel, auf der die Eingeborenen Menschenfleisch aßen. Amerigo Vespucci schrieb, daß in den Hütten der Indianer Teile geschlachteter Menschen hingen wie in der Heimat Schinken und Wurst: „Sie essen selten anderes Fleisch als Menschenfleisch, dasselbe zu fressen sind sie so unmenschlich und unzüchtig, daß sie darin alle unvernünftigen Tiere übertreffen. Denn alle ihre Feinde, die sie fangen oder umbringen, es sei Mann oder Weib, die fressen sie unzüchtiglich, daß also nichts Greulicheres und Unmenschlicheres mag erdacht werden. Solches hat sich oft zugetragen, daß wir's mit angesehen haben: Wobei sie sich denn noch gar höchlich verwunderten, daß wir unsere Feinde nicht auch also verzehreten."

In Büchern, die über Vespuccis Reise berichten, führten Holzschnitte, auf denen Indianer mit der handwerklichen Selbstverständlichkeit von Metzgermeistern menschliche Körper zerteilen, den schaudernden Europäern die grauenhaften Sitten der Wilden drastisch vor Augen.

Im Jahre 1556 erschien in Frankfurt am Main ein Buch mit dem Titel „Wahrhaftig Historia und Beschreibung einer Landschaft der wilden nacketen grimmingen Menschenfresser Leuthen in der newen Welt Amerika..." Darin beschreibt der aus Hessen stammende Hans Staden, der auf einem portugiesischen Schiff angeheuert hatte und in Südamerika zeitweise in die Gefangenschaft von Indianern fiel, bis ins einzelne die Praktiken dieser „Menschenfresser Leuthen". Das Buch wurde einer der ersten Bestseller seit der Erfindung des Druckverfahrens. Über Jahrzehnte wurde es immer wieder aufgelegt und erschien schließlich in einer farbigen Ausgabe mit den Illustrationen des Kupferstechers Theodor de Bry, der sich als Glaubensasylant aus den Niederlanden in Frankfurt niedergelassen hatte und sich auch auf akribisch ausgeführte reale Darstellungen der Pflanzen und Tiere der Neuen Welt verstand. Er zeichnete die Kannibalen als „schöne Nackte", deren Treiben, war es noch so grausig, eine ursprüngliche Unschuld ausstrahlte. Aber er stellte – als Protestant antispanisch gesonnen – die Indianer auch als die unglücklichen Opfer der kolonialen Unterdrückung dar. So illustrierte er die Berichte des Spaniers Bartolomé de Las Casas mit den Greueltaten der Konquistadoren. Den Dominikanermönch hatte das Leid der Indianer zutiefst erschüttert und zu leidenschaftlichem Einsatz für sie und ihre Rechte bewogen.

Moderne Anthropologen bezweifeln übrigens den rituellen Massenkannibalismus der Indianer. In einer jüngeren wissenschaftlichen Analyse von Stadens Bericht tauchten so viele Widersprüche und Ungereimtheiten auf, daß er unglaubwürdig erscheint. Er gehört wohl zu den größten und erfolgreichsten Propagandaschriften der Geschichte.

Da die Nacktheit der Indianer von den Konquistadoren mit ungezügelter Liebe gleichgesetzt wurde, schien es notwendig, sie zur Keuschheit des Christentums zu bekehren – oder aber Verweigerer auszurotten. Das verderbte Wesen, das man unterschiedslos allen Bewohnern Amerikas unterstellte, wurde zur Rechtfertigung für die Unterwerfung. Kaum, daß man glaubte, das Paradies entdeckt zu haben, wurde es durch die Hölle europäisch-mittelalterlicher Vorstellungen zerstört.

Der deutsche Historiker Mario Erdheim hat den kulturgeschichtlichen Hintergrund treffend for-

Die ersten Abbildungen von Menschenfressern, in deren Hütten die Gliedmaßen ihrer Opfer wie Würste hängen, ließen die Europäer erschauern. Doch schon bald setzte ein Sinneswandel ein: Die „Schöne Kannibalin" trägt bereits Züge von ursprünglicher Unschuld

muliert: „Die Gestalt des Indianers und die der Hexe ebenso wie die gesellschaftlichen Praktiken der Unterdrückung von Frauen und Indianern waren austauschbar. Die Haltung gegenüber der fremden Kultur ist immer nur ein Spiegel der Haltung gegenüber den unterdrückten Bereichen der eigenen Kultur. Es war dieselbe Projektion der exzessiven Sexualität auf die Hexen, die auch das Bild des Indianers bestimmte, und in beiden Fällen wurde damit das Verfallensein an den Teufel erklärt. Die schwarze Messe, die zum Wesen der Hexenkultur deklariert wurde, tauchte wieder in den Menschenopfern und dem Kannibalismus auf, die als Kern der indianischen Kulturen aufgefaßt wurden."

Aber auch die Zerstörung des von Kolumbus entdeckten vermeintlichen Paradieses unterstellte man zynisch den Kannibalen selbst. So schrieb Petrus Martyr, der im Dienste des spanischen Hofs alle aus der Neuen Welt eingehenden Berichte zusammenstellte: „Mit Schrecken hört man davon, daß die schamlosen Stämme der Menschenfresser Zehntausende von Eingeborenen verzehrt haben sollen. Die Spanier sind auf unzählige paradiesische Inseln in Tausende von Landschaften schön wie Elysium gekommen, die von jenen ruchlosen Wilden entvölkert worden waren. Deshalb traf man viele Gebiete, so lieblich und von der Natur gesegnet sie auch waren, ohne Anwohner an."

Auch die Europäer blieben angeblich nicht verschont, wie der Hofschreiber berichtet: „Diese Wilden behandeln die Spanier, die bei ihnen ankommen, so, wie wenn wir Fische wären, die in ihre Netze geraten oder Eber, die in ihre Jagdgruben fallen. In Erwartung der Beute lecken sie sich schon heimlich die Lippen."

War schon das imaginäre Paradies in der Neuen Welt nicht zu finden, so wurde nun eine höchst weltliche Glücksverheißung das Ziel aller Begehrlichkeit: das legendäre Gold Amerikas. Längst hatten die europäischen Kartographen die weißen Flecken auf ihren Karten auch mit der Aussicht auf reichen Gewinn vergoldet. Die Spanier wurden von Entdeckern zu Eroberern; der Reconquista, der Befreiung des Heimatlandes von den Mauren, folgte eine Conquista der Neuen Welt. Im Jahre 1519 eroberte und zerstörte Hernando Cortez das Reich der Azteken in Mexiko, um dessen Schätze an Edelmetall einzuheimsen. 1531 zerstörte sein Landsmann Francisco Pizarro die Hochkultur der Inkas in Peru und plünderte das Land ebenfalls aus. Zum erstenmal hatte sich der Traum von großer Beute realisiert, was die Gier nach dem gelben Metall keinesfalls stillte, sondern noch mehr anheizte.

Wenig bekannt ist, daß von Anfang an auch deutsche Eroberer an den barbarischen Raubzügen durch Südamerika beteiligt waren. Das Augsburger Handels- und Bankhaus der Welser hatte Kaiser Karl V. mit großen Geldsummen auf den Thron geholfen und war dafür mit der Nutzung der spanischen Kolonie Venezuela belehnt worden. Gouverneur dieser ersten deutschen Besitzung in Übersee war der aus Ulm stammende Ambrosius Dalfinger. Aber seine Expedition ins Landesinnere fand die erhofften Goldschätze nicht – nur die grüne Hölle des schier undurchdringlichen Dschungels. Daraufhin wurde den Welsern ihr Lehen 1546 entzogen.

Während Dalfinger im Inneren des Landes am Gift eines Indianerpfeils qualvoll umkam, brach der Spanier Diego de Ordáz, einer von Cortez Offizieren, auf, um die Quellen des Orinoko zu suchen. Er glaubte, daß Gold nahe dem Äquator am besten „wuchs". Für ihn gab es einen Zusammenhang mit der in tropischen Breiten goldenen versinkenden Sonne und dem begehrten Metall. Silber brachte er in Zusammenhang mit dem Schein des Mondes und vermutete es in kühleren Breiten der Erde.

Die Idee, daß Gold am ehesten in der Nähe des Äquators entstand, stammte von dem naturforschenden Jesuiten José de Acosta und hatte schnell viele Anhänger. Seine fromm verbrämte Logik lautete: „Gott schuf die meisten Goldminen in den entlegenen Gebieten, damit wir danach suchen und auf diesem Wege den Glauben an den Einen Wahren Gott zu denen bringen, die ihn nicht kennen… Ein Vater gibt einer häßlichen Tochter ja auch eine große Mitgift, um sie zu verheiraten. So machte es auch Gott mit dem schlechten Land. Er schuf dort reiche Minen, um jedermann dafür zu interessieren."

Mit fünf Schiffen war Diego de Ordáz unterwegs. Nur das Flaggschiff mit 320 Mann und 27 Pferden sowie eine kleine Karavelle erreichten die flache Mündung des Orinoko. Nun mußte die Erkundung mit besegelten Ruderbooten fortgesetzt werden. Das

Mündungsdelta erwies sich als ein riesiges Labyrinth von Flußarmen. Die Männer litten unter dem feuchtheißen Klima, das sie nicht gewohnt waren, und unter Myriaden blutsaugender Insekten, die in Wolken über sie herfielen. Und der Wind blieb aus. Ihr einziger Wegweiser war die Strömung, gegen die sie nun anrudern mußten.

Einer nach dem anderen starb an Krankheit, Erschöpfung und Hunger, denn die Vorräte gingen schnell zur Neige. Nahrung aber konnten sie in dem überfluteten Mangrovenwald nicht entdecken.

Schließlich trafen die Männer auf die ersten Indianerdörfer, umgeben von fruchtbaren Feldern und Gärten. Doch das Willkommen der Eingeborenen schlug schnell in Feindschaft um. Es kam zum offenen Kampf. Da steckten die Indianer ihr Dorf mit allen ihren Vorratslagern in Brand und flohen samt Frauen und Kindern. Im nächsten Dorf wandten die Spanier eine grausame List an. Unter dem Vorwand, Güter tauschen zu wollen, lockten sie die freundlichen Gastgeber in eine große Hütte und steckten sie in Brand. Mehr als hundert Männer fanden einen furchtbaren Tod. Die Frauen wurden gezwungen, Maniok und anderen Proviant herbeizuschaffen.

Ordáz zog mit seiner Truppe weiter stromauf. Die Ufer des Orinoko waren mit hohem Wald bestanden, aber bald dehnte sich die Wasserfläche wieder wie das Meer. Wenn der Pegel des Flusses während der Regenzeit bis zu 16 Meter ansteigt, überflutet er eine riesige Ebene, die heute Llanos genannt wird. Ordáz Männer ruderten, angetrieben von immer neuen Verheißungen ihres Anführers, fast tausend Kilometer stromauf. Dann schoben unüberwindbare Stromschnellen ihrer Vision von reicher Beute einen Riegel vor. Sie waren gezwungen, umzukehren.

Als die Überlebenden der Expedition nach Monaten an die Mündung des Orinoko zurückkehrten, war längst die Trockenzeit angebrochen. Sie erkannten die Landschaft kaum wieder. Ihr Flaggschiff hatten sie in einem Seitenarm verankert zurückgelassen. Jetzt fanden sie es nach langer Suche inmitten trockenen Landes, fast zugewachsen von hohem Gras. Es war verloren. Mit der kleinen Karavelle rettete sich der geschrumpfte Haufen zu den spanischen Niederlassungen auf den Karibischen Inseln. Während der Rückreise nach Spanien starb Diego de Ordáz an seinen Krankheiten. So mußte er die Schmach nicht mehr erleben, ohne goldene Schätze heimzukehren.

Aus jener Zeit stammt auch die Legende von El Dorado, dem „Goldenen Mann" — eine phantastische Geschichte, die sich unter den Konquistadoren wie ein Lauffeuer verbreitete. Auf dem See Guatavia, nördlich von Bogotá in Kolumbien, so hieß es, zelebriere ein indianischer Priesterkönig alljährlich ein Opferfest. Dabei vergolde er seinen Leib, indem er sich, mit Ölen gesalbt, mit Goldstaub pudern lasse. Dann fahre er auf einem Floß hinaus auf den See, in den er Gold und Edelsteine für die in der Tiefe wohnende Gottheit versenke. Schließlich springe er selbst ins Wasser, um auch den Goldstaub seines Körpers dem See zu übergeben. Für die Konquistadoren war diese Geschichte ein Indiz für unermeßliche Goldvorkommen.

Das kleine Reich des Priesterkönigs war schnell gefunden — und zerstört. Alle Versuche, den See trockenzulegen, um der versunkenen Schätze habhaft zu werden, scheiterten. Die Indianer der Region hatten das Gold nicht selbst geschürft, sondern von anderen Stämmen erhandelt, und ihre goldenen Objekte waren klein, nur aus dünnem Goldblech getrieben. Angesichts dieser Enttäuschungen stand die Vorstellung vom „Goldenen Mann" wieder auf, dem Herrscher des Goldlandes El Dorado, welches in die damals noch riesigen weißen Flecken des Landes projiziert wurde. Die Suche danach trieb die Konquistadoren immer tiefer ins Innere Südamerikas hinein.

Im Jahre 1581 wurde Antonio de Berrio, ein kampferprobter und unverwüstlicher Veteran, zum Gouverneur des imaginären El Dorado ernannt. Er errichtete seine Residenz in Chita, hoch in den Anden Kolumbiens. Berrio war davon überzeugt, daß das Goldland als ein zweites Reich der Inka im Hochland von Guayana lag. Er machte bereits Pläne, dessen unermeßliche Schätze den Orinoko hinab nach Spanien zu verschiffen. In entgegengesetzter Richtung wie sein Vorgänger Diego de Ordáz unternahm Berrio binnen fast zehn Jahren drei Expeditionen, von den Anden hinab in das Tiefland der venezolanischen Llanos zum fernen Orinoko.

Es gibt keine Augenzeugenberichte von diesen Expeditionen.

Doch unlängst gelang es dem englischen Historiker und Direktor der Royal Geographical Society, John Hemming, ihren Verlauf aus den Briefen Berrios an seinen König zu rekonstruieren. Danach stellten seine Taten an Härte und Ausdauer alles in den Schatten, was Konquistadoren bis dahin unternommen hatten.

Im Laufe der dritten Expedition fuhren 44 Soldaten in Booten und auf Flößen über die westlichen Zuflüsse zum Orinoko hinab, während 42 Reiter mit einer großen Rinderherde als lebenden Proviant versuchten, das Ziel über Land durch die endlosen Llanos hindurch zu erreichen. Berrio hatte seinen 13jährigen Sohn mit auf diese Expedition genommen. Später schrieb er an den König: „Es scheint eine Schande, ein so sensibles Kind diesen Strapazen und Gefahren auszusetzen. Doch ich glaube, daß es eine Ehre ist, wenn er schon jetzt beginnt, Eurer Majestät zu dienen, so daß er weiß, wie er diese Aufgabe erfüllen kann, wenn er zum Mann geworden ist."

Von gefangenen Indianern erpreßte Berrio die Aussage, die er hören wollte. Danach lag jenseits des Orinoko, im Hochland von Guayana, ein See, den die Eingeborenen Manoa nannten. Er sollte so groß sein, daß es drei Tage dauerte, ihn mit dem Einbaum zu überqueren. An seinem Ufer und auch auf Inseln inmitten des Sees sollten riesige Städte liegen, reich an Edelsteinen und Gold, das in großen Tiegeln geschmolzen wurde. El Dorado war und blieb mit einem See verbunden.

Sein Ziel unmittelbar vor Augen, trieb Berrio seine Männer selbst in der einsetzenden Regenzeit vom Orinoko immer weiter nach Süden. Unbekannte Tropenkrankheiten befielen die Spanier und forderten furchtbaren Tribut. 30 von ihnen und 200 versklavte Indianer, die Wege durch Sümpfe und Wälder schlagen mußten, starben. Als neun Männer desertierten, verbreitete Berrio die Kunde, sie seien schon bald nach ihrer Flucht Kannibalen in die Hände gefallen. Rauchsäulen am Horizont deutete er optimistisch als Zeichen der Goldschmelzen.

Als sie an einen weiteren Fluß kamen, hoffte Berrio, auf ihm nach El Dorado zum See von Manoa zu gelangen. Er selbst beteiligte sich am Bau von Einbäumen. Doch alle Strapazen waren vergebens. Der mäandrierende Fluß – nach heutiger Kenntnis der Parucito oder Paru – kam vom Hochland herab und führte die Truppe zurück an den Orinoko.

Berrio wäre kein echter Konquistador gewesen, hätte er nach diesem erneuten Fehlschlag aufgegeben. Zwar waren bereits zwei Drittel seiner Männer tot oder geflohen. Und der Rest begann zu meutern. Jetzt wandte Berrio eine List an, die schon Hernando Cortez bei seinem Feldzug gegen das Aztekenreich geholfen hatte. Cortez setzte seine Flotte an der Küste Mexikos in Brand, um seinen Männern die Rückkehr in die Heimat unmöglich zu machen. Berrio nun tötete alle noch verbliebenen Reitpferde, so daß seine Soldaten alle Hoffnung verlieren mußten, je nach Chita zurückkehren zu können. Längst ging es im Traum von El Dorado um alles oder nichts.

Berrios Hoffnung, einen Zugang ins Innere Guayanas zu finden, richtete sich nun auf den Rio Caroni. Diego de Ordáz war an diesem großen Fluß, der von Süden in den Unterlauf des Orinoko mündet, vorbeigefahren. Als Berrio ihn nach wochenlanger Fahrt den Orinoko hinunter erreichte, war seine restliche Schar zu entkräftet, um noch die Stromschnellen und Wasserfälle des Caroni zu durchfahren oder zu umgehen. Berrio war gezwungen, nach Trinidad weiterzufahren – freilich mit dem festen Entschluß, dort

Der Illustrator Arnoldus Montanus war seiner Zeit weit voraus: 1671 nimmt seine Darstellung vom Orinoko durchaus realistische Formen an – männliche und weibliche Palmen werden durch Symbole unterschieden

eine neue Expedition auf die Beine zu stellen. Als sie die Insel erreichten, waren die Überlebenden nicht etwa geblendet von den goldenen Fassaden der imaginären Hauptstadt El Dorado, sondern von einer furchtbaren Seuche: der Flußblindheit, die heute noch an jenen Strömen wütet.

1595 ankerten zwei englische Schiffe in der Bucht von Port of Spain, geführt von Ihrer Majestät Queen Elizabeths Kapitän, Sir Walter Raleigh – eine der schillerndsten Figuren der Entdeckungsgeschichte. Dieser Mann von großer Intelligenz und Energie war zum Befehlshaber der Königlichen Garde aufgestiegen und verstand sich bestens auf die Intrigen am Hofe. Während Berrio nach El Dorado suchte, war er Gouverneur der ersten englischen Kolonie in Nordamerika geworden, die nach seiner noch jungfräulichen Königin „Virginia" benannt wurde. Doch dann war er bei Elizabeth wegen einer Affäre in Ungnade gefallen. Jetzt wollte er versuchen, mit einem spektakulären Unternehmen die Gunst der Königin – und ihres Schatzkämmerers – zurückzugewinnen.

Wie Berrio, hatte Raleigh aus den umlaufenden Geschichten die Überzeugung gewonnen, daß in Guayana ein zweites goldenes Reich der Inka lag, über das ein Sohn des letzten Inkakönigs herrschte, der vor den Spaniern fliehen konnte. Dieses Land wollte er für seine Königin erobern.

Er ging dabei nicht gerade wie ein Gentleman vor. Berrio berichtete, Raleigh habe ihn in einem Brief gebeten, als Gast auf sein Schiff zu kommen und seine Pläne mit ihm zu diskutieren. Doch Berrio schickte erst einmal seinen Neffen als Vermittler. Sobald dieser an Bord war, ließ Raleigh ihn binden und enthaupten. Dann landete er mit seinen Soldaten und eroberte die kleine spanische Niederlassung San José de Oruna, tötete alle Verteidiger, nahm Berrio gefangen und brannte die Siedlung nieder. Später rechtfertigte Raleigh diesen grausamen Akt als Rache an den Spaniern, die angeblich ein Jahr zuvor acht Engländer hinterlistig ermordet hatten, als sie auf Trinidad Trinkwasser für ihr Schiff holen wollten. Wahr ist wohl eher, daß der gerissene Raleigh nur den Rücken frei haben wollte für seinen geplanten Eroberungszug nach Guayana.

Als Gefangener auf Raleighs Schiff versuchte Berrio alles, den verhaßten Engländer von seinem Weg nach El Dorado abzubringen. Er erzählte, daß der Orinoko selbst für kleine Boote viel zu flach sei und die Strömung während der Regenzeit so stark, daß kein Mann dagegen anrudern könne. Zudem würden die Indianer bei Annäherung von Weißen alle Vorräte verbrennen, und der See Manoa sei viel weiter entfernt, als man glaube. Raleigh ließ sich nicht abschrecken. Zwar war ihm klar, daß er mit seinen großen Schiffen den Orinoko nicht befahren konnte. Doch wie zuvor die Spanier, brach er mit einer Flottille kleiner Boote ins Landesinnere auf.

Es gehörte zu Raleighs Politik, mit den Indianern friedlich auszukommen — nicht nur aus humanitären Gründen: Er wollte die Eingeborenen als Verbündete gegen die Spanier gewinnen, um sich dann selbst als Machthaber zu etablieren. Seine Rechnung schien aufzugehen: Die Indianer, die Raleigh am Orinoko traf, waren begeistert von der Nachricht, daß die neuen weißen Ankömmlinge die früheren Peiniger umgebracht hatten und feierten die Engländer als Befreier.

Raleigh war aber nicht nur ein ebenso harter wie kluger Taktiker; er hatte auch einen feinen Sinn für die exotische Natur, die ihn umgab. So studierte er das seltsame Gürteltier, das die Indianer ihm gebracht hatten. Mit seinen Panzerplatten erschien es ihm wie ein kleines Nashorn. Er wollte auch mehr über das geheimnisvolle Pflanzengift Curare erfahren, das bei der geringsten Verletzung fast auf der Stelle tötete. Und wie ein romantischer Schwärmer schrieb er: „Nie habe ich ein schöneres Land gesehen, nie herrlichere Landschaften, so sanft ansteigende Hügel über den Tälern, der in hundert Armen sich schlängelnde Fluß... alles nur frisches grünes Gras, fester Untergrund, angenehm zu Fuß oder Pferd, überall vertrautes Wild, am Abend tausendstimmiger Gesang der Vögel aus den Bäumen, schneeweiße, rosafarbene und blutrote Kraniche und Reiher an den Ufern, die Luft lind und kühl bei leichter, östlicher Brise, und jeder Stein, nach dem wir uns bückten, sah gold- oder silberverheißend aus..."

Schließlich erreichte die Expedition die Mündung des Caroni, doch seine Strömung war jetzt in der Regenzeit so gewaltig, daß alle Versuche scheiterten, ihn zu befahren. Raleigh machte aus der Situation das Beste. Er sah seinen Vorstoß nur als erste Erkundung an und begab sich auf den Rückzug. Die Eroberung von El Dorado sollte einem späteren, größeren Unternehmen vorbehalten sein.

Zurück in England, versuchte Raleigh, seine Königin für die Eroberung des Goldlandes zu begeistern. Dazu ließ er eigens eine große Karte des Reiches El Dorado entwerfen und beauftragte einen Poeten, eine lange Lobpreisung auf die Entdeckungen zu schreiben, die noch ausstanden. Doch die Königin zeigte kein Interesse. Zudem ließ sich aus dem Erz, das er mitgebracht hatte, nicht ein einziges Gramm Gold herausschmelzen. Intriganten am Hof verbreiteten gar, Raleigh sei gar nicht in Südamerika gewesen.

Das alles veranlaßte ihn nun, sein berühmtes Buch „The Discovery of the Large, Rich and Beautiful Empire of Guayana" zu schreiben — eine einzige Propagandaschrift für eine neue Expedition. Der Autor hatte alles zusammengetragen, was er selbst erlebt

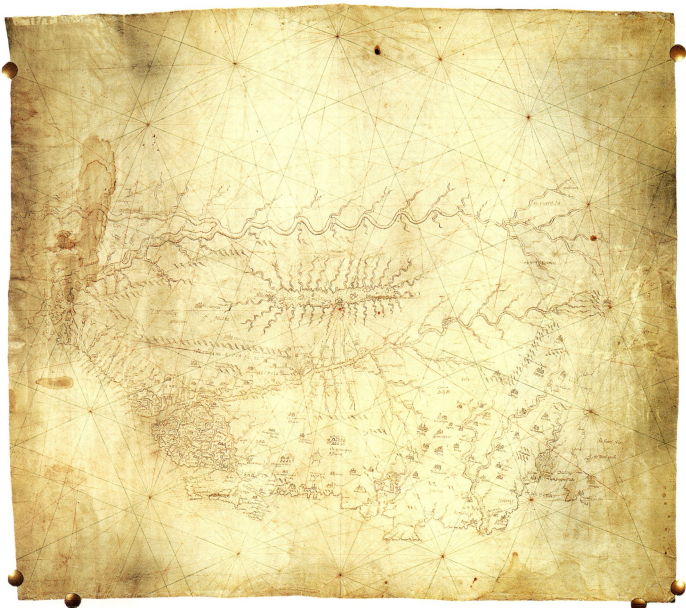

In der Karte von Guayana, die Sir Walter Raleigh für sein Buch anfertigen ließ (Süden ist oben), um von seiner Königin Geld für weitere Expeditionen zu erhalten, liegt zwischen Orinoko und Amazonas im Zentrum von El Dorado der legendäre See Manoa. An seinen Ufern sollten Amazonen und Männer ohne Kopf leben

und vor allem, was er über das legendäre Goldland von Spaniern und Indianern gehört hatte. Phantasie und Wirklichkeit vermischten sich unentflechtbar. Auch Raleigh griff auf antike Mythen zurück und beschrieb Einwohner Guayanas als kopflose Menschen, deren Gesicht sich auf der Brust befindet.

Über die legendäre Armee der Amazonen schrieb er, daß sie nur einmal im Jahr mit Männern zusammenträfen, um zu trinken, zu tanzen und zu lieben. Gebaren sie einen Sohn, so gaben sie ihn an den Vater zurück. Töchter zogen sie selber auf.

In diesem abenteuerlichen Bericht ist nicht nur der König von El Dorado mit Goldstaub gepudert, sondern auch jeder seiner Untertanen. Die britischen Soldaten würden dort, so schrieb er, „reichere und schönere Städte, mit viel mehr Gold geschmückte Tempel finden als Cortez in Mexiko oder Pizarro in Peru... Guayana hat seine Jungfräulichkeit behalten, es ist nie ausgeplündert worden, nie hat Aufruhr geherrscht, nie hat es Schlachten gegeben... Die Gräber sind nicht geschändet worden, und nie wurden goldene Götzen gestürzt und aus den Tempeln geschleppt..."

Einer der Höhepunkte in Raleighs Kolportage: „Ich hatte auch Berichte über einen kristallenen Berg gehört, konnte ihn aber wegen der großen Entfernung und ungünstigen Jahreszeit nicht erreichen. Wir sahen ihn von weitem, ich mußte an einen hohen Kirchturm denken. Ein breiter, reißender Fluß fällt von oben herab, ohne die Bergwand zu berühren; er schießt heraus und stürzt donnernd und dröhnend hinunter... unten ein brausender Tumult

Maria Sibylla Merian (1647–1717) aus der berühmten Kupferstecherfamilie war eine ganz außergewöhnliche Frau: Als Blumenmalerin bezog sie in ihre Darstellungen die auf und mit den Pflanzen lebenden Tiere ein und begriff die Natur bereits im Sinne der modernen Ökologie. Ihre Begeisterung für Insektensammlungen aus Südamerika ließen in ihr den Entschluß reifen, die Lebewesen der Neuen Welt an Ort und Stelle zu studieren. Mit einem Stipendium der niederländischen Regierung und mit eiserner Energie unternahm sie eine zweijährige Forschungsreise nach Niederländisch-Guyana. Ihr Reisewerk, das 1705 erschien, zeigt die tropische Tierwelt naturgetreu mit wissenschaftlicher Akribie. Vignetten aus ihrer Feder schmücken auch die Titelseiten der Kapitel in diesem Buch

wie tausend gegeneinanderschlagende Domglocken. Ich glaube, einen größeren und imposanteren Wasserfall gibt es nicht auf der Welt. Berrio verriet mir, auf dem Gipfel lägen Diamanten und Edelsteine, deren hellen Glanz man von unten sehen könne. Vielleicht nur Schein, ich weiß es nicht... und er weiß es nicht, denn bis heute hat niemand die Wand bezwungen... aus Angst vor feindlichen Indianern und ausweglosen Schwierigkeiten unterwegs..."

Dieser Bericht gilt als die älteste Kunde von den Tafelbergen Guyanas, von den Tepuis – den „Häusern der Götter" der Indianer. Doch so voll von Verheißungen das Buch auch war: Die erzielte Wirkung, die Ausrüstung einer weiteren Expedition, brachte es nicht.

Als Königin Elizabeth im März 1603 starb und James VI. ihre Nachfolge antrat, stand Raleigh ohne Lobby am Hofe schutzlos da. Die vielen Feinde, die ein solcher Mann zwangsläufig hat, nutzten ihre Chance. Sie verbreiteten das Gerücht, Raleigh plane im geheimen ein Komplott gegen den König. Er wurde vor Gericht gestellt und wegen Hochverrats zum Tode verurteilt, dann jedoch – mit Rücksicht auf seine Popularität im Volk – begnadigt und in den Tower geworfen. Erst zwölf Jahre später kam er wieder frei und erhielt, sozusagen auf Bewährung, die Erlaubnis für eine neue Expedition nach Guyana – unter der strikten Auflage, kriegerische Auseinandersetzungen mit den Spaniern, mit denen man in Europa inzwischen Frieden geschlossen hatte, zu vermeiden.

Raleigh war mehr als 60 Jahre alt, als er zusammen mit seinem

Mit der Flut
naturkundlicher Objekte,
die gegen Ende des 18. Jahrhunderts
aus Südamerika einsetzte,
nahm die Präzision der Darstellung zu.
Naturromantischen Abbildungen
folgten analytisch exakte
Dokumentationen

Sohn zum zweitenmal aufbrach, um El Dorado zu finden. Das war der Anfang seines tragischen Endes. Entgegen dem Befehl kam es beim Fort Santo Tomé, das die Spanier inzwischen an der Mündung des Caroni – dem Tor nach El Dorado – erbaut hatten, zu schweren Kämpfen, bei denen auch Raleighs Sohn den Tod fand. Welche Seite die Feindseligkeiten begonnen hatte, konnte nie eindeutig geklärt werden. Doch um den Frieden mit Spanien nicht zu gefährden, ließ der König das alte, noch rechtskräftige Todesurteil vollstrecken.

Noch auf dem Schafott verkündete Raleigh seinen Glauben an El Dorado mit seinen letzten Worten: „Es wurde verbreitet, daß ich überhaupt nicht die Absicht gehegt hätte, nach Guyana zu segeln, und daß ich auch nichts von der Existenz einer Mine wußte und keine damit zusammenhängende Absicht verfolgte, sondern lediglich meine Freiheit wiedergewinnen wollte, die zu bewahren ich nicht die Klugheit besaß. Doch es war meine klare Intention, nach Gold zu suchen – zum Wohle Seiner Majestät und derjenigen, die mich begleiteten, samt allen meinen anderen Landsleuten."

Die Legende von El Dorado war durch Sir Walter Raleighs auch ins Deutsche übersetzte Buch die populärste Geschichte Europas geworden, die die Phantasie eines jeden, der in der Lage war, zu lesen, lange beschäftigte und Anstoß gab, die geheimnisumwitterte Welt Guyanas weiterhin zu erforschen.

Der Ursprung der Legende von El Dorado fand 1856 seine archäologische Bestätigung. Als es gelang, den See von Siecha in der Nähe von Guatavia weitgehend trockenzulegen, fand man auf seinem Grund eine faszinierende kleine goldene Nachbildung des Floßes und seiner Besatzung, mit dem der „Goldene Mann" El Dorado einst auf den See hinausgefahren war.

Während sich die Konquistadoren im Labyrinth ihrer Visionen verirrten, sahen einige andere Entdecker aus dem Europa der beginnenden Aufklärung in den Eingeborenen der Neuen Welt nicht mehr nur edle Menschen, die es wert waren, zum Christentum bekehrt zu werden: Sie anerkannten auch ihre hohen kulturellen Fähigkeiten. Als prominentester Vertreter dieser Richtung trat jener spanische Dominikanermönch Bartolomé de Las Casas hervor, dessen Ziel die friedliche Evangelisation der Eingeborenen war. 1520 wies ihm Kaiser Karl V. Venezuela als Missionsgebiet zu. Aber Las Casas scheiterte am Widerstand seiner dort bereits ansässigen Landsleute, welche die Indianer als billige Arbeitskräfte versklavten. 1539 kehrte der fromme Mann nach Spanien zurück und erhob scharfe Anklage gegen die Kolonialpolitik seines Mutterlandes. Es gelang ihm tatsächlich, dem Kaiser „Neue Gesetze" abzutrotzen, nach denen die Zwangsarbeit für Indianer verboten wurde. Aber Südamerika war weit, und Gesetze sind geduldig. Daran änderte auch nichts, daß Papst Paul III. wenig später die Indianer sogar zu richtigen Menschen erklärte.

Die Fülle von völkerkundlichen Objekten, von Pflanzen und Tieren, die aus der Neuen Welt nach Europa gelangte, war bald so groß, daß die damals beliebten Raritätenkabinette sie kaum noch fassen konnten. Gelehrte began-

Castilleja scorzoneraefolia – aus Alexander von Humboldts umfangreichem Reisewerk

Alexander von Humboldt am Orinoko: Auf eigene Kosten unternahm der preußische Baron zwischen 1799 und 1804 mit dem französischen Botaniker Aimé Bonpland ausgedehnte Forschungsreisen durch Südamerika. Sein wissenschaftliches Werk machte ihn zum Begründer der Tropenkunde

nen sie aufzuteilen und zu ordnen, aber viele waren so fremd, daß sie sich nur schwer in der altehrwürdigen, moralisch-kosmologischen Systematik der klassischen „Historia Naturalis" unterbringen ließen. Stellten sie gar die biblische Schöpfungsgeschichte in Frage?

All die Monster und Fabelwesen, mit denen die Phantasie der Menschen die Erde bevölkerte, hatte man nicht gefunden. Statt dessen gab es eine faszinierende Vielfalt verschiedenartiger Menschen. Hatten sich die Nachkommen von Adam und Eva so weit verbreiten und so sehr verändern können?

Im 17. und 18. Jahrhundert ging man daran, für alle diese Fragen eine Lösung zu suchen. Zu den Kaufleuten, Missionaren und Goldsuchern gesellten sich nun gelehrte Forschungsreisende, um Erkundigungen an Ort und Stelle einzuholen. Oft wurden sie begleitet von Kunstmalern, die Landschaften, Menschen, Tiere und Pflanzen lebensecht abzubilden hatten. Es stellte sich heraus, daß die Wirklichkeit noch viel wunderbarer war als die Phantasmen bisher. Es entstand eine höhere Qualität der Darstellung; bisweilen schoß die neue Sehensweise aber auch über das Ziel hinaus. Die ehemaligen Menschenfresser wurden zu „guten, edlen Wilden" hochstilisiert, die von den Europäern aus dem Paradies vertrieben werden.

Gut zwei Jahrhunderte nach Berrio und Raleigh erkundete den Orinoko ein Gelehrter, dessen Genius die Tropenforschung auf einen ganz neuen einsamen Gipfel führen sollte, welcher danach nie wieder erklommen wurde: Alexander von Humboldt. Auch er sprach von einem Paradies. Auch er kam „vor Wunder fast von Sinnen". Doch in Venezuela entdeckte der preußische Edelmann eine Natur, die frei war von den Sedimenten und Wertungen althergebrachter europäischer Geschichte. In diesem Sinn ist seine Formulierung „Geschichtslose Ufer" zu verstehen, die er für den Orinoko gebrauchte.

Humboldts Erkenntnis: „Überall wo in der heißen Zone der von Gebirgen starrende, mit dichtem Pflanzenwuchs bedeckte Boden sein ursprüngliches Gepräge behalten hat, erscheint der Mensch nicht mehr als Mittelpunkt der Schöpfung. Weit entfernt, die Elemente zu bändigen, hat er vollauf zu thun, sich ihrer Herrschaft zu entziehen. Die Umwandlungen, welche die Erdoberfläche seit Jahrhunderten durch die Hand der Wilden erlitten, verschwinden zu nichts gegen das, was das unterirdische Feuer, die austretenden gewaltigen Ströme, die tobenden Stürme in wenigen Stunden leisten...

Krokodile und Boas sind die Herren des Stroms; der Jaguar, der Peceri, der Tapir und die Affen streifen durch den Wald, ohne Furcht und ohne Gefährde; sie hausen hier wie auf ihrer angestammten Erde...

Hier, in einem fruchtbaren Lande, geschmückt mit umgänglichem Grün, sieht man sich umsonst nach einer Spur von der Wirksamkeit des Menschen um; man glaubt sich in eine andere Welt versetzt, als die uns geboren."

Die höchsten Wasserfälle der Erde stürzen vom Auyan kilometertief hinab. Seine Gipfel sind der Lebensraum fremdartiger Pflanzen, die ausschließlich hier gedeihen. In den meist nebelverhangenen Wäldern wuchern einzigartige Orchideen – mehr als irgendwo sonst. Die faszinierende Formenvielfalt ihrer Blüten ist das Ergebnis eines schöpferischen Wechselspiels zwischen Pflanzen und Tieren seit Jahrmillionen. Dies ist die Welt des großen alten Mannes der Tropenökologie, Professor Volkmar Vareschi

Wolken

Den zentralen Teil des Auyan-Tepui bedecken dichte, so gut wie undurchdringliche Wälder. Im Gegensatz zum Tiefland-Regenwald bestehen sie aus nur wenigen Baumarten, die indes von Hunderten anderer Pflanzen besiedelt sind

Zu den botanischen Edelsteinen in den Tepui-Wäldern gehören Orchideen aus der Gattung der Sombralia, die von Sammlern im Europa des 19. Jahrhunderts mit Gold aufgewogen wurden

Im Land der Regenbogen. Das Schauspiel über dem gewaltigen Cañon des Rio Churún, der den Auyan-Tepui zernagt, vollzieht sich während der Regenzeit täglich im Wechsel zwischen Sonne und schweren Gewittern

103

Viele hundert Meter tiefe, aber nur wenige Meter breite Schluchten, in die von allen Seiten Wasserfälle hineinstürzen, zerfurchen den Tepui. Wer hier eindringen will, muß auf der Hut sein, denn die Fluten können nach Gewittern binnen Minuten um viele Meter steigen

Bei der kleinen Ansiedlung Canaima fallen die Wasser des Rio Carrao in breiter Front über eine Schichtstufe des Tepui-Sandsteins und strömen dem fernen Orinoko zu. Hinter der Wasserwand entstand ein begehbarer Kolk

Der Salto Angel, höchster Wasserfall der Erde, stürzt von einem Vorsprung des Auyan-Tepuis kilometertief herab. Der dünne Silberstreif der Trockenperiode schwillt während der Regenzeit zu einem Dutzend tosender Kaskaden an

Die Fluten des Salto Angel schießen aus tiefen Felsspalten 40 Meter unter dem Rand des Tepuis hervor. Niemand weiß, ob sie Jahrzehntausende oder gar Jahrmillionen benötigten, um den Kessel aus dem harten Fels herauszufräsen

Die Wassermassen des Salto Angel zerstäuben auf ihrem langen Weg in die Tiefe. So herrscht an seinem Fuße eine ungewohnte Stille. Doch der feine Niederschlag sammelt sich wieder zu einem reißenden lärmenden Strom

In einem waghalsigen Manöver durchfliegt der Hubschrauberpilot eine sechs Kilometer lange Klamm, damit die Botaniker die unzugänglichen Standorte der Vegetation aufnehmen können

Vorsichtig umkreist der Pilot die Kuppe eines mehrere hundert Meter aufragenden Felspfeilers, um vor dem Versuch einer Landung Luftturbulenzen zu erspüren. Dann gelingt es, im Schwebflug wenige Zentimeter über der Vegetation, einen Botaniker abzusetzen

Gletschern gleich, ist die Oberfläche des Auyan-Tepuis von tiefen Spalten kreuz und quer zerfurcht. Oft sind sie unter Vegetation verborgen und deshalb ganz besonders tückisch. Selbst geübte Kletterer kommen hier am Tag kaum hundert Meter voran

1 Glossarion rhodanthum (Compositae)
2 Maguireothamnus speciosus (Apocynaceae)
3 Stomatochaeta cymbifolia (Compositae)
4 Gongylolepis spec. (Compositae)
5 Thibaudia nutans (Ericaceae)
6 Graffenrieda sessilifolia (Melastomataceae)
7 Ledothamnus sessiliflorus (Ericaceae)
8 Tococa spec. (Melastomataceae)
9 Orthosanthus chimboracensis (Iridaceae)
10 Utricularia humboldtii (Lentibulariaceae)
11 Macrocarpaea quelchii (Gentianaceae)
12 Psittacanthus spec. (Loranthaceae)
13 Maguireothamnus speciosus (Apocynaceae)
14 Pagameopsis maguirei (Rubiaceae)

Die fremde Flora einer isolierten Welt. 70 Prozent aller Pflanzen auf den Tepuis sind endemisch — das heißt: Sie wachsen nur hier und sonst nirgendwo

Erst die wissenschaftliche Zeichnung vom Vegetationsprofil eines Hochmoores auf dem Auyan-Tepui offenbart einen Einblick in die Pflanzengemeinschaft und ihr Zusammenwirken. Als Professor Volkmar Vareschi das Bild im Gelände skizzierte, ließ sich die Schlange noch nicht genau bestimmen. Erst später, als sie gefangen wurde, erwies sich die Art als ungiftig

1 Siphula carassana
2 Sphagnum spec.
3 Cladonia congesta
4 Mandevilla benthamii (Apocynaceae)
5 Brocchinia acuminata: fertil (Bromeliaceae)
6 Hypolytrum tepuianum (Cyperaceae)
7 Brocchinia acuminata: steril (Bromeliaceae)
8 Maguireothamnus speciosus (Rubiaceae)
9 Utricularia subulata (Lentibulariaceae)
10 Utricularia humboldtii (Lentibulariaceae)
11 Paepalanthus spec. (Eriocaulaceae)
12 Xyris delicatula (Xyridaceae)
13 Poecilandra sclerophylla (Ochnaceae)
14 Brocchinia hechtioides (Bromeliaceae)
15 Brocchinia reducta (Bromeliaceae)
16 Paepalanthus minutus (Eriocaulaceae)
17 noch nicht bestimmte Schlange
18 Irlbachia coerulescens (Gentianaceae)
19 Macrocarpaea quelchii (Gentianaceae)
20 Digomphia laurifolia (Bignoniaceae)
21 Rhynchocladium steyermarkii (Cyperaceae)
22 Blepharandra hypoleuca (Malpighiaceae)
23 Tibouchina fraterna (Melastomataceae)
24 Stegolepis spec. (Rapataceae)
25 Didymiandrum stellatum (Cyperaceae)
26 Heliamphora spec. (Sarraceniaceae)
27 Ledothamnus guyanensis (Ericaceae)
28 Xyris spec. (Xyridaceae)
29 Everardia montana (Cyperaceae)

Unermüdlich noch im Alter von 80 Jahren durchstreift der große alte Mann der Tropenökologie, Professor Volkmar Vareschi, die Vegetation der Tepuis auf der Suche nach neuen Einsichten und Zusammenhängen. Dabei lassen sich unbekannte Arten tagtäglich entdecken

Nach der Besteigung des Roraima ist in mir eine Krankheit ausgebrochen, die Kenner als Tepui-Fieber bezeichnen. Es ist die Sucht, immer mehr Tepuis aufzusuchen, immer mehr über die geheimnisvolle Natur jener Tafelberge zu erfahren.

Ich träumte bereits nach meiner ersten Bekanntschaft mit dieser Landschaft davon, eine Expedition mit dem großen alten Mann der Tropenökologie, Volkmar Vareschi, zu unternehmen. Er gehört zu einer Organisation, die sich Terramar nennt – ein freier Zusammenschluß vorwiegend venezolanischer Wissenschaftler mit dem Ziel, entlegene Regionen ihres Landes zu erforschen. Präsident der Vereinigung ist der Jurist Armando Michelangeli. Zusammen mit seinem Bruder Fabian hat er das schwierige Expeditionshandwerk schon von kleinauf kennengelernt: Der Vater befuhr mit den Kindern Flüsse und durchstreifte Wälder, zu denen noch kein Weißer vorgedrungen war. Während Fabian als Biochemiker und die beiden Vizepräsidenten von Terramar – der Neurochirurg Armando Subero sowie Klaus Jaffe, Biologieprofessor in Caracas – vorwiegend das wissenschaftliche Hirn der Organisation repräsentieren, fügt Armando Beine und Arme hinzu. Er strotzt vor Energie und Unternehmungslust; er hat sich die Träume seiner Kindheit erhalten, ist ein großer Junge geblieben, eine Art Huckleberry Finn vom Orinoko. Mit diplomatischem Talent vermag dieser Mann, dessen hartnäckiger Liebenswürdigkeit sich kaum jemand entziehen kann, die oft monatelange Voraus-Expedition durch den bürokratischen Geneh-

Armando Michelangeli gilt als der erfahrenste Expeditionsleiter in den Regionen der Tepuis. Der Rechtsanwalt aus Caracas hält sich viel lieber in der Wildnis Süd-Venezuelas auf, als in seiner Kanzlei

migungsdschungel der Hauptstadt durchzuhalten, der jeder Reise in den verschlossenen Süden des Landes entgegensteht.

Meine erste Expedition mit den Michelangelis und Volkmar Vareschi geht zum Auyan-Tepui, der mit einer Fläche von 700 Quadratkilometern zu den größten zählt. Obwohl man sich ihm als einzigen Tepui leicht von Caracas mit der täglichen Linienmaschine nach Canaima nähern kann, ist er nach wie vor wenig erforscht, denn er zeigt sich so unzugänglich und von wilder Natur wie der Roraima. Bis jetzt ist nur eine einzige Aufstiegsroute für Nicht-Bergsteiger gefunden worden, und die liegt an der fernen Südwestseite; das kostet allein schon drei Tage Anmarsch. Aber selbst Bergsteiger scheitern oft mit ihrer Kunst: Wo immer sie die kilometerhohe Felswand erklimmen, treffen sie oben auf schier bodenlose Spalten und unbezwingbare Felslabyrinthe.

Mit Tonnen von Ausrüstung beladen — Treibstoff, Proviant, Lagerausstattung und vielfältiges wissenschaftliches Equipement —, tauchen unsere Einbäume tief ins Waser, als wir Canaima verlassen, um auf dem Rio Carrao zum Fuße des Auyan-Tepui zu fahren. Anders als der von Sedimenten hellgelb gefärbte Amazonas oder der Orinoko ist der Carrao ein sogenannter Schwarzwasserfluß, dessen Fluten unter Wolkenbedeckung düster aussehen. Wenn aber die Sonnenstrahlen wie Lichtpfeile in das dunkle, doch klare Wasser dringen, leuchtet es auf wie goldfarbener Tee.

Ich beuge mich über den Bootsrand und trinke aus dem hohen Schwall. Sauberer kann Wasser nicht sein. Es ist so rein wie destilliert. Der Carrao ist ein „Hungerfluß": Ihm fehlen jegliche Nährstoffe. Sie werden von der tropischen Vegetation zurückgehalten; ihr lückenloses Wurzelgeflecht filtert alle Substanzen aus dem Grundwasser heraus und führt sie dem Nährstoffkreislauf des Waldes unmittelbar wieder zu. Seinen Farbton erhält der Fluß allein durch winzige Mengen von Stofen, die das Wasser aus dem Rohhumus abgestorbener Pflanzen herauslaugt.

Eine grandiose Szenerie tut sich vor uns auf. In den Windungen des Flusses entstehen immer neue Bilder, immer neue Ausblicke auf die von Cañons zernagte kilometerhohe Felswand des Tepui, von dessen Höhe Dutzende Wasserfälle herabstürzen. Der Blick über den Bootsrand gleicht dem durch ein Kaleidoskop, denn die ständig wechselnde Kulisse des Waldes und der Felswände mit den silberschimmernden Bändern der Wasserfälle findet ihr Spiegelbild auf dem schwarzen Wasser des Flusscs.

Dort, wo der Rio Aonda seine Fluten aus einem gewaltigen Cañon in den Carrao ergießt, auf einer Insel, den Blicken verborgen durch dichten Wald, liegt die Hütte eines Einsiedlers, der schon lange seine eigene Legende lebt.

Alexander Laime ist ein alter Mann mit dem freundlichen Gesicht eines phantasiebegabten Kindes und dem durchtrainierten Körper eines Sportlers in den mittleren Jahren. Stolz führt mich Alejandro — wie ihn die Indianer der Gegend nennen — durch seinen Garten. In jahrzehntelanger Mühe hat er auf der Urwaldlichtung Bananen, Maniok-, Kartoffel-, Kürbiskulturen, Mango-, Zitronen- und Orangenbäume herangezogen. Von den himmelstürmenden Felswänden hinter seiner Hütte stürzen, so versichert er, während der Regenzeit zwanzig Wasserfälle herab. Acht sind es immerhin jetzt.

Große farbenprächtige Papageien und Tukane kommen zutraulich zu Besuch. Neben der Tür seiner palmenblattbedeckten Hütte hängt an einem langen Faden ein Lot. Damit überwacht der Einsiedler die Arbeit der Termiten, die seine Behausung langsam, aber unaufhaltsam zerkauen. Das Lot zeigt bereits eine besorgniserregende Neigung an. Im Alter von 75 Jahren hat Alejandro jetzt vorsorglich mit dem Bau einer neuen Behausung begonnen: die vierte in den 36 Jahren, die er nun schon hier lebt, nachdem er seine Heimat Lettland zu Beginn des Zweiten Weltkrieges verließ. Das einzige, was das Innere der Hütte von denen der Indianer unterscheidet, ist eine Vielzahl von Büchern: von Humboldt, Hermann Hesse, Hemingway und Truman Capote; über Astrologie, Psychologie sowie Sachtitel wie „The Revolution of Modern Genetics" und „How to Avoid Stress". Alejandro hat genug Zeit und Muße, alles gelesen zu haben.

Und dann erzählt er mir die Geschichte, die alle Besucher zu hören hoffen: Wie er die Saurier

Alexander Laime
lebt seit Jahrzehnten als
Einsiedler am Fuße des Auyan-
Tepui. Seine täglichen Besucher
sind Tukane und Papageien.
Doch er will auch schon Saurier
gesehen haben, von denen
er aus der Erinnerung
Zeichnungen machte

hoch oben auf dem Tepui entdeckte.

Im Jahre 1955 hatte Alejandro am Ende des Aonda-Cañons einen Aufstieg gefunden, den er bis heute geheimhält. Als er in einem der vielen Flüsse hoch oben nach Diamanten suchte, bemerkte er drei dunkle, fremdartige Kreaturen, die sich auf einem Felsblock im Fluß sonnten.

„Zuerst dachte ich, es seien Robben", erzählt er mir, „doch dann, als ich mich näher herangepirscht hatte, sah ich, daß es Tiere mit außergewöhnlich langen Hälsen, uralten Reptiliengesichtern und vier schuppenbedeckten Flossen waren".

Als Alejandro meinen ungläubigen Gesichtsausdruck bemerkt, kramt er unter einem großen Haufen alter Zeitungen und Magazine ein paar Zeichnungen hervor, die er damals von seiner Beobachtung gemacht hat. Die Wesen darauf sehen aus wie schwanzlose, dem Leben im Meer angepaßte Plesiosaurier, die mit allen ihren Verwandten vor 60 Millionen Jahren ausgestorben sind; auf seiner Zeichnung erscheinen sie nur viel kleiner. Sorgfältig hat Alejandro die Maße der Tiere vermerkt: etwa 80 Zentimeter in der Länge.

Alejandro hat natürlich auch Veröffentlichungen über die Geologie der Tepuis gesammelt. Aus einer davon weiß er, daß sie entstanden, als vor 70 Millionen Jahren die Sedimente eines flachen Meeres emporgehoben wurden. Warum, so war es ihm durch den Kopf gegangen, sollten nicht einige der alten Meeresreptilien, isoliert in einer Bucht, mit emporgestiegen sein? Seitdem konnten sie sich — seiner Meinung nach — zu kleinen Süßwasserarten umgewandelt haben.

Um seine Überlegungen zu untermauern, greift Alejandro hinter sich in das Bücherbord und zieht eine alte, von Termiten und Schimmelpilzen lädierte Ausgabe von Conan Doyles Roman „The Lost World" hervor. Darin kommt Professor Challenger, der im „Gladys-See" inmitten von „Maple White Land" ebenfalls Plesiosaurier beobachtet, zu dem gleichen Schluß.

Was an Alejandros Bericht nachdenklich stimmt: Er schildert seine Saurier als von bescheidener Größe. Falls eine der vielen Saurierarten, die einst die Erde bevölkerten, hier tatsächlich überlebt haben sollte, dann könnte es nur eine kleine, ökologisch anpassungsfähige sein — und nicht eine der gigantischen, nach denen einige Phantasten noch immer suchen.

Seriöse Wissenschaftler halten nichts von Alejandros Sauriern. Volkmar Vareschi kommentiert, als ich die Geschichte während unserer Expedition am abendlichen Lagerfeuer noch einmal zum besten gebe: „Vielleicht hat er nur einen *Perro de Agua* gesehen, eine tropische Fischotterart mit einem besonders langen Hals." Aber ein solches Tier auf Tepuis, in deren Gewässern bis heute noch nicht einmal dessen Hauptnahrung, nämlich Fische, nachgewiesen wurde — das ist genauso unwahrscheinlich wie das Vorkommen von kleinen Plesiosauriern.

Zu diesem Zeitpunkt ahne ich noch nicht, daß Alejandros Saurier eines Tages für mich Aktualität annehmen werden, wenn auch auf ganz andere Weise.

Nach drei Stunden Kanufahrt auf dem Carrao biegen wir in den Rio Churún ein. Seine über Klippen schäumenden Wasser kommen alle vom Auyan-Tepui. Abhängig von Gewittern über dem Einzugsgebiet, steigen und fallen seine Fluten oft in wenigen Stunden um mehrere Meter. Bei niedrigem Wasserstand kann das Fortkommen zu einer schlimmen Plakkerei werden: Dann müssen die

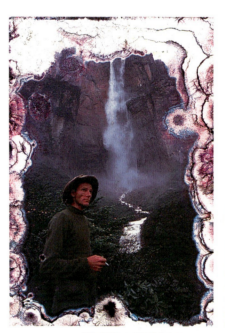

Ein frühes Farbfoto vom Angel Fall, durch Schimmelpilz zerfressen, zeigt Rudi Truffino — einen der Pioniere in der Erforschung des Auyan-Tepui

Als während einer Expedition die Boote umschlugen und die Streichhölzer naß wurden, mußte ein Objektiv zerlegt werden, um mit der Linse Feuer zu entfachen. Der Zusammenbau danach war nicht korrekt. Gleichwohl entstand diese Aufnahme — eines der ersten Fotodokumente vom Angel Fall überhaupt

schweren Einbäume durch unzählige flache Stromschnellen geschoben und gehoben werden. Nach langen heftigen Regenstürmen auf dem Plateau dagegen verwandelt sich der Fluß zu einem reißenden Monster, auf dem zu fahren lebensgefährlich ist.

Die Hänge bis zu den Steilstufen, die sich mit denen des Colorado in Arizona messen können, werden von dichtem Wald überwuchert, dessen Blätter alle Abstufungen von Grün zeigen, vom hellsten Lindenton bis zum dunklen, fast schwarzen Oliv. Hier und da stehen einzelne Bäume in voller Blüte. Um ihre leuchtendgelbe oder -blaue Pracht besser zur Geltung zu bringen, haben sie für diese Zeit die Blätter abgeworfen.

Affen und große, rotblaue Aras flüchten aufgeregt in den Schutz des Waldes, wenn die Einbäume hinter einer Windung des Flusses auftauchen.

Immer wieder blitzt es blau vor uns auf – ein unwirkliches Licht, wie ein Laserstrahl: keine Farbe, die von Pigmenten ausgeht. Sie stammt von Morphofaltern, die den Fluß als Flugschneise durch den Wald benutzen. In den Schuppenplättchen ihrer Flügel wird das Licht in die verschiedenen Wellenlängen des Farbspektrums zerlegt und der blaue Anteil selektiv zurückgeworfen.

Tief im Innern des Cañons, auf einer hohen kleinen Insel vor den Fluten des Flusses sicher, spannen wir unsere Hängematten zwischen den Pfeilern eines Regendaches einer früheren Forschungsstation auf. Die Felswände sind bis an ihren Sockel von Wolken und Nebel verhüllt.

Beim allerersten Dämmern des neuen Tages bin ich auf den Beinen. Wie flüssiges Silber stürzen die Wasser hinter unserem Lager die kilometerhohe Felswand herab, die im Licht der gerade über den Horizont emporsteigenden Sonne wie Rosenquarz schimmert. Die Quelle der himmelshohen Flut verbirgt sich in einem Wolkenhut über dem Plateau.

Aus der Richtung des Falls vernehme ich nur den dünnen Gesang eines Vogels. Auf halbem Wege zerstäubt das Wasser zu einer Wolke, deren Billionen Tröpfchen sich dann in einer gewaltigen Aushöhlung am Fuße der Felswand wieder zu einem reißenden Strom sammeln. Er stürzt kurz darauf über eine Steilstufe im Wald abermals in die Tiefe. Ich stehe vor dem *Salto Angel*, dem Churún Merún der Indianer, den die Geographen mit seiner Falltiefe von fast 1000 Metern für den höchsten Wasserfall der Erde halten, 15mal höher als die berühmten Niagara-Fälle. Rechnet man den kleinen unteren Fall hinzu, so ergeben sich sogar fast 1200 Meter Gesamthöhe. Vor ein paar Jahren hat eine Terramar-Expedition unter Leitung von Armando an den Flanken des entlegenen Marahuaca-Tepui gar einen Doppelfall entdeckt, der auf 1250 Meter Gesamthöhe vermessen wurde.

Was der ersten Erkundung des Angel-Wasserfalls vorausging, er-

Heute eröffnet der Hubschrauber ganz neue Möglichkeiten der Erkundung in dem unwegsamen Gelände der Tepuis. Doch der Großteil der umfangreichen Ausrüstung für das Basislager muß nach wie vor mit Booten herangeschafft werden

Die Hangwälder am Sockel der Tepuis sind der Lebensraum des *Copeicillo violáceo*. Soweit bekannt, ernährt er sich wie Kolibris vom Nektar der Blüten

zählt sein Entdecker, der amerikanische Buschpilot Jimmy Angel, so: „1923 war ich in Panama, mit nichts als einer viersitzigen Maschine. Ich war wie immer völlig abgebrannt und wußte weder aus noch ein. Als ich in der Hotelhalle saß und mir den Kopf zerbrach, wie es weitergehen sollte, kam so ein älterer Knabe heran und fragte, ob ich ihn nach Venezuela fliegen könne. Er sagte, er sei Bergbau-Ingenieur und wolle so schnell wie möglich auf einen bestimmten Berg kommen. Als er mir fünftausend Dollar dafür anbot, dachte ich, er verulke mich, aber er zeigte mir seine Kontoauszüge. Ich hatte natürlich keinen blassen Schimmer davon, daß ich oben auf dem Gipfel landen sollte; doch ehrlich gesagt, für so viel Kohle wäre ich sonstwohin geflogen. Also fragte ich: ‚Wann soll's losgehen?' Um es kurz zu machen — ich brachte diesen Kerl an einen 9000 Fuß hohen Berg in der Gran Sabana von Venezuela... Das ist alles andere als eine Rollbahn, auf der man ein Flugzeug bequem landen kann. Der Abwind drückte uns in einer Minute tausend Fuß runter; aber ich landete genau da, wo der Ingenieur hinwollte: an einem kleinen Bach — und in drei Tagen schürften wir 75 Pfund Gold aus dem Kies. Wir hätten noch mehr zusammenbekommen können, aber ich dachte an den Start und wollte die Kiste nicht zu voll packen. Ich brauchte jeden Zentimeter, jagte mit Vollgas auf den Grat zu und kopfüber im Sturzflug die gut 5000 Fuß tiefe Schlucht hinunter. Ich fing die Maschine ab, und flugs ging's zurück nach Panama.

Dort kam das Gold in den Tresor, und ich steckte die fünf Riesen ein."

Den Rest seines Lebens verwandte Jimmy Angel darauf, den Goldfluß wiederzufinden. Eines Tages im Jahre 1935 flog er den Cañon des Rio Churún aufwärts. An seiner Westwand sah er dann den gewaltigen Katarakt, der heute — jedenfalls auf den Karten der Weißen — seinen Namen trägt. Als er zwei Jahre später mit seiner Frau und einem der größten Entdeckungsreisenden Venezuelas, Felix Cordona Puig, an Bord erneut eine Landung auf dem Plateau versuchte, ging seine Maschine zu Bruch. Die drei überstanden den Unfall unverletzt. Mit ihren Macheten schlugen sie sich einen Weg durch ein Gelände, das noch nie eines Menschen Fuß betreten hatte, durch Sümpfe und Wälder. Nach langen elf Tagen erreichten sie schließlich eine Steilstufe, heute „Second Wall" genannt. Vom Ende des Churún-Cañons zieht sie sich 20 Kilometer nach Süden über das ganze Plateau.

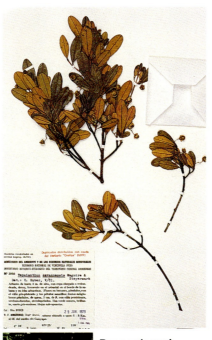

Der nordamerikanische Botaniker Julian Steyermark hat auf den Tepuis mehr Pflanzen gesammelt als je ein Mensch zuvor: 140 000 Exemplare

Mit einem Seil aus der Notausrüstung des Flugzeugs begannen die drei den Abstieg, doch die 1000 Meter hohen Steilwände des Tepuis ließen sich damit nicht überwinden. Jetzt war lebensentscheidend, daß Cordona Puig von hier aus den einzigen Weg vom Plateau hinunter kannte; er hatte ihn wenige Jahre zuvor erkundet. Die Männer waren damals von unten bis zur „Second Wall" vorgedrungen, die sie jedoch nicht überwinden konnten. Puig übrigens brachte die erste Pflanzensammlung vom Auyan-Tepui mit.

Dann, 1956, erklomm die erste großangelegte Expedition mit vierzig Wissenschaftlern unter Leitung von Volkmar Vareschi diese gewaltige Anhöhe.

Bald danach, 1964, kletterte ein Wissenschaftler über diese Route auf das Plateau, dessen Name bereits heute, noch zu seinen Lebzeiten, Legende ist: der US-amerikanische Botaniker Julian Steyermark, der dort mehr Pflanzen gesammelt hat als je ein Wissenschaftler zuvor.

Als ich vom Wasserfall zurückkomme, trifft endlich der Hubschrauber ein, der die Tepuis viel einfacher zugänglich macht als für die Generationen von Wissenschaftlern zuvor. Er landet auf einer kahlen Geröllbank an der Spitze unserer Insel. Sein Einsatz ist mit enormen Kosten verbunden, allein der Hin- und Rücktransport von Caracas in diese entlegene Gegend verschlingt ein Vermögen, und zudem gibt es nur sehr wenige Piloten, die sich darauf verstehen, dieses empfindliche Fluggerät in den schwierigen Wetterverhältnissen um und über den Tepuis zu beherrschen. Einer von ihnen ist Raoul Serrano, der

Nach Radaraufnahmen, die von Flugzeugen aus durch die Wolkendecke hindurch gemacht worden sind sowie nach Fotos und Skizzen von GEO-Expeditionen fertigte der italienische Kartograph Fernando Russo eine Ansicht vom südöstlichen Teil der riesigen Tepui-Region. Hier treffen sich die Grenzlinien von Venezuela, Brasilien und Guyana. Diese Tepuis, deren Sockel von dichten Hangwäldern bewachsen sind, erheben sich aus der Gran Sabana. Während Volkmar Vareschi der Ansicht ist, daß diese Savanne in historischer Zeit durch intensive Waldrodung der Indianer entstand, vertritt sein Schüler Otto Huber die Meinung, daß dies der Regenschatten der östlichsten Tepuis am fernen Horizont bewirkt hat. Die Region des wildzerklüfteten Macizo de Chimanta kann mangels ausreichender Auswertung der Radarbilder kartographisch noch nicht exakt dargestellt werden

in den nächsten Tagen unser „Liftboy" sein wird.

Das Knattern der Rotorblätter und der hohe Ton der Turbine setzt alle im Lager in Aufregung. Jeder rafft seine Sachen zusammen und hastet zum Landeplatz. Jeder brennt darauf, sobald wie möglich auf den Tepui zu gelangen, um mit seinen Forschungen zu beginnen.

Armando als Expeditionsleiter behält einen kühlen Kopf. Er allein bestimmt, wer und was in welcher Reihenfolge befördert wird. Zuerst werden Zelte, Kocher und ein Sack Proviant für mindestens eine Woche eingeladen; dann erhalte ich die Erlaubnis, als erster einzusteigen. Mit uns fliegt noch Ramon Blanco, ein wahres Multitalent: Er verfügt über fundierte naturkundliche Kenntnisse, ist Extrem-Bergsteiger, Überlebensexperte − und zu alledem ein international renommierter Gitarren- und Violinenbauer. Er hat die höchsten Berge Südamerikas bestiegen und mehrere Tepuis direkt über die senkrechten Flanken.

Unser Basislager auf der Insel zoomt davon. Das Kronendach des Waldes wird zu einem lückenlosen filigranen Mosaik. In einer engen Spirale zieht Raoul den Hubschrauber unmittelbar am Salto Angel in die Höhe. Im Gegenlicht verwandelt sich der Fall zu einem wallenden, regenbogenfarbenen Vorhang. Ramon deutet auf die schwindelerregenden Simse und Kamine, die er vor ein paar Jahren als Kletterer bezwang. Acht Tage hat das gedauert.

Gebannt schaue ich hinaus. Die Wassermassen des Falls ergießen sich nicht über den Rand des Plateaus. Sie schießen mit hohem

135

Druck aus Spalten und Löchern 30 bis 50 Meter unterhalb der Felskante hervor. Damit ich besser fotografieren kann, haben wir die Tür an meiner Seite ausgebaut – freilich die Öffnung mit einem Seil zusätzlich gesichert –, und jetzt bringt Raoul die Maschine auch noch in Schräglage, damit ich eine Perspektive nach unten habe. Ich hänge angeschnallt über dem Abgrund, und mir wird übel. Ich habe das Gefühl, mit den Wassermassen unmittelbar unter mir in die Tiefe gerissen zu werden und bin froh, als Raoul den Hubschrauber schließlich über die Kante des Plateaus lenkt.

Wir landen auf einer flachen Felskuppe direkt an dem Fluß, der den Wasserfall speist. Das Gelände daneben, das noch aus der Luft aussah wie eine Wiese, erweist sich als Sumpf und Moor; was ich für Buschwerk gehalten habe, sind ausgedehnte Urwaldinseln. Ich kämpfe immer noch mit der Schwierigkeit, meine Erfahrungsmaßstäbe von Größen, von Raum und Zeit auf die so fremden Verhältnisse der Tepuis zu übertragen.

Raoul startet sofort zurück ins Lager. Insgesamt muß er zehn Personen mit all ihrer Ausrüstung hier hinauf schaffen. Die Zeit, in der das Wetter überhaut Flüge erlaubt, ist täglich eng bemessen.

Ein unbekanntes Wasserinsekt

In dem Maße, wie die Sonne emporsteigt, schwitzt der Wald tief unten die Feuchtigkeit, die er während der nächtlichen Gewitter aufgesogen hat, wieder aus. Die Wolken heben sich, und noch ehe die Sonne im Zenit steht, ist die Oberfläche des Tepuis in brodelndem Wasserdampf verborgen. Allein Raouls fliegerischem Können sowie seiner Unerschrockenheit ist es zu verdanken, daß er die ganze Mannschaft an diesem Vormittag hinaufbringt. Als er das letzte Mal an diesem Tag landet, ziehen bereits dichte Wolkenschwaden durch unser neues Lager, und die Sonne ist nur noch gelegentlich als matte Scheibe zu erkennen.

Nach nur wenigen Schritten sind die bunten Zelte vom Nebel verschluckt. Ein merkwürdiger, geheimnisvoller Ton lockt mich immer tiefer in das Moor hinein. Es hört sich an, als ob jemand eine Violine stimmt; doch ich kann mir nicht vorstellen, daß Ramon eines seiner Instrumente hier mit hinaufgebracht hat. Es ist mir nicht möglich, die Herkunft des Tons zu orten. Mal scheint er von vorn, mal gleich darauf aus einer völlig anderen Richtung zu kommen. Aus einem wunderschön blau blühenden Busch vor mir fliegt ein schwarzer, langschwänziger Vogel auf, und der eigentümliche Ton erschallt bald dünn und hell aus großer Ferne. Später erfahre ich von Armando, daß ich zu den wenigen Menschen gehöre, die den überaus scheuen und seltenen Violinenvogel gesehen haben.

Gelegentlich bricht die Sonne durch den Nebel und taucht das Moor für Sekunden in ein diffuses Licht, welches das Unwirkliche der Szenerie noch steigert. Mir ist, als stünde ich auf einem fremden

Mit 25 Kniebeugen
auf jedem Bein macht sich
Ramon Blanco — von Beruf ein
renommierter Geigenbauer —
jeden Morgen fit, um für die Botaniker
aus Klüften und von den Balkonen
tausend Meter abstürzender
Felswände Pflanzen
herbeizuschaffen

Stern. Keine der Pflanzenformen um mich herum ist mir vertraut, alle scheinen einem Traum entsprungen zu sein. Große weiße sternenförmige Blüten, die sich aus merkwürdigen Blattrosetten erheben, muten an wie zerbrechliches Porzellan. Die Blätter einer anderen Pflanze glänzen wie rot lackiert, glockenförmige Blüten daneben wiederum grasgrün. Andere sehen aus wie der feurige rotgelbe Schweif einer Rakete oder sind von zartester rosa Transparenz. Dann gibt es dichte Gruppen hoher, schlanker, vasenförmiger Gewächse mit wassergefüllten Kelchen. Darunter, unmittelbar über dem Morast, wachsen Gebilde, die aussehen wie kleine, weit geöffnete Mäuler mit roten Rachenzapfen.

Auf dem Rückweg treffe ich Volkmar, den „Grand Old Man" der Expedition. Mit knallrotem Hemd und roter Mütze ist er nicht zu übersehen und kann in diesen ausgedehnten Mooren nicht so leicht verlorengehen. Zuerst lerne ich von ihm, wie ich mit Hilfe der fremden Pflanzen im Notfall überleben kann. Er zeigt mir die Blattansätze der fächerartigen *Stegolepis;* sie schmecken köstlich und sind so proteinreich, daß sie allein wochenlang zur Ernährung ausreichen. Man kann die Blätter wie bei einer Artischocke herausziehen und aussaugen. Das Holz des Zunderbaumes *Chimantaea cinerarea* ist so harzig, daß man selbst bei strömendem Regen mit nur einem einzigen Streichholz ein Feuer daraus entfachen kann.

Von Volkmar erfahre ich dann auch die Ursachen für die Fremdartigkeit dieser Pflanzenwelt. Die Tepuis, entlegenen ozeanischen Inseln gleich, haben eine weitgehend endemische Tier- und Pflan-

Während die Botaniker noch vollauf damit beschäftigt sind, die Pflanzenarten der Tepuis aufzunehmen, ist über ihre Fortpflanzungsstrategie — die Art der Bestäubung — kaum etwas bekannt

zenwelt entwickelt, also Arten, die nur hier wachsen und sonst nirgendwo auf der Welt – bei den Pflanzen sind das schätzungsweise 70 Prozent. Selbst von Tepui zu Tepui unterscheiden sich viele Pflanzen- und Tierarten. Die Erklärung dafür ist die Isolierung der meisten Lebensformen auf den Tepuis über erdgeschichtlich lange Zeit. Bezeichnenderweise gibt es unter den Pflanzen der Tepuis viele urtümliche Arten. Wie viele hier entdeckte Amphibien, stammen sie aus längst vergangenen Erdzeitaltern.

Auch klimatisch sind die Tafelberge von eigener Art – Inseln im Meer tropischer Urwälder und Savannen. Ein Austausch von Pflanzen und Tieren zwischen beiden Welten, zwischen oben und unten, ist biologisch so gut wie unmöglich. Die Umweltbedingungen sind allzu unterschiedlich: unten 27 Grad Celsius Durchschnittstemperatur am Tag, oben nur noch 10 Grad; unten im Wechsel ausgeprägte Regen- und Trockenzeiten, oben fast ganzjährig ein feuchtes, von stürmischen Passatwinden bestimmtes Lokalklima mit sehr häufigen schweren Gewittern.

Kurze Trockenzeiten wirken, zumindest in den ausgedehnten Felsregionen, sehr intensiv, weil großflächige wasserspeichernde Wälder und Böden fehlen. Diese rauhen Klimabedingungen prägen die eigentümliche Tepui-Flora. Um das Übermaß an Regen abzuleiten, haben die Blätter häufig einen wachsartigen, glänzenden Überzug oder gar die Form kleiner Regenrinnen entwickelt. Bei einigen Arten sind die Blätter abgestuft übereinander angeordnet, um bei klarem Himmel in dieser großen Höhe die Einstrahlung von UV-Licht herabzusetzen. Viele Gewächse der Felsregionen besitzen wie Pflanzen in der Wüste wasserspeichernde Organe. Andere bilden kugelförmige Kolonien – eine Wuchsform, die vor dem Ausdorren durch Wind und während der kurzen Trockenzeiten schützt.

In der Nacht überschüttet uns das übliche schwere Gewitter mit seinen Fluten, und ich verbringe, statt zu schlafen, mehr Zeit damit, das Zelt und meine Habe vor dem Wegspülen zu bewahren. Am nächsten Morgen ist der Fluß um mehr als einen Meter angeschwollen. Unmittelbar hinter dem Lagerplatz stürzt das Wasser in einen 30 bis 40 Meter tiefen schmalen Cañon, durch den die Fluten dem Wasserfall zuströmen.

Obwohl die Entfernung nur etwa 500 Meter beträgt, benötigen wir Stunden für den Weg dorthin. Wir sinken bis an die Knie in den Morast der Moore, schlagen uns mit Macheten tunnelförmige Schneisen durch dichteste Vegetation, klettern über Felsblöcke, überspringen Klüfte, die den Tepui kreuz und quer durchziehen und bodenlos zu sein scheinen. Oft sind sie wie Gletscherspalten verborgen – von einer Schicht schwammiger Vegetation überwuchert, eine ständig drohende Gefahr. Sie können, bei einer Breite von nur wenigen Metern, viele hundert Meter tief sein.

Einmal bin ich durch so eine kleine Klamm am Fuße des Auyan-Tepuis mit dem Einbaum eines Indianers sozusagen ein Stück ins Innere des Tafelberges eingedrungen. Indianer befahren diese Wildwasser auf der Suche nach Diamanten, die durch die von allen Seiten in die Klüfte stürzenden Wassermassen aus dem Fels herausgewaschen werden. Für Unerfahrene wie mich ein gefährliches Unternehmen.

Während der Exkursion durch die Klamm, die so schmal und tief ist, daß nie ein Sonnenstrahl bis zu ihrem Grund hinabgelangt, stieg das Wasser plötzlich um einen Meter pro Minute, und wir mußten acht geben, mit der zunehmenden Strömung nicht auf einen der immerhin 30 bis 50 Meter herabstürzenden Wasserfälle in der Klamm zugetrieben zu werden.

Kurz vor dem Rand des Plateaus verschwindet der Fluß unter einer gewaltigen zerborstenen Felsenmauer, die aussieht, als wäre sie von Zyklopen aufgeschichtet, um den Absturz des Wassers zu verhindern. Viele der hausgroßen Felsblöcke sind in den tosenden Fluß gestürzt. Auf einigen haben sich kleine Haine aus Palmen und zitronengelb blühenden Bäumen angesiedelt: lockende, doch unerreichbare Gärten. Am Fuß der Mauer wird das Wasser in Spalten und Löcher gesogen. Ich meine den röhrenden Sog bis hinauf zu mir zu spüren.

Ein Warnruf von Armando reißt mich aus meinen Gedanken. Ich habe mich zu weit vorgewagt und die schwarze Algenschicht des Felsens, auf dem ich stehe, kann

plötzlich durch Regen oder heraufziehende Feuchtigkeit so schlüpfrig werden wie Seife. Bei dem Gedanken, in die Flut hinabzustürzen und in eine der Spalten gezogen zu werden, packt mich das Grauen. Die letzten Meter zur anderen Seite der Mauer krieche ich nur noch auf allen vieren. Wie aus Dutzenden geborstener Wasserrohre schießt die Flut 40 Meter unter mir aus der Wand und stürzt kilometertief in eine dichte Wolkendecke weit unten über dem Urwald.

Bevor der Fluß sich in den kleinen Cañon ergießt, strömt er ruhig durch einen ausgedehnten Wald, der sich an sanften Hügeln emporzieht. Dieser Wald ist wohl das dichteste, was ich bisher gesehen habe; ich kann keinen einzigen Schritt tun, ohne nicht mehrere Schläge mit meiner Machete auszuteilen. Das Wurzelwerk der Bäume erinnert an das von Mangroven; die Äste sind über und über mit Epiphyten bewachsen – Pflanzen, die auf anderen wurzeln, um einen Platz an der Sonne zu erhalten. Darunter erkenne ich viele Bromelien aus der Familie der Ananasgewächse. In ihren großen, hellgrünen Blatt-Trichtern sammeln sie Humusstoffe und Wasser, welches sich zu kleinen nährstoffreichen Teichen aufstaut, in denen ein ganzer Mikrokosmos winziger Tiere lebt.

Ich bin an diesem Tag mit Armando Subero unterwegs, ein großer Kenner der vielleicht schönsten Gruppe dieser Epiphyten, der Orchideen – und sein Name ist in den Namen von Arten ver-

Die hohe Feuchtigkeit in den wolkenverhangenen Tepui-Wäldern bietet Epiphyten ideale Lebensbedingungen: Die Äste der Bäume sind von Moosen und Orchideen umhüllt. In ihren Blattrosetten fangen Bromelien Humusstoffe aus den Kronen auf

ewigt, die er entdeckt hat. Unter seiner Anleitung lerne ich, diese Pflanzen überhaupt wahrzunehmen, denn die wenigsten Orchideen sind so auffällig, wie man sie aus dem Gewächshaus kennt. Die Blüten etlicher Arten werden kaum größer als ein Stecknadelkopf, und ich entdecke ihre winzige, funkelnde Pracht zwischen all den anderen Gewächsen erst, wenn ich die Äste der Bäume fast wie mit der Lupe absuche.

Die Formenvielfalt der Orchideenblüten ist faszinierend – das Ergebnis einer langen Co-Evolution, wie die Biologen sagen: eines schöpferischen Wechselspiels zwischen Pflanzen und Tieren. Die Form und Funktion jeder Blüte ist auf die Gestalt, ja selbst auf das Verhalten einer speziellen Insektenart abgestimmt, die sie bestäubt.

Jede Orchidee nutzt eine ganz bestimmte, oft winzige ökologische Nische – einen biologisch scharf umgrenzten Raum. Das kann eine Humusansammlung auf dem Ast eines Baumes sein, ein ganz bestimmtes Mikroklima oder ein Ort, der zu bestimmten Zeiten durch ein Fenster im Kronendach des Waldes Sonnenlicht erhält. Das Zusammenspiel der Orchideen mit ihrer Umwelt ist so komplex, daß es nur selten durchschaut werden kann.

Der besondere Fall, daß ein Wald als Ganzes die Qualitäten einer einzigen homogenen ökologischen Nische für Orchideen aufweist, wurde von Volkmar Vareschi vor Jahren auf einer 1100 Meter hohen Steilstufe an der Flanke des Auyan-Tepui entdeckt.

Wenn das von den Felswänden herabstürzende Gestein verwittert, bildet sich ein unfruchtbarer, wasserdurchlässiger saurer und

An einem einzigen Tag entdeckte die Expedition drei neue Arten von Orchideen. Doch das Auge muß geschult sein. Nicht alle fallen mit prächtigen bizarren Blüten auf; manche sind winzig wie das Öhr einer Nähnadel

1 Prescottia carnosa
2 Phragmipedium klotzschianum
3 Trichosalpinx roraimensis
4 Eriopsis biloba
5 Maxillaria quelchii
6 Zygopetlum tatei
7 Scaphyglottis grandiflora

von Felstrümmern durchsetzter Sandboden, der Nährstoffe nicht zu speichern vermag. Auf ihm wächst ein artenarmer lichter Krüppelwald, der jedoch ein auf der Welt wohl einzigartiges Orchideenparadies darstellt. Auf dieser Höhe liegt sehr häufig, selbst während der trockenen Jahreszeit, ein Wolkenband, das den Tepui wie ein Kragen umgibt und die Orchideen vor dem Austrocknen schützt.

Es gibt keinen anderen Fall, daß eine Pflanzengesellschaft mehr Orchideen als sonstige Blütenpflanzen aufweist. Auf nur wenigen Hektar fand Volkmar hier 61 verschiedene Orchideenarten – fast alle endemisch und viele neu für die Wissenschaft. Pro Hektar sind es im Durchschnitt 32 Arten mit einer Vielzahl von Individuen. Auf einem einzigen Baumast wachsen bis zu neun verschiedene Arten in großer Üppigkeit durcheinander. Epiphytische Orchideen, die sonst nur auf Bäumen vorkommen wie etwa die legendäre purpurblühende *Cattleya lawrenceana*, nach der noch um die Jahrhundertwende aufwendige Sammelexpeditionen ausgesandt wurden, besiedeln an diesen Orten in großen Mengen auch den Boden und die Felstrümmer.

Der orchideenbeladene Tepui-Wald offenbart die vitale Fähigkeit der belebten Natur, sich in unfruchtbarer Umwelt zu einer faszinierenden Vielfalt zu organisieren. Ähnliches ist in den tropischen Regenwäldern mit ihren Zehntausenden von epiphytischen Pflanzen geschehen.

Auch der Regenwald, diese fruchtbarste und produktionsstärkste Lebensgemeinschaft unserer Erde, steht vielerorts auf nichts als unfruchtbarem Sand. Einen Nährstoffspeicher in Form einer tiefgründigen Humusschicht – etwa wie in Wäldern der gemäßigten Zonen – gibt es nicht. Bei ganzjährigem Wachstum wird aller Abfall schnell wieder zurückgewonnen. Im Laufe seiner langen Naturgeschichte hat der tropische Regenwald sich alle Nährstoffe einverleibt. Fast nichts kann also durch die Regenfluten hinweggespült werden.

Die Nährstoffe zirkulieren in einem kurzgeschlossenen Kreislauf, der sich mit einer Vielzahl daran beteiligter Epiphyten weitgehend oberirdisch vollzieht. Sogar aus den Kronenästen einige Bäume sprießen Wurzeln, die den Humusansammlungen in und zwischen den Epiphyten Nährstoffe entziehen.

Der tropische Regenwald erhält sich praktisch aus sich selbst. Sein Nährstoffkreislauf war vor Verlusten umso besser geschützt, je vielfältiger der Pflanzenbestand im Verlauf der Evolution wurde.

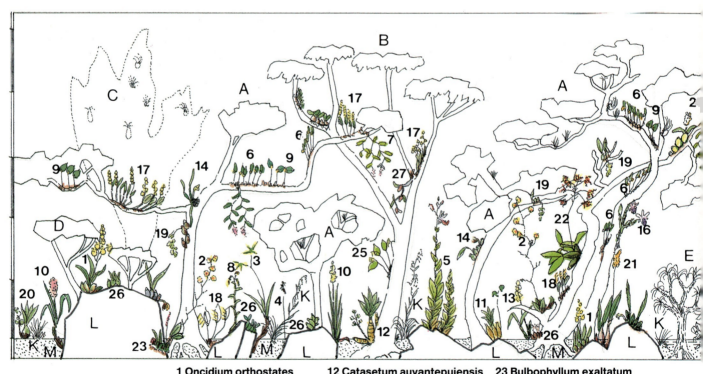

1 Oncidium orthostates
2 Oncidium carthagenense
3 Brassia bidens
4 Habenaria leprieurii
5 Epistephium duckei
6 Octomeria integrilabia
7 Epidendrum ramosum
8 Epidendrum durum
9 Pleurothallis archidiaconi
10 Otostylis spec.
11 Catasetum cassideum
12 Catasetum auyantepuiensis
13 Otostylis brachystalix
14 Maxillaria nasuta
15 Maxillaria auyantepuiensis
16 Cattleya lawrenciana
17 Verschiedene Stelis-Arten
18 Pleurothallis sclerophylla
19 Kegelia houtteana
20 Acineta alticola
21 Eriopsis biloba
22 Schomburgkia undulata
23 Bulbophyllum exaltatum
24 Epidendrum vespa
25 Pleurothallis imraei
26 noch nicht bestimmte Orchideen
27 Maxillaria ramosa
A–D Trägerpflanzen
E   Vellozia tubiflora (Velloziaceae)
J   Pistia stratiotes (Araceae)
K   Rhynchospora spec. (Cyperaceae)
L   Felsbrocken
M   Sandiger Boden

Nirgendwo auf der Welt wachsen mehr Orchideen als in den Tepui-Wäldern. Die Zeichnung Professor Vareschis ist ein authentisches Abbild des Bewuchses; idealisiert in diesem Ausschnitt der Darstellung links ist lediglich, daß alle Arten zur gleichen Zeit blühen

Die einzelnen Pflanzen benötigen ja – der Jahreszeit, dem Alter und der Art entsprechend – ihre Nährstoffe jeweils in unterschiedlichen Mengen und zu unterschiedlichen Zeiten. Eine immer größere Artenzahl machte eine gesteigerte, bestmögliche Ausnutzung der freigesetzten Nährstoffe möglich. Viele Forscher sehen deshalb in der großen Artenvielfalt des Tropenwaldes eine hochgradige Anpassung an den nährstoffarmen Boden.

Aber wo liegen hier Ursache und Wirkung dieses evolutionären Phänomens? Es könnte so gewesen sein: In dem Maße, wie die Nährstoffe im Boden abnahmen, der Nährstoffkreislauf des Waldes immer effektiver wurde und sich immer mehr nach oben verlagerte, wurde der Wald geradezu in die Differenzierung gezwungen – etwa nach dem Motto „Entwickle dich weiter – oder stirb". Ähnlich könnten auch all die Orchideenarten in dem Tepuiwald entstanden sein.

Der Hubschrauber kann zu unserem Leidwesen nicht auf dem Tepui stationiert werden. Zu groß ist das Risiko, daß die Turbine hier oben nicht wieder anspringt oder daß das empfindliche Fluggerät in einem Gewittersturm beschädigt wird. Dann wären wir in der Höhe gefangen. Doch das Wetter meint es recht gut mit uns. Raoul kann fast jeden Tag mit dem Hubschrauber heraufkommen, um uns in entlegene und unerforschte Gegenden zu fliegen.

Der Anblick aus der Luft ist furchteinflößend, und mich schaudert bei dem Gedanken, dort unten zu Fuß unterwegs sein zu müssen. Jener Teil des Auyan-Tepuis, der sich östlich des Churún-Cañons zu einer Höhe von 2410 Me-

Blick in das „Tal der tausend Säulen" inmitten des Auyan-Tepui. Nach mehreren Versuchen gelang es, Botaniker mit dem Hubschrauber auf dem etwa 300 Meter hohen Zwillingsfelsen abzusetzen

tern erhebt, scheint unbegehbar zu sein. Wo immer wir auch mit dem Hubschrauber landen: Wir können allenfalls ein paar hundert Meter gehen, dann geraten wir an unüberbrückbare Klüfte oder in undurchquerbare, chaotische Felsblocklabyrinthe. Aus der Luft sehe ich die Wracks von zwei Flugzeugen und einem Hubschrauber, die hier vor einiger Zeit ins Unglück gestürzt sind.

Der große zentrale Teil des Tepuis westlich des Cañons und der „Second Wall" mutet aus der Luft an wie ein sanftes, gut zu durchwanderndes Hügelland. Doch der Schein trügt. Mit seinen Mooren, Sümpfen, Seen, Flüssen und epiphytenbeladenen Wäldern entspricht diese schwer begehbare Wildnis am ehesten der Ausdehnung und dem Bild, das Conan Doyle von seinem „Maple White Land" entwarf. Irgendwo hier will Alexander Laime auch seine Saurier beobachtet haben. Unwillkürlich halte ich nach ihnen Ausschau.

Als wildester Teil des Auyan-Tepuis erweist sich sein Nordwest-Sporn. Er ist mit dem Hauptteil des Tepuis nur noch durch eine schmale Felsbrücke verbunden. Dieses Gebiet trennt sich vom übrigen Teil und wird in nicht allzuferner erdgeschichtlicher Zukunft zwei eigenständige Tepuis bilden. Der Rio Aonda nagt sich unter rückschreitender Erosion ins jenseitige Tal des Rio Caroni durch.

Wir fliegen über eine 20 Quadratkilometer große, von Pflanzen überwucherte Tempelstadt einer vergangenen Kultur – so wirkt es auf mich: Raoul lenkt die Maschine durch Gassen und breite baumbestandene Alleen, die auf weite Plätze münden, über die in Stein gehauene Herrscher

Auch innerhalb eines
Tepuis kann es durch Isolation
zur Bildung eigener Arten kommen.
Deshalb ist es wichtig, selbst abwegige
Orte wie diesen Zwillingsfelsen zu
erforschen: Hier wurde ein
Philodendrongewächs entdeckt, das man
bisher nur aus dem Regenwald tief
unten kannte — vielleicht
eine neue Art

von einst auf Fabeltieren zu reiten scheinen. Wir schweben über Fassaden, von denen mich die Fratzen steinerner Götzen angrinsen. Die Erosion hat sie in Jahrmillionen aus dem Fels herausmodelliert.

Plötzlich ist der Boden unter mir verschwunden. Eine der Straßen ist ins Nichts gestürzt. Ich klammere mich an dem Seil fest, das mich bei Flügen mit ausgebauter Tür zusätzlich sichert. Ich sitze hinter einem tollkühnen Piloten und habe Angst. Wir fliegen durch Ansammlungen von Felspfeilern, zwischen denen die Wolken zu kochen scheinen und die in der Höhe mit den Bauwerken von Manhattan zu vergleichen sind.

Und dann schickt sich Raoul tatsächlich an, auf der Spitze eines dieser Wolkenkratzer zu landen. Er läßt den Hubschrauber minutenlang darüber stehen und erspürt die Windverhältnisse; dann senkt er die Maschine bis ein paar Zentimeter über den Grund. „Nur fünfzehn Minuten", schreit er uns zu. Ich klinke den Sicherheitshaken aus und springe zusammen mit Ramon hinaus, klammere mich in dichte Blumenpolster, um vom Wirbel der Rotorblätter nicht ins Nirgendwo geblasen zu werden.

Erst als ich den Hubschrauber schnell zu einem Punkt schrumpfen sehe, begreife ich die Dimensionen der Landschaft. Dieses Gebiet heißt *Valle de los Mil Columnas*, Tal der tausend Säulen. Die, auf der wir stehen, ist gut 300 Meter hoch, einige vor uns vielleicht 400 Meter. Wenn Raoul, der den Felspfeiler nun tief unter uns umkreist, etwas passiert – schießt es mir durch den Kopf –, dann wären auch wir verloren. Niemand würde uns hier finden.

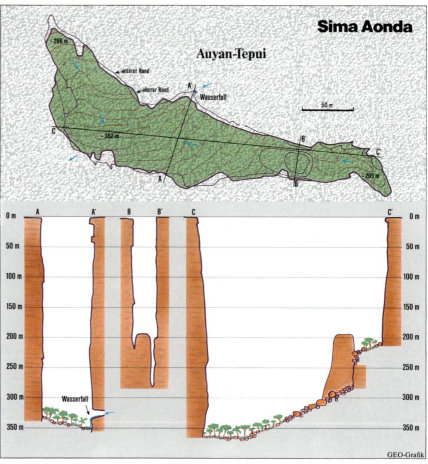

Zu den noch kaum erforschten Phänomenen der Tepuis gehören viele hundert Meter tiefe Löcher, die man Sima nennt. Vermutlich ist jener Wasserfall, der auf halber Höhe aus der Wand des Tepui stürzt, Abfluß vom Grunde des Sima Aonda

Der schönste Dachgarten einer Luxusvilla ist nichts gegen die Vegetation hier oben. Dutzende von Arten haben sich hier angesiedelt. Bodenbewohnende Bromelien stehen in feuerroter Blüte, die Äste zwergwüchsiger Bäume pressen sich eng an den Fels. Ramon möchte für unsere Botaniker eine zwei Meter hohe, gelbblühende Orchidee pflücken, die sich unmittelbar am Felsrand erhebt. Sie kann, wie vieles hier oben, neu für die Wissenschaft sein. Ich warne ihn, denn ich habe beim Anflug gesehen, wie die Gewächse über den Abgrund hängen. Indem ich die Fesseln seiner Beine sichernd umklammere, kann Ramon so weit vorkriechen, daß es ihm tatsächlich gelingt, die Orchidee sogar mit Wurzeln auszugraben.

Aus dem Aonda-Cañon beginnt ein neues Wolkenfeld zwischen die Felspfeiler zu ziehen. Der Hubschrauber kommt sofort zurück, um uns zu evakuieren. Noch im Abflug sehen wir, wie die Felspfeiler von den Wolken verschluckt werden.

Am östlichen Wall des Cañons herrscht noch gutes Flugwetter. Mich fasziniert ein mächtiger Wasserfall, der auf halber Höhe der Felswand aus einem schlitzförmigen Loch herausstürzt. Ich bitte Raoul, dort hinüberzufliegen. Wenige Minuten später schweben wir vor der Quelle, doch unsere Augen, auf Helligkeit eingestellt, vermögen in den dunklen Tunnel nicht hineinzublicken.

Raoul glaubt zu wissen, wo der unterirdische Wasserstrom seinen Anfang nimmt. Der Hubschrauber steigt vor der Felswand empor, und unmittelbar hinter der Oberkante des Plateaus blicke ich in einen finsteren Felsenschlund,

Wie auf die Größe eines Insekts geschrumpft, sinkt der Hubschrauber in den unheimlichen Schlund des Sima Aonda, um den Ursprung des Wasserfalls zu erkunden. Nur ein einziges Mal ist es bisher einer Gruppe von Bergsteigern gelungen, sich in die Tiefe abzuseilen. Doch auch ihnen gelang es nicht, den Abfluß des Sima zu finden

dessen Tiefe ich nicht ausspähen kann.

Es ist eines jener Sima genannten, viele hundert Meter tiefen Felsenlöcher, über deren Entstehung die Geologen noch wenig wissen. Einige von ihnen auf der fernen Meseta Sarisarinama sind fast kreisrund. Aus der Luft sehen sie aus wie aus der Oberfläche des Tepuis herausgebohrt. Charles Brewer Carias, der zusammen mit Freunden zum erstenmal in eines dieser Löcher hinabgestiegen ist, vertritt die Hypothese, sie seien durch zirkulierende Wasserströme unter der Oberfläche der Tepuis ausgespült worden. Erst wenn das Dach so einer gewaltigen Höhle einstürze – so seine gut fundierte Ansicht –, würden sie sichtbar. Er vermutet deshalb im Inneren vieler Tepuis noch gewaltige, völlig unbekannte Höhlensysteme.

Raoul ist ein Teufelskerl. Unerschrocken teilt er uns mit, daß er es wagen wolle, in den Sima hinabzufliegen, um dessen Grund zu erkunden. Dazu muß der Hubschrauber so leicht wie möglich sein. Er setzt Ramon und mich direkt am Rand des Simas ab. In engen Spiralen schwebt Raoul dann in das Loch hinab, dessen Öffnung nicht viel weiter als 80 Meter ist. Bald wirkt der Hubschrauber klein wie eine Libelle in einem tiefen Brunnenschacht.

Meine Beklommenheit weicht erst, als Raoul aus dem Loch wieder auftaucht und uns aufnimmt. Er hat sich 200 Meter hinabgewagt und dann tief unter sich einen dichten, düsteren Wald gesehen. Aus der inneren, der Masse des Tepuis zugewandten Felswand sei, so erzählt er, auf der Höhe der Baumkronen ein niedriger, doch voller Wasserfall in den Wald gestürzt. Wahrscheinlich speist dieser Strom dann jenen Wasserfall, der aus der Cañon-Wand stürzt. Für Bergsteiger müßte es möglich sein, an der Wand außen emporzuklettern und durch den eventuell vorhandenen Felsentunnel den geheimnisvollen Wald am Grunde des Simas zu erreichen.

Noch abends im Zelt läßt mich der Gedanke an den Wald in der Tiefe des Simas nicht los. Was mag dort unten alles leben? Im Laufe der Zeiten müssen immer wieder Tiere sowie Pflanzen oder deren Samen in das Loch geraten sein. Haben sich in der Abgeschiedenheit der Tiefe vielleicht neue Lebensformen entwickelt? Kommt der Wasserfall, den Raoul dort unten gesehen hat, aus einem Höhlensystem im Innern des Tepuis? Wenn ja: Was lebt darin? Über all diesen Fragen kann ich lange Zeit nicht einschlafen.

Namenlose Landschaften erwarten die Forscher auf den Tepuis – weiße Flecken auf der Landkarte. Dieses nie zuvor betretene Flußtal auf dem Auyan-Tepui taufte die GEO-Expedition „Shangri La": das Paradies

Die Eindrücke überschlagen sich fast. Am nächsten Tag fliege ich zusammen mit Volkmar und seinem Sohn Peter den Cañon des Rio Churún aufwärts. Tief im Inneren des Tepuis gabelt er sich. Wir folgen dem südwestlichen Arm, der vor einem etwa 500 Meter hohen, sehr breiten Wasserfall endet. Der Hubschrauber steigt davor auf, und wir kommen schließlich in ein namenloses Hochtal, welches im Westen von einer mehrere hundert Meter hohen Steilstufe begrenzt wird: die „Second Wall".

Raoul folgt dem Fluß, der den Wasserfall speist, für ein paar Minuten, landet dann auf einer ebenen Felsplatte am Ufer und wagt es zum erstenmal, die Turbine des Hubschraubers auszuschalten.

Es ist ein herrlicher, ein strahlender Tag mit klarer Luft, frisch und belebend. Ich bin wie berauscht von der Schönheit des Tales. In einem nahen, orchideenüberwucherten Wäldchen spielt ein Violinenvogel sein Lied. Wie Edelsteine schillernde Kolibris schwirren vor meinem Gesicht, um den Eindringling zu begutachten. Sonst ist nur das Gurgeln und Plätschern des Flusses zwischen den Felsen zu hören. Spalten und Kolke in seinem Felsenbett scheinen mit Goldnuggets jeder Größe gefüllt zu sein.

Ich greife in das glasklare kühle Wasser, wühle in dem Kies, hebe ihn heraus und sehe, wie der Schatz in meinen Händen sich zu herrlich schimmernden Quarzkieseln verwandelt. Die Teefarbe des Wassers hat die Kiesel wie vergoldet erscheinen lassen. Die Legende von El Dorado wird in mir wieder lebendig.

Die Fluten der Regenzeit haben im Flußtal ausgedehnte Bänke schneeweißen Quarzsandes hinterlassen – Strände, welche in paradiesische Swimmingpools hinabführen, in denen die Sonnenstrahlen rubinrot funkeln. Ich streife meine verschwitzten Kleider ab, tauche hinein und trinke das köstlichste Wasser.

Während ich auf dem warmen Felsen liege, um mich von Wind und Sonne trocknen zu lassen, fabuliere ich mit den Wolken, wie ich es als Kind, verborgen im heimatlichen Kornfeld, getan hatte. Doch statt Wolkenkühe und -pferde von damals sehe ich hier Tyranno- und Stegosaurus, statt vertrauten Störchen und Schwalben schweben über mir Schwärme von Flugsauriern.

Raoul ruft mich und reißt mich aus meinen Phantasien. Ein in der Ferne aufziehendes Gewitter zwingt zur Rückkehr. Volkmar und sein Sohn Peter haben inzwi-

schen zwei Säcke voll Pflanzen gesammelt.

Ich bin sicher, Miguels *Shangri La* entdeckt zu haben und taufe das Tal auf diesen Namen. Nach einer Visite ein paar Tage später beschließen wir, auf einer nächsten Expedition dort ein Forschungslager zu errichten. Noch ahnen wir nicht, welche Entdeckungen uns in dem Tal bevorstehen.

Mit den letzten uns zur Verfügung stehenden Flugstunden, die nach Kosten und verfügbarem Treibstoff begrenzt sind, erkunden wir ein Expeditionsziel, dessen Unerforschtheit uns alle elektrisiert: den Aparaman-Tepui-Archipel, der sich rund 30 Kilometer östlich des Auyan zu noch nicht genau vermessenen Höhen erhebt. Viele haben schon davon geträumt, seine fast stets in Wolken verborgenen Klippen zu betreten. Vor ein paar Jahren hat die Royal Geographical Society es versucht. Einen Monat hatten die Wissenschaftler in der kleinen Missionsstation Kamarata gesessen und auf Flugwetter für ihre Hubschrauber gewartet. Obwohl Trockenzeit war, hatten sich die Wolken nicht ein einziges Mal geöffnet. Französische Wissenschaftler, die es danach als Bergsteiger versuchten, hatten nach langem, schwierigen Marsch durch die Hang-Regenwälder vor den senkrechten glatten Felswänden, deren Höhe in den Wolken nicht abzuschätzen war, entkräftet aufgegeben. Dann gelang es einer Terramar-Expedition, in einem tollkühnen Unternehmen auf einigen Tepuis der Gruppe zu landen. Doch das Wetter erlaubte nur einen Aufenthalt von wenigen Stunden, und die Wissenschaftler konnten lediglich ahnen, was für eine neue Welt sich in den bro-

Die goldfarbenen Wasser im Tal des „Shangri La" sind der Quell des Rio Churún. Über die Tier- und Pflanzenwelt der Gewässer auf den Tepuis und ihre Überlebensstrategien in der Isolation weiß man bis heute noch sehr wenig

delnden Wolken verbarg. An ein Forschungslager dort oben war gar nicht zu denken.

Als wir unseren Erkundungsflug mit Raoul machen, ist es November und gerade Trockenzeit. Schon von weitem sehen wir deutlich, wo die Aparaman-Tepui-Gruppe liegt: dort, wo sich düstere Wolken türmen. Als wir näherkommen, zeigt sich uns das grandiose Schauspiel Dutzender von Wasserfällen, die über eine kilometerlange Felswand in den olivfarbenen Bergregenwald stürzen. Ich weiß von Radaraufnahmen, die von Flugzeugen aus großer Höhe durch die Wolkendecke gemacht wurden, daß diese Tepuis wie eine mehrstöckige Torte aufgebaut sind. Das, was wir sehen, ist lediglich der mittlere Felssockel. Von den oberen Stockwerken sind nur hin und wieder einzelne kleine Felsplacken zwischen den brodelnden Wolken zu erahnen.

Raoul hält sicheren Abstand. Aber gerade das Wenige, was ich sehe, treibt mein Tepui-Fieber wieder in die Höhe.

Es sollte mein letzter Flug mit Raoul sein. Ein paar Monate später kam er am Auyan-Tepui bei einem Hubschrauber-Absturz ums Leben. Besonders tragisch: Während dieses Fluges saß er nicht selbst am Steuerknüppel.

Ich werde diesen Freund nie vergessen.

Reise ins Innere der Erde

Der Entdecker Charles Brewer Carias aus Venezuela stieg als erster in die unheimlichen Felsenschlünde der Simas auf der entlegenen Meseta von Sarisarinama. Im Dämmerlicht der Tiefe überstanden die Mitglieder der Expedition lebensgefährliche Abenteuer

Es war eine Entdeckung. 1964 wählte der venezolanische Buschpilot Henry Gibson seine Route von einer Missionsstation am Oberlauf des Orinoko zurück ins ferne Ciudad Bolivar am Unterlauf des Flusses über die Meseta von Sarisarinama, ein unerforschtes einsames Plateau im ohnehin wenig bekannten Süden Venezuelas. Die Gesteinstafel ist etwa 700 Quadratkilometer groß und – weil nur etwa 1500 Meter hoch – lückenlos mit dichtem Wald bewachsen.

Am Nordrand der Meseta stutzte Gibson. Da war etwas unter ihm, von dem er noch nie gehört hatte. Die Landschaft sah aus wie ein Schweizer Käse. In der Oberfläche der Meseta gähnten abgrundtiefe Löcher, so rund, als seien sie aus dem Gestein herausgebohrt. Gibson drückte seine Maschine hinunter und umkreiste die Löcher im Tiefflug. Jetzt erst begriff er ihre gewaltigen Dimensionen. Auf ihrem Grund erkannte er einen dichten Wald, von dem auf der Oberfläche des Plateaus durch mehrere hundert Meter senkrechte Felswände isoliert, deren leuchtendgelbe Färbung in einem brillanten Farbkontrast zum Dunkelgrün des Waldes steht.

Zehn Jahre später gelang es Charles Brewer Carias, eine Expedition in die entlegene Region zu organisieren. Aus dem schwebenden Hubschrauber stiegen drei Männer – alles auch erfahrene Bergsteiger – über eine Strickleiter in die Wipfel der Bäume nahe dem tiefsten Loch hinab. Nach dem Abseilen zum Grund des Waldes schlugen sie sich dann zum Rand des geheimnisvollen Felsenschachtes durch. Der Engländer David Nott hat ein spannendes Buch über die Erlebnisse dieser Expedition geschrieben. Er berichtet:

Nach einer leichten Gewichtsverlagerung spürte ich, daß alles um mich herum sachte ins Schwingen geriet – wie auf einem Trampolin. Ich bewegte mich noch einmal, und auf und ab ging's mit mir in kaum spürbaren, immer kürzer werdenden Schwingungen, bis die Welt wieder zur Ruhe kam.

Und dann begriff ich es. Ich war überhaupt nicht mehr auf festem Grund. Ich lag auf einem vorspringenden Kranz aus Erde und Wurzelwerk, fast zwei Meter dick. Ich hing wie über der Brüstung auf einer abbröckelnden Kante, die in der Höhe dem 75. Stock des New Yorker Empire State-Building entprach. Ganz behutsam kroch ich rückwärts, zentimeterweise. Bei der geringsten Bewegung fühlte ich wieder dieses Schwingen. Dann hielt ich die Luft an und wartete, bevor ich mich weiterschlängelte. Die Vorstellung zwang sich mir auf, abzustürzen; ich hörte das Zerren an den Wurzeln und ihr Zerrei-

ßen. Ich verharrte und horchte. Da knackte es wirklich und riß leise, an Nerven und Wurzeln, und ich hatte nur einen Gedanken: Schneller!

Ich fühlte mich wie die erste Schlange, die je rückwärts gekrochen ist. Schließlich erreichte ich den ersten festen Baum...

Ich sprang auf, schlug mich durch die Büsche und stand vor Charles und Jimmy, die mich fragend anblickten. „Dies ist nicht der rechte Ort", brummte ich nur.

Dann, an einer besseren Stelle, seilten sich die drei Forscher in den unergründeten Felsenschacht ab. Stellenweise waren Simse in der Wand dicht mit Pflanzen bewachsen – schön wie hängende Gärten. Schließlich erreichten sie einen fremdartigen üppigen Wald, der sich vom Grund des Schachtes an der Wand hinaufzog. Zwischen Baumstämmen spannten sie ihre Hängematten auf.

David Nott erzählt:

Unten in der Finsternis am Grund dieses Höllenschachtes ertönte plötzlich über uns ein schauriger, schriller Schrei, der von den Felswänden widerhallte, und dann noch einmal, wild, laut, schneidend grell. Und da war noch ein Laut in dem Getöse: ein hartes Klicken und Knacken wie das Zuschnappen des Schnabels eines fliegenden Ungeheuers.

„Die verdammten Flugsaurier!" brüllte ich.

Wir sprangen auf, wühlten blindlings in unserm Gepäck nach den Taschenlampen, griffen hastig nach unseren Pickeln. Wir ließen die Lichtkegel an der Wand hochhuschen und durch die Bäume schießen, mit dem Rücken zum Fels, mit dem Hammer zur Hand – kampfbereit in Verteidigungsstellung. Die Flügel der Pterodactylen schlugen jetzt heftiger und kamen näher und bis auf Armeslänge unsern Köpfen nahe. Wir legten abwehrend die Arme vors Gesicht.

Und dann – da erschienen sie im Schein unserer Lampen: Spannweite gut einen Meter, aber gefiedert, also keine ledernen Schwingen.

„Guácharos", rief Charles. Im Nu kreiste die ganze Kolonie flatternd

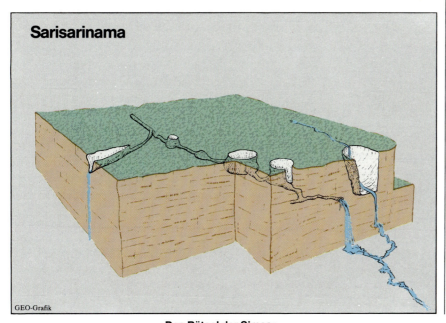

Das Rätsel der Simas:
Unterirdische Wasserströme könnten in der Tiefe der Tepuis riesige Tunnelsysteme und Felsendome geschaffen haben, die dann einstürzten und jene offenen Löcher bildeten – doch das ist zunächst nur eine Hypothese

und wirbelnd in steilen Aufschwüngen und jähen Sturzflügen um uns herum – vielleicht drei oder vier Dutzend –, alle in hellem Aufruhr, krächzend: Chink – chink – chink...

Guácharos, diese nachtschwalbenähnlichen Geschöpfe, leben und nisten in tiefen, dunklen Felsspalten und im Inneren von Höhlen. Nur nachts fliegen sie daraus hervor, um im Wald nach ölhaltigen Früchten zu suchen. In der Dunkelheit orientieren sie sich ähnlich wie Fledermäuse. Ihr metallisch klickernder Ruf wirkt wie eine Art Radar. Sein Echo warnt sie während des Fluges vor Hindernissen.

Aus der Höhle der Guácharos, nahe ihrem ersten Übernachtungsplatz – so berichteten die Forscher, – erstreckt sich eine lange unbewachsene Geröllhalde hinab in den Wald. Als die Forscher am nächsten Morgen in sie hinabrutschten, stellten sie mit Verwunderung fest, daß die Halde gar nicht aus Steinen besteht, sondern aus Abermillionen von Fruchtkernen. Bis über die Knie sanken sie darin ein. Charles hat eine Erklärung dafür, wie diese besondere Halde entstanden ist. Die Guácharos verschlingen die Früchte als Ganzes und würgen die unverdaulichen Kerne dann später in ihrer Wohnhöhle wieder aus. Im Lauf der Zeiten ist die Halde der Kerne wie ein Gletscher herausgewachsen: 40 Meter lang, 10 Meter breit und mehrere Meter tief. Die Kolonie der Vögel muß demnach Jahrhunderte, vielleicht sogar Jahrtausende alt sein.

Geplant war, den Schacht wenn möglich durch einen im Untergrund vermuteten Fluß zu verlassen, der vielleicht alle die in auffallender Weise auf einer Linie lie-

Die Welt der
Tepuis — eine Welt extremer
Dimensionen. Der Autana
überragt den Regenwald um
1300 Meter, die Simas
von Sarisarinama sind bis zu
400 Meter tief bei einem
Durchmesser von etwa
300 Metern

genden Löcher miteinander verbindet und entwässert. Denn bei ihren Erkundungsflügen hatten die Forscher gesehen, daß unterhalb des nördlichsten der Löcher, das durch den Steilrand des Tafelberges angeschnitten war, ein Fluß in die Tiefe stürzt.

Der Grund des 350 Meter tiefen Schachtes, dessen Durchmesser sich nach unten erweitert, besteht aus Felstrümmern jeder Größe, viele von ihnen so groß wie Häuser. Charles schließt daraus, daß das Loch einst eine riesige Höhle war, deren Dach irgendwann einstürzte.

Das Fortkommen über und zwischen den mit dichtem Wald überwucherten Felsblöcken erwies sich als schwierig, ja lebensgefährlich. Wie Gletscherspalten von Schneewächten, so waren die Spalten zwischen den Felsblöcken, von denen niemand wußte, wie tief sie in den Untergrund hinabführten, von abgestorbenen Pflanzenteilen verborgen.

Noch einmal David Nott:
Jimmy? Wo ist Jimmy?

Wir steckten bis zur Hüfte, ja manchmal sogar brusttief in den Blättern und wühlten uns jetzt hastig vorwärts quer über den Abhang, aufgescheuchten Seehunden gleich, die krampfhaft und panisch ins Wasser zu rutschen suchen. Ungestüm, wie im Schmetterlingsstil wild drauflosschwimmend, stießen wir an den Rand eines Kraters, der sich plötzlich vor uns auftat — knapp drei Meter breit und ungefähr zwei Meter tief. Er sah aus wie ein Trichter, dessen brüchige Wände nach unten zur Mitte abrutschten.

Im Loch am Grund des Trichters steckte Jimmys Kopf, und er schnappte schon nach Luft, drohte immer weiter im Laub zu versinken. Dieser Anblick ließ uns für den Bruchteil einer Sekunde erstarren; Jimmy war durch die Laub- und Erdschicht gebrochen und in einen tiefen Felsspalt geglitten, stützte sich nun beidseitig mit den Armen ab, um nicht hineinzufallen. Er würde bald ersticken, weil er die Arme nicht hochnehmen konnte, um Geröll und Blätter wegzuschieben — aber würden wir ihm nachspringen, würden wir ihn nur noch tiefer in den Spalt stoßen oder gar völlig unter Abfall und Schutt begraben. Wenn wir weiter unten am Abhang versuchten, die Wand dieses Trichters einzureißen, um von außen durchzukommen, könnten wir leicht auf die Rißlinie des Spalts geraten und selbst hineinstürzen...

In diesem Augenblick rollte eine kleine Lawine in den Trichter und deckte Jimmys Kopf zu.

Das war zuviel für Charles. „Pack meine Füße!" schrie er und verschwand kopfunter im Trichter. Er wühlte mit einem Arm in dem erstickenden Moder, um seinen Bruder am Kragen zu packen und wühlte mit dem andern die Blätter beiseite, um ihm Luft zu verschaffen.

Aber was nun? Ich lag bäuchlings hinter Charles, hatte einen seiner Füße zu fassen und hielt verbissen fest. Charles hing kopfunter im Trichter und grub und scharrte wie ein Terrier. Jimmy pfiff auf dem letzten Loch und strampelte wie ein Radfahrer mit seinen Beinen über pechschwarz drohender Tiefe. Die ganze Situation erinnerte mich an einen gewagten Balanceakt im Zirkus. Nur, wie lange hielten wir das aus?

Ich trug 30 Meter Kletterseil bei mir, um Brust und Schulter gewik-

Geschöpfe der Nacht: Guácharos in ihrer Bruthöhle

kelt. Mit etlichen Rucks und Verrenkungen glückte es mir, die Seilschlaufen über den Kopf zu ziehen. Ich mußte mit einer Hand Charles' Fußknöchel loslassen, damit ich mit der rechten Hand das eine Tau-Ende lösen konnte, um es um sein Bein zu schlingen und einhändig mit dem richtigen Knoten zu sichern. Diese Handgriffe dauerten kaum Sekunden, aber er sackte jedesmal ein Stückchen tiefer ins Loch und schlug lauthals Alarm. Mir saß die Angst im Nacken, als ich jetzt millimeterweise rückwärts zu kriechen versuchte, dann ganz losließ und sein Gewicht voll am Seil hatte...

Ich erreichte den ersten Baum, wand das Tau um den Stamm, hastete zum Trichter zurück und warf das andere Ende mit einer ordentlichen Schlaufe zu Jimmy hinunter.

Im Handumdrehen hatte Jimmy das Stück zu fassen, machte einen Klimmzug und fand am Rand des Spalts festen Halt. Auch Charles, puterrot, gelang es, sich umzudrehen und wieder auf die Füße zu kommen.

Breitbeinig stand er bei Jimmy über der Spalte. Nach erlösendem Aufatmen zogen sie sich aus dem Trichter heraus.

Auf der Suche nach dem Fluß im Untergrund seilten sich die Forscher bis auf den Grund der tiefsten Spalten hinab. Doch wenn der Fluß wirklich existierte – es gelang ihnen trotz einwöchiger Suche nicht, einen Zugang zu ihm zu entdecken. Sie mußten auf dem gleichen Wege wieder aus dem Schacht heraussteigen.

Durch diese Expedition gelangte Charles Brewer Carias zu der Ansicht, daß die gewaltigen Löcher in der Meseta Sarisarinama durch starke Wasserströme, welche tektonischen Kluftlinien folgen, aus weicheren wasserlöslichen Gesteinsschichten herausgespült wurden – und zwar dort, wo mehrere dieser Ströme im Untergrund aufeinandertreffen und mächtige Wirbel bilden. Erst wenn das Dach einer solchen Höhle einstürzt – so seine gut fundierte Meinung –, werden sie sichtbar. Aus den vielen Flüssen, die tatsächlich auf etwa halber Höhe aus vielleicht weicheren Gesteinsschichten in den Steilstufen des Tafelberglandes, oft verborgen unter dichter Vegetation, hervorschießen, läßt sich auf noch völlig unbekannte Höhlensysteme, auf gewaltige Dome im Inneren der Meseta schließen, die vielleicht zu den größten der Erde gehören.

Noch eine andere Schlußfolgerung läßt sich aus den ersten Erkundigungen ziehen: Entlang solcher eingestürzten Höhlensysteme beginnt wahrscheinlich die Teilung der großflächigen Tafelberge – etwa des Auyan-Tepuis – und ihre Auflösung zu Tepui-Archipelen.

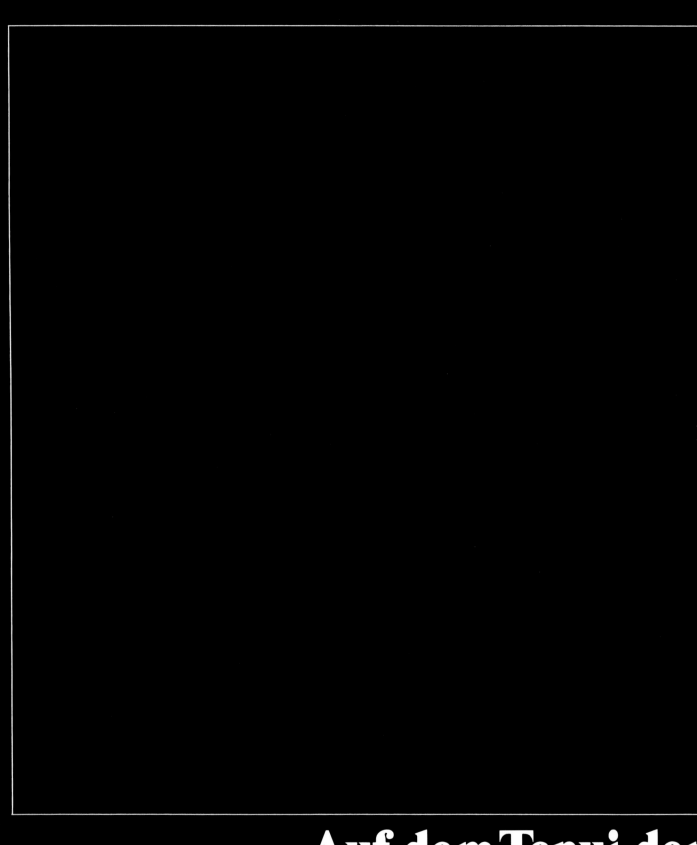

Auf dem Tepui der

Viele Expeditionen sind bei dem Versuch gescheitert, die gewitterumtosten Klippen des Aparaman-Archipels zu bezwingen. Als erstem Menschen gelang es dem Autor, seinen Fuß auf jenen Tafelberg zu setzen, nach dem die ganze Gruppe benannt ist – ein der Welt entrückter Felsengarten. Die Oberfläche eines jeden Tepuis ist so einzigartig wie die Landschaften ferner Planeten und Monde. Und doch legen diese Gipfel Zeugnis ab von ihrer gemeinsamen Herkunft aus einem uralten Plateau, das durch Verwitterung in Millionen Jahren zu eigenständigen Mikrokosmen zernagt wurde: Zeit genug, um in der Isolation ihrer Höhe neue Arten von Lebewesen entstehen zu lassen

hängenden Gärten

Vor der düsteren Wand des mächtigen Kamarkaiwarai: Morgennebel zieht über den Tereke, den kleinsten und niedrigsten Tepui in der Aparaman-Gruppe, die aus insgesamt vier Tafelbergen gebildet wird

Von der Höhe des Murosipan ein Schauspiel atmosphärischer Phänomene: Die Dämmerung des Morgens bietet eine extreme Fernsicht auf den 200 Kilometer entfernten Ilu- und Kukenam-Tepui; im Laufe des Tages lassen Luftströmungen immer neue Wolkengebilde über den Felsenburgen der Aparaman-Gruppe entstehen

Die Oberfläche des Ptari-Tepuis ist eine ausgewaschene Regenwüste. In den Felswannen bleibt nichts als unfruchtbarer Sand zurück. Aber auch hier gedeihen noch hochangepaßte Pflanzen; viele unter ihnen ernähren sich von Insekten

Auf dem Felsplateau des Murosipan-Tepui gedeiht Leben nur im Schutze kleiner Wannen. Der ferne Klotz des Ptari-Tepui liegt so isoliert, daß man auf ihm eine besonders hohe Anzahl von endemischen Pflanzen- und Tierarten vermuten kann

Vom Grunde eines kleinen Cañons auf dem Murosipan-Tepui erhebt sich ein Bonnetia-Wäldchen; das Mosaik des Kronendaches kommt zustande, wenn der Nachwuchs im Kampf um das Licht die Lücken schließt

Um das Übermaß an Regen abzuleiten, haben die Blätter der Bonnetia-Bäumchen einen wachsartigen Überzug und die Form kleiner Regenrinnen. Zudem sind sie übereinander angeordnet. So wird während kurzer, intensiver Trockenzeiten die Einstrahlung von UV-Licht minimiert

Stunden brauchten die Mitglieder der Expedition, um mit der gesamten Ausrüstung die tiefe Felsspalte zu überwinden. Nur diesseits konnte der Hubschrauber landen; nur jenseits bot sich ein geeigneter Lagerplatz

Vier Monate nach unserem Erkundungsflug zum Archipel des Aparaman-Tepuis lande ich, auf dem Höhepunkt der Trockenzeit, mit den Mitgliedern einer weiteren Expedition in drei Privatflugzeugen auf der holprigen Piste einer weiten, savannenähnlichen Landschaft am Oberlauf des Rio Carrao. Aus einer alten DC-3, die vorausflog, rollen gerade die letzten Fässer mit Tausenden von Litern Treibstoff für des Hubschrauber.

Im Westen liegt der mächtige Auyan-Tepui und im Osten, hinter zwei kleinen, niedrigen Tafelbergen, erheben sich die Tepuis der Aparaman-Gruppe wie gewaltige, unbezwingbare Burgen.

Neugierig geworden durch so viel Flugverkehr, kommen Indianer aus einer nahen kleinen Siedlung herbei und begrüßen uns scheu. Armando kennt sie von früher. Für eine gute Entlohnung mit Maismehl, Zucker und einigen Köstlichkeiten aus der Hauptstadt sind sie gern bereit, den Flugzeugpark und das Treibstoffdepot zu bewachen – vor ein paar mageren Rindern, die auf dem offenen Platz grasen.

Die Indianer wissen, was wir hier wollen, und ein Alter verkündet uns freundlich, aber bestimmt: „Die Tepuis werden sich sehr schnell hinter Wolken verbergen, denn so ist es immer gewesen, wenn weiße Männer hierher gekommen sind. Die Wachsamkeit des großen Geistes Makunaima wird verhindern, daß jemals ein weißer Mann seinen Fuß auf die Berge setzt, die uns heilig sind." Doch längst ist der weiße Mann dabei, die Erde zu entzaubern.

Am nahen Ufer unter hohen Bäumen errichten wir zunächst

AN ARTIST CONCEPTION OF SIERRA DE LEMA
THE VENEZUEN GUAYANA HIGHLANDS · THE LOST WORLD · FUNDACION TERRAMAR
BY FRANCISCO OLIVA-ESTEVA · CARACAS APRIL 1988

Während des Anflugs mit dem Hubschrauber skizzierte ein Mitglied der Expedition die bis dahin unkartierte Gruppe des Aparaman-Tepui — eine wichtige Grundlage für spätere kartographische Auswertungen. Deutlich wird sichtbar, daß alle diese Tepuis auf einem gemeinsamen Sockel liegen, also einst als ganzer Block emporgehoben wurden. Erst die Erosion durch Jahrmillionen hat sie getrennt und ihre Oberflächen unterschiedlich gestaltet

unser Basislager. Wegen der großen Hitze – 38 Grad im Schatten – und der vielen aggressiven Ameisen liegen wir fast den ganzen Nachmittag im Fluß. Die Verkündigung des Alten ist eingetreten. Schwarze Wolken haben die Aparaman-Tepuis verschlungen, und wie um uns zu warnen, zucken Blitze daraus hervor.

Bereits am nächsten Tag trifft unser Hubschrauber ein – wie verabredet, und doch ungewöhnlich pünktlich für südamerikanische Verhältnisse.

Armando bestimmt, daß Ramon und Armando Subero zuerst eine Landung auf einem der vier Tepuis versuchen sollen. Sie kennen die Örtlichkeiten von einer früheren Expedition am besten. Vorsorglich wird Proviant und Ausrüstung für zwei Wochen eingeladen.

Endlose anderthalb Stunden vergehen, bis der Hubschrauber zurückkehrt. Die ganze Lagermannschaft läuft zum Landeplatz. Kommen vielleicht alle drei zurück, weil sie dort oben nicht landen konnten? Nein, nur der Pilot steigt aus. Wir scheinen Glück zu haben!

Jetzt bin ich an der Reihe. Gleich nach dem Start überfliegen wir die Grenze der Savanne zum Wald, der sich in der Ferne an den Sockeln der Tepuis emporzieht. Ich genieße es, wie der Hubschrauber aus der Hitze des Tieflandes immer höher in kühlere, frische Luftschichten emporschwebt und stelle mir vor, wie sich einst jene französische Expedition irgendwo unter uns durch den Bergwald gekämpft hat, für Tage ohne Ausblick und somit ohne Orientierung. Auch wo die dichtbewaldeten Hänge – aus der Luft betrachtet – sanft erscheinen, verraten hohe, schäumende Wasserfälle unter dichter Vegetation verborgene Steilstufen.

Das Wetter ist heute überraschend gut. Die Dachgeschosse der Tepuis werden zwar von Wolken verhüllt, aber sie scheinen leicht zu sein und ziehen schnell. Links von uns liegt wie eine dreistöckige Riesentorte jener Tafelberg, nach dem die ganze Gruppe benannt ist: Aparaman.

Der Pilot hält auf den rosafarbenen Wall des Murosipan zu. Auch er erhebt sich über einem mehrstöckigen Sockel. Dahinter, auf dem gleichen Plateau, liegt der Tereke-Yuren-Tepui, ein hoher Felspfeiler, dessen Durchmesser ich auf weniger als hundert Meter schätze. Er wirkt zierlich und niedrig gegen die düstere Wand des mächtigen Kamarkaiwarai, dem östlichen Tepui der ganzen Gruppe.

Dann sehe ich in dem hohen Sattel zwischen Tereke und Murosipan bunte Flecken: Zeltsäcke, Kisten, Bündel, Ramon und Armando, alles inmitten einer grünen Pflanzenmasse. Zum Teufel, warum haben sie sich hier absetzen lassen? Der Hubschrauber verharrt unmittelbar über dem Boden mit seinen dichten Polstern fleischfressender Pflanzen, setzt nicht auf. Ich springe hinaus und sinke sofort fast bis an die Knie in kaltes Wasser und Morast.

Während die Maschine schwebend wartet, verständige ich mich schreiend mit Ramon und Armando. Sie haben die wichtigste Voraussetzung für ein Forschungslager – Wasser – weder

Ein Kranz von Wasserrinnen umgibt die mehrstöckige, 2400 Meter hohe Felsenburg des Aparaman-Tepui, nach dem die ganze Gruppe benannt ist. Das oberste Geschoß bildet nahezu ein Dreieck mit einer Kantenlänge von etwa drei Kilometern

Plötzliche Wetterverschlechterung und zur Neige gehender Treibstoff zwingen den Hubschrauber, die Wissenschaftler in einem sumpfigen Sattel zwischen zwei Tepuis abzusetzen. In einem ausgetrockneten Flußtal auf dem Kamarkaiwarai-Tepui errichten sie dann ihr Forschungslager. Der Botaniker Bruce Holst sortiert und preßt allabendlich, was er an einem langen Tag im Sammelrausch zusammengetragen hat

auf Kamarkaiwarai noch auf Murosipan entdecken können. Auf dem einen haben sie weithin nur erschreckende, wasserlose Felswüste gesehen. Dort mag es verborgene wassergefüllte Felsbekken geben, aber eine Landung und die Suche danach haben sie wegen der unsicheren Wetterlage nicht gewagt. In einem Tal mit dichter Vegetation wäre der Hubschrauber beim Landeversuch fast im Moor steckengeblieben. Obwohl es dort vermutlich auch offenes Wasser gibt: Für ein dauerhaftes Lager muß ein sicherer fester Landeplatz vorhanden sein.

Aber auch die moorige Fläche unseres Landeplatzes am Fuß der oberen eigentlichen Tepui-Felswand ist für uns nicht ohne Gefahr. In diesem Sattel war die vorangegangene Expedition für ganze zehn Tage eingeregnet, ohne auf das Dach des Tepuis zu gelangen. Ich blicke nach oben, zu der himmelstürmenden Felswand. Die Sicht ist besser geworden. Wir möchten es noch einmal versuchen, aber der Pilot winkt ab. Er muß auf kürzestem Weg hinunter ins Basislager, denn der Tank ist fast leer.

Besorgt beobachte ich die wie jeden Nachmittag emporquellenden Kumuluswolken, die der Passatwind vor sich her schiebt wie Segelschiffe.

Erst nach anderthalb Stunden kehrt der Hubschrauber mit den weiteren Expeditionsmitgliedern endlich zurück. Bevor der nächste große Wolkenturm im Südosten über den Murosipan zieht, ist gerade noch Zeit, einen neuen Erkundungsflug zu wagen.

Es ist unglaublich, wie schnell sich hier die Wolken bilden. Was eben noch offen war, ist, als wir oben anlangen, wieder verhangen. Aus dem mit der Thermik aufsteigenden Wasserdampf des Waldes bilden sich Wolken binnen Sekunden. Diese Flugmanöver durch die Wolkenlöcher über einer unbekannten Felsenburg würde kaum ein europäischer Pilot wagen.

Enttäuschung kommt auf. Selbst in Felswannen können wir kein Wasser entdecken. Doch bei dem letzten Bogen, den der Pilot in den immer dichter werdenden Wolken zu fliegen wagt, glaube ich einen verheißungsvollen Schimmer zu sehen. Er ist sofort wieder von ziehenden Nebelschwaden verschluckt, aber kurz darauf taucht er deutlich auf. Ja, es ist ein See!

Jetzt nichts wie runter und raus mit Proviant und Ausrüstung! Der große Wolkenturm steht nur noch wenige Kilometer entfernt. Es bleibt an diesem Tag gerade noch Zeit für einen zweiten Flug hinunter ins Moor, um unsere beiden Botaniker, Volkmar Vareschi und Bruce Holst, heraufzuholen. Durch das letzte Wolkenloch fliegt der Hubschrauber zurück ins Basislager.

Zu Ehren ihres Entdeckers benannt: Lindmania holstii — eine Art aus der Familie der Bromelien

Nach all der Aufregung und Eile bemerken wir erst jetzt, daß zwischen uns und dem See eine tiefe Felsspalte klafft, die — soweit wir erkennen können — den ganzen Tepui durchzieht. Wir finden zwar einen leidlich begehbaren Durchstieg zur anderen Seite, doch unser gesamtes Gepäck hinüberzutransportieren, kostet bei einsetzendem Regen auf schlüpfrigem Felsen mehr als zwei Stunden.

Die Mühe lohnt sich. Direkt am Ufer des Sees liegt eine vor Überschwemmungen sichere Felsplatte, auf der wir unsere Zelte aufbauen können, und ein Felsüberhang direkt dahinter erweist sich als ideal für Berge von Gepäck und für die Küche.

An diesem ersten Abend sitzen wir nach dem Essen unter dem Felsendach noch lange zusammen, trinken heißen Tee mit viel Rum und können es kaum glauben, daß wir es wirklich geschafft haben. Der Höhenmesser zeigt 2400 Meter. Gegen zehn Uhr verziehen sich die Wolken, der Himmel wird sternenklar und die Luft empfindlich kalt. Am frühen Morgen ist das Thermometer auf fünf Grad Celsius gesunken.

Das gute Wetter bleibt uns treu. Schon am nächsten Vormittag kann der Hubschrauber die letzten Mitglieder der Expedition heraufbringen.

Volkmar bemerkt als erster, daß wir auf einem besonders harten Sandstein stehen, den die Geologen als Zementquarzit bezeichnen und der zu ganz anderen Formen verwittert.

Abgesehen von dem Ostgipfel, der von dem zentralen, relativ ebenen Teil durch einen mehrere hundert Meter tiefen Cañon getrennt ist sowie einigen kleinen, durch tiefe Klüfte abgespaltenen

Zum erstenmal auf dem Aparaman gefunden: *Utricularia quelchii*. Ferner eine neue Art aus der endemischen Gattung *Chimantaea*

Arealen im Norden, ist die Oberfläche des Murosipan leicht zu begehen, vergleicht man sie mit der des Roraima oder des Auyan. Sie ist, naturgemäß, auch viel kleiner. Wir schätzen sie auf 2,5 mal 0,6 Kilometer.

Die Landschaft wirkt nicht mehr nur einfach schön und eindrucksvoll; sie scheint auf seltsame Weise vollendet. Murosipan ist ein der Welt entrückter Felsengarten, die Vision einer japanischen Tempelanlage, wie gestaltet von Mönchen, von Jüngern des Zen, in Jahrhunderten. Inmitten des schwarzen Gesteins gedeihen Oasen komplexer Pflanzengesellschaften. Auf Roraima und auf Auyan habe ich sie schon vereinzelt gesehen, hier aber gibt es sie überall, in jeder Form und Größe. Alle Arten scheinen in vollendeter Harmonie aufeinander abgestimmt. Die Zweckmäßigkeit der Pflanzengemeinschaft wirkt zugleich schön.

Bruce Holst vom Missouri Botanical Garden in St. Louis ist wie im Rausch. Vom ersten bis zum letzten Lichtschimmer sammelt er Pflanzen. Danach sitzt er oft bis tief in die Nacht, um alles zu bestimmen, zu ordnen und zwischen Stapeln alter Zeitungen zu pressen. Viele dieser Pflanzen sind sicherlich neu für die Wissenschaft. Aber mit Gewißheit kann Bruce das erst sagen, wenn er sie seinem Lehrer Julian Steyermark vorgelegt hat, dem besten Artenkenner zumindest Venezuelas.

In diesen Tagen schätze ich mich besonders glücklich, in der Begleitung von Volkmar Vareschi zu sein. Er ist mit seinen achtzig Jahren bei weitem der älteste Wissenschaftler der Expedition, aber zugleich der modernste. Wie viele große Wissenschaftler des 19.

Auf ausgedehnten Felsterrassen des Murosipan entwickelt sich die Vegetation zu üppigen Gärten, in denen unterschiedliche Pflanzenarten vorherrschen — hier die Brocchinien

Jahrhunderts, ist er ein Ganzheitsdenker, ein Mann mit umfassendem Naturverständnis und ein Ökologe mit tiefem Wissen um die komplexen Zusammenhänge in der Natur.

Es ist für mich eine Offenbarung, Volkmar über die Schulter zu schauen, wenn er oft lange am Rande einer pflanzengefüllten Felswanne sitzt und die darin wachsenden Arten detailgenau in seinem Tagebuch skizziert – Grundlage für spätere wissenschaftliche Zeichnungen über Aufbau und Zusammensetzung der Pflanzengemeinschaften.

Hier zeigt mir Volkmar auch, was sich auf der ganzen Welt nur noch an wenigen Orten ungestört beobachten läßt. Die Fachleute nennen es Sukzession: wie sich aus dem Nebeneinander der Arten in einer Pflanzengemeinschaft ihr Werden und ihre Entwicklung ablesen lassen. Solche Sukzessionsstudien sind sehr schwierig geworden, da die Vegetation fast nirgends mehr ursprünglich ist, sondern durch den Menschen längst verändert wurde. Volkmar erzählt mir, daß es beispielsweise auf den Britischen Inseln lediglich 1908 einheimische, aber rund 32000 eingewanderte Arten gibt; das sind 94 Prozent. In Deutschland sind lediglich noch 16 Prozent aller Arten einheimisch, 84 Prozent von überall her, absichtlich oder unabsichtlich eingeführt. Die Tepuis gehören also zu den ganz wenigen Orten auf dieser Erde, die zu 100 Prozent von einheimischen Arten besiedelt sind und eine Aufnahme der ursprünglichen Natur gestatten, um einen Maßstab zu haben für die Einwirkung des Menschen. Deshalb ist Volkmars Arbeit so aktuell – und so wichtig.

Auf Murosipan beginnt die Besiedlung der Felsen mit Pflanzen nicht wie auf den anderen Tepuis in Spalten, sondern in flachen Felswannen, die mit Silikatsand gefüllt sind, über dem fast ganzjährig Wasser steht. Als erster Pionier wurzelt in ihnen ein schwarzes, wie verkohlt aussehendes Moos. Irgendwann findet dann der Same der ersten Blütenpflanze, *Stegolepis parvipetala,* Halt zwischen den Moospolstern und beginnt zu keimen. Langsam verbreitet sich dann der *Stegolepis*-Bestand, bis er allein die ganze Felswanne ausfüllt.

Nach dem gleichen Prinzip wie bei dem auf nährstoffarmem Grund gedeihenden Orchideenwald des Auyan-Tepui – „Entwickle dich weiter, oder stirb" – geht es nun weiter. Der *Stegolepis*-Bestand ist die Lebensgrundlage für drei weitere Arten: kleine, polsterförmige Eriocaulaceen, über denen schneeweiße Blütenbälle stehen; hoch emporschießende Liliengewächse aus der Familie der Nietnerien mit gelben Blüten; schließlich die zu den Kaffeegewächsen gehörende *Aphanocarpos steyermarkii* mit ihren steifen Blattrosetten. Allmählich verwandelt sich die Felswanne zu einem mit Humusstoffen angereicherten Sumpf.

Volkmar führt mich zu anderen Felswannen, die bereits von Dutzenden verschiedener Arten angefüllt sind. Während die Anzahl der Pioniere zurückgeht, wird die Pflanzengemeinschaft immer vielschichtiger und artenreicher. Volkmar bezeichnet sie als Optimalvegetation. Herrliche, orangerot blühende Ericaceen sind darunter; hohe vasenförmige, wassergefüllte Blattkelche von Brocchinien, in denen eine Vielzahl kleiner Tiere zu Hause ist, und bodenbewohnende Orchideen mit bizarren Blüten, nach deren Form man ein passendes bestäubendes Insekt entwerfen könnte.

Über allem erheben sich bis zu drei Meter hohe Bäumchen der Gattung *Chimantaea,* benannt nach jenem Tepui, von dem die ersten Exemplare für die wissenschaftliche Beschreibung stammten. Ihre verholzten, gegabelten Stämme werden gekrönt von samtigen Blattschöpfen, in deren Mitte jeweils eine große gelbe Blüte steht. Diese Pflanzengruppe gehört, wie viele hier, zu den Relikten längst vergangener Erdzeitalter, die auf den Tepuis Zuflucht gefunden haben.

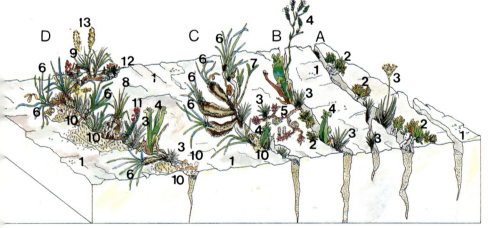

Die ersten Pflanzen auf dem nackten Fels siedeln sich in vier Phasen an (A bis D). Der Pionier ist die Flechte *Siphula*, aber erst, wenn die Spalten mit Sand gefüllt sind und Algen den Boden aufbereitet haben, kommen weitere Pflanzen hinzu

1 Siphula
2 Chimantaea huberi
3 Nietneria corymbosa
4 Brocchinia reducta
5 Cyrilla racemiflora
6 Stegolepis ligulata
7 Epidendrum spec.
8 Brocchinia acuminata
9 Thibaudia nutans
10 Flechtenteppiche
11 Ledothamnus atroadenus
12 Bonnetia roraimae
13 Everardia vareschii

Da der Regen die Nährstoffe hinwegspült, besorgen hier auffallend viele Pflanzenarten sie sich auf andere Weise. Es ist eine grüne, animalisch gefräßige Welt.

Fabian Michelangeli, der uns begleitet, bückt sich und reißt aus dem Morast eines der kleinen Mäuler mit Rachenzapfen, die ich schon auf dem Auyan-Tepui gesehen habe. „Dieser Schlund hat auch einen Magen", sagt er und erklärt mir die Funktion. Was er in Händen hält, trägt den schönen Namen *Heliamphora,* was so viel wie Sonnenamphore bedeutet. Das Gebilde lockt mit seinem leuchtenden Rot und mit duftenden Sekreten Insekten an, die jedoch auf dem spiegelglatten Kannenrand schnell den Halt verlieren, in die wassergefüllte Kanne stürzen und ertrinken. Für das pflanzliche Wachstum so unerläßliche Substanzen wie Stickstoff oder Phosphor werden aus dem verrottenden Kadaver freigesetzt und begierig von besonderen Zellen der Krugwand wie in einen Magen aufgesogen.

Aber damit nicht genug. Einige Pflanzen verdauen nicht nur, was in sie hineinfällt; sie betreiben aktiv Beutefang. Zu den schönsten Sumpfpflanzen hier oben gehört die leuchtend kobaltblau blühende *Utricularia humboldtii,* entdeckt und beschrieben von Richard Schomburgk. Ihre ins Wasser ragenden Wurzeln hat sie zu einem raffinierten System kleiner Blasen mit wulstförmiger Öffnung entwickelt. Schwimmt ein winziger Ruderfüßler oder ein Moostierchen vorbei und berührt dabei einen der geißelartigen Sensoren der Pflanze, so wird die Beute mit einer blitzschnellen Schluckbewegung — kürzer als eine hundertstel Sekunde — in die Blase gesogen, um verdaut zu werden. Andere *Utricularia*-Arten wenden dieselbe Fangmethode sogar in feuchter Erde an.

In den Bächen der Tepuis lauern ferner mehrere Arten der Gattung *Genlisea* auf Kleingetier, umschlingen, töten und verdauen es.

Zwischen meinen Gummistiefeln funkelt etwas wie feuerroter Rubin. Als ich mich danach bücke, entdecke ich Vertrautes in der Welt des Fremden: *Drosera,* Sonnentau. Schon als Kind hatte ich in einem Moor beobachtet, wie diese unscheinbare Pflanze Insekten durch Färbung und Nektar vortäuschenden Lichtreflexen in ihre tödliche Fallen lockt und sich die klebrigen Tentakel wie ein Käfig über dem Opfer schließen, um es mit einem abgesonderten Enzym zu verdauen. Fabian erzählt mir, daß — soweit bekannt — jeder Tepui seine eigene Sonnentau-Art besitzt. Wenn die fleischfressenden Pflanzen absterben, kommen all die Reste der Wachstumsstoffe aus ihrer Nahrung den anderen Partnern der Lebensgemeinschaft zugute.

In tieferen Felswannen gruppieren sich bizarr verästelte und gekrümmte *Bonnetia*-Bäumchen zu kleinen Hainen, die in Blüte stehen. Sie sehen aus wie Bonsai, wie von einem Willen geformt. Einige der vielen zu den Teegewächsen gehörenden *Bonnetia*-Arten auf den Tepuis entwickeln duftende weiße Blüten. Nach dem Abfallen verfärben sie sich, so daß man unter einem weißblühenden Bäumchen über einen feuerroten Teppich schreitet.

In einem nahen kleinen Cañon bilden die *Bonnetia*-Bäumchen so dichte Bestände, daß wir, wie beim Tropenwald tief unten, auf ein lückenloses Mosaik ihrer blühenden Kronen blicken. Auf einem abgestorbenen Stamm an der Cañon-Wand klettern wir in den Wald hinab. Es sind nur etwa vier Meter.

Den Pionieren folgt eine vielschichtige, artenreiche Pflanzenwelt — von den Fachleuten als Optimalvegetation bezeichnet

1 Chimantaea lanocaulis (Compositae)
2 Nietneria corymbosa (Liliaceae)
3 Stegolepis parvipetala (Rapateaceae)
4 Xyris witsenioides (Xyridaceae)
5 Rhynchospora roraimae (Cyperaceae)
6 Utricularia quelchii (Lentibulariaceae)
7 Thibaudia nutans (Ericaceae)
8 Eriocaulacae gen.
9 Ledothamnus guyanensis (Ericaceae)
10 Brocchinia tatei (Bromeliaceae)
11 Aphanocarpus steyermarkii (Rubiaceae)
12 Cladonia (Cladoniaceae)

Am Grund dieses Waldes versinken wir in meterhoher Vegetation und humusreichem Sumpf. Von Volkmar erfahre ich, daß ich in einem sogenannten Klimaxwald stehe, einer Art Endstadium der Vegetationsentwicklung. Die Pflanzengemeinschaft erreicht ihre maximale Masse, aber die Artenzahl geht gegenüber der Optimalvegetation in den Felswannen um etwa die Hälfte zurück. Bäume beherrschen die Szene und nehmen anderen Pflanzen das Licht. Die Blattrosetten der Brocchinien sind hier viel größer als in den Felswannen, und viele haben sich sogar als Epiphyten auf den Ästen und Stämmen der *Bonnetia* angesiedelt, um im Gedränge einen Platz an der Sonne zu erhalten. Auch Tillandsien sind darunter. Ihre roten Blüten wirken wie kleine züngelnde Flammen.

Große blaue Blüten, die sich gelegentlich auf hohem Stiel aus den Blattvasen der Brocchinien erheben, gehören zur *Utricularia humboldtii,* die ich bereits in den versumpften Felswannen gesehen habe. Bemerkenswerterweise sind die Blüten hier, im gedämpf-

Der Bonnetia-Wald ist der Endpunkt der Entwicklung — Klimaxwald genannt: Hier ist die größte Pflanzenmasse entstanden, aber im Schatten der Bäume geht die Artenzahl zurück

1 **Bonnetia roraimae (Theaceae)**
2 **Brocchinia tatei (Bromeliaceae)**
3 **Aphanocarpus steyermarkii (Rubiaceae)**
4 **Xyris bicephala (Xyridaceae)**
5 **Macairea chimantensis (Melastomataceae)**
6 **Stegolepis ptaritepuiensis (Rapateaceae)**
7 **Cottendorfia paludosa (Bromeliaceae)**
8 **Tillandsia turneri (Bromeliaceae)**
9 **Sphyrospermum buxifolium (Ericaceae)**
10 **Thibaudia nutans (Ericaceae)**
11 **Laubmoosbulten**

ten Licht des Waldesinnern, größer, und sie leuchten in einem helleren Blau. Die fleischverdauenden Pflanzen haben sich das große Nahrungsangebot der Brocchinien-Teiche zunutze gemacht.

In diesem besonderen Wald kann man sehr schön erkennen, wie der bizarre Wuchs der Bäumchen durch den Lichteinfall zustande kommt. Jedes dreht und wendet sich, bis es eine Lücke im Kronendach gefunden hat.

Für Volkmar, der schon auf mehreren Tepuis seine Sukzessionsstudien gemacht hat, ist der Murosipan eine Offenbarung. Er kann keine Arten finden, die ausschließlich auf dem einen oder dem anderen Sandsteintyp wachsen — wie etwa in den Alpen die so verschiedenen Urgesteins- und Kalksteinfloren. Immer entsteht am Ende einer langen Entwicklung auf vielen Tepuis der gleiche Klimaxwald. Doch die Vegetationsabfolge dorthin nimmt auf den unterschiedlichen harten Gesteinen ganz eigene Wege mit unterschiedlichen Einzelphasen.

Der von dem *Bonnetia*-Wald erfüllte Cañon führt zu dem wunderbaren See inmitten des Tepuis empor. Durch das klare Wasser sehe ich auf seinem Grund viele abgefaulte *Bonnetia*-Stümpfe und -Wurzeln. Nach den Lektionen meines Botaniklehrers Volkmar kann ich mir nun erklären, wie der See entstanden ist. Während der Entwicklung zum Klimaxwald hat die dichter werdende Vegetation den Abfluß des Wassers am Grunde des Cañons immer mehr behindert, bis es sich eines Tages zu einem See aufstaute.

Der See ist Mittelpunkt des Felsengartens und Gipfel seiner Voll-

Das ewige Zusammenspiel der Natur. Der Wald staute einen kleinen See auf und schuf sich damit ein eigenes Reservoir für die Trockenzeit

endung. Einzelne über das Ufer gekrümmte *Bonnetia*-Bäumchen spiegeln sich mit ihrer Blütenpracht in seiner Oberfläche. An seinem südlichen Ende, bevor er in den *Bonnetia*-Wald am Grunde des Cañons versickert, geht der See in ein Moor über, welches von unvergleichlicher Schönheit ist. Die durchziehenden Nebel machen es noch geheimnisvoller.

Auf Felsblöcken im Moor erheben sich knorrige *Bonnetia*-Bäumchen und Ericaceen. Brocchinien und hohe, schlanke Sonnenamphoren gruppieren sich zu Inseln. Die *Heliamphora* erscheinen hier im offenen Gelände prächtig rot, hervorgerufen durch ein Pigment, das die Einwirkung starker Sonnenstrahlung reduziert. Zwischen vielen Amphoren erheben sich große weiße Blüten.

Drei verschiedene, ebenfalls in prächtiger Blüte stehende *Utricularia*-Arten, von denen eine wahrscheinlich neu für die Wissenschaft ist, lauern im Moor auf Beute, und die ebenfalls fleischfressende *Drosera* kommt so häufig vor, daß ihre Bestände vielerorts rote Teppiche bilden.

Am nächsten Tag ziehen Wolkenschwaden über den Murosipan; die Sonne ist nur gelegentlich als matte Scheibe zu erkennen. Der Nebel wird oft so dicht, daß ich keine zwei Meter weit sehen kann. Ich muß vorsichtig sein, mich nicht zu verirren und einem der Abgründe zu nahe zu kommen. Zu leicht kann man auf dem schlüpfrigen Fels den Halt verlieren.

Doch was ist das? Für ein paar Sekunden glaube ich schemenhaft die Konturen eines Stegosauriers zu sehen, düster und riesig, den Kopf erhoben und eines der gewaltigen Beine verharrend vor das

Die Kreaturen der Vorzeit scheinen wiedererstanden zu sein. Die menschliche Phantasie erlaubt es nicht, derartige Formen der Verwitterung namenlos zu lassen

andere gesetzt. Genauso schnell, wie die Erscheinung aus dem Nebel auftaucht, ist sie davon wieder verschluckt. Die Wolken lasten jetzt so schwer, daß es fast dunkel wird. Ganz vorsichtig gehe ich weiter. Dann kehrt das Licht zurück. Der Nebel lichtet sich, und fast unvermittelt stehe ich vor dem gepanzerten Koloß. Fetzen abgerissener Pflanzen hängen ihm aus dem Maul. Eine Laune der Natur! Die Kräfte der Verwitterung haben diesen Saurier aus dem Fels erschaffen – in Originalgröße und verblüffend lebensecht. Die Pflanzen an seinem Maul sind Stränge von Bartflechten.

Die Rückkehr des Tageslichts von der Höhe des Murosipan zu beobachten, ist ein Schauspiel wie nicht mehr von dieser Welt. Lange vor Sonnenaufgang verwandelt sich die Farblosigkeit der Nacht am östlichen Horizont zu einem dumpfen, purpurnen Rot, welches zu einem unheimlichen Feuer anschwillt, in dem flache Linsen von türkiser und blauer Farbe schweben. Die gezackte Kulisse des Kamarkaiwarai-Tepuis steht davor wie der Scherenschnitt eines noch schlafenden Drachens.

Das unerhörte Farbenspiel findet seinen Abglanz auf der dichten Wolkenschicht, die jeden Morgen tief unter uns über dem Wald liegt. Schnell verwandelt sich das Feuer in ein leuchtendes Rosa, das alles überzieht. Die Luft ist dabei so klar, daß wir die Silhouette des Roraima-, Kukenam- und Ilu-Tepui völlig scharf am Horizont sehen können – immerhin mehr als 200 Kilometer entfernt.

Wir warten ungeduldig auf die Rückkehr des Hubschraubers, um unsere Exkursionen zu den anderen Tepuis der Gruppe zu begin-

Lindsaea schomburgkii

Viele urtümliche
Farne, die zu den ältesten
Gewächsen der Erde zählen, haben
in verborgenen Höhlen und
Spalten der Tepuis die
Zeiten überdauert

Zum erstenmal betreten
Menschen für eine nur kurze
Erkundung den Aparaman-
Tepui. Der Botaniker Francisco
Delascio rafft zusammen,
was er auf der Felskuppe erreichen
kann, während vom Autor ein
Erinnerungsfoto entsteht

nen. Zuerst wollen wir versuchen, den Aparaman zu erobern. Noch nie hat ein Mensch seinen Fuß darauf gesetzt. Alle Besteigungsversuche sind bisher an Wald und Felsstürzen gescheitert, alle Landeversuche an Wind und Wetter.

Sehnsüchtig blicken wir jeden Tag zum Aparaman hinüber, beobachten, wie die Wolken über ihn hinwegziehen oder sich über ihm bilden, um dann von seinen Klippen wie Wasserfälle hinabzufließen.

Unser Hubschrauber ist jetzt nicht im Basislager stationiert, sondern in einer Goldgräbersiedlung nordöstlich von uns; dort jedoch kann er wegen der dichten Wolkendecke, die oft den ganzen Tag über dem Wald lastet, nicht starten. Wir stehen hoch oben auf Inseln über den Wolken und müssen warten.

Endlich – eines Morgens ist es soweit. Ich besteige den Hubschrauber mit Armando und mit Francisco Delascio, dem Direktor des Botanischen Gartens von Caracas. Der Aparaman-Tepui vor uns ist nur noch ein paar Kilometer entfernt. Wenn überhaupt, so darf man die Inselberge nur von Luv anfliegen, also von der dem Wind zugewandten Seite. In Lee bilden die Luftmassen gefährliche Wirbel. Als wir den Rand überfliegen, fängt unsere Maschine an zu bocken. Die Rotorblätter knallen in den Luftschichten verschiedener Dichte. Sehr wohl fühle ich mich nicht.

Die Oberfläche des Aparaman ist das chaotischste Stück Erde auf unserem Planeten – die Ausgeburt eines Alptraums. Sie bildet nahezu ein Dreieck von schätzungsweise drei Kilometern Kantenlänge und besteht aus Hunderten hoher, schwarzer, wie ausgeglüht aussehender Felsentürme: eine wahre Höllenlandschaft, in der das Auge keine ordnende Gesetzmäßigkeit mehr zu erkennen vermag. Nur auf Radarfotos sieht man, daß die Felstürme entlang tiefer, tektonisch ausgerichteter Bruchlinien aus dem Plateau herausgewittert sind.

Mittendrin landen wir schließlich auf der glatten Kuppe eines der Türme. Als erster Mensch setze ich meinen Fuß auf dieses Stück unerforschter Erdoberfläche. Mich überkommt das Gefühl, einen fremden Planeten zu betreten.

Unser Bewegungsradius auf diesem Gipfel beträgt gerade fünf Meter, dann beginnt der Abgrund. Überall um uns herum ragen andere Felstürme auf, nur Meter entfernt, doch unerreichbar. Sie sind vielschichtig aufgebaut, viele von ihnen Stapel gewaltiger Felsblöcke, die jeden Moment umzustürzen drohen.

Die Vegetation zeigt sich auch hier wie immer faszinierend und völlig anders. Aparaman ist ein Tepui der hängenden Gärten. Aneinandergereiht wuchern Bromelien wie Girlanden aus Höhlungen und von Balkonen herab. Herrliche bizarre Orchideen scheinen zum Greifen nahe. Francisco rafft zusammen, was er in der Eile erreichen kann. Denn wir sind nur

für eine kurze Erkundung abgesetzt worden. Lediglich durchtrainierte Kletterer könnten auf Aparaman mehr ausrichten.

Da das gute Wetter an diesem Tag stabil bleibt, schicken wir als nächste Gruppe Armando Subero, Bruce und Ramon hinüber. Sie sind ausgerüstet mit Zelt, Seilen und – falls das Wetter sie gefangennehmen sollte – mit Proviant für zwei Wochen. Außerdem haben sie vierzig Liter Wasser bei sich, denn keiner ist sicher, ob sie das kostbare Naß am Grund der Felsspalten wirklich finden und erreichen können.

Drei Tage bleiben die Forscher auf Aparaman. Als sie mit reicher Pflanzenausbeute zurückkehren, lauschen wir bis tief in die Nacht hinein ihren Erzählungen. Obwohl zumindest zwei von ihnen, Ramon und Bruce, erfahrene Bergsteiger sind, konnten sie nicht mehr als hundert Meter horizontaler Distanz zurücklegen.

Als sie sich von ihrem Lagerplatz auf der Höhe eines Felspfeilers in die erste Spalte hinabgelassen hatten, fanden sie zwischen den Felstürmen nicht etwa ein System von Gassen vor, wie wir gehofft hatten; nein, das ganze erwies sich mit seinen herabgestürzten Felsblöcken, mit Gängen und ausgefrästen Höhlen als ein dreidimensionales, furchteinflößendes, bodenloses Labyrinth. Hier brauchten die Männer ihre Seile allein schon dafür, den Rückweg zu finden. Alle drei stimmten überein: Bei diesen Verhältnissen sei der Tepui so gut wie unerforschbar.

Der große Geist Makunaima bleibt uns mit dem Wetter weiterhin gut gesonnen. So schaffen wir es tatsächlich auch noch, für drei Tage eine Forschungsstation auf

Kamarkaiwarai zu errichten, dem größten und höchsten Tepui der Gruppe. Seine Wildheit scheint die der anderen noch zu übertreffen.

Der Kamarkaiwarai öffnet sich nach Westen wie eine Sichel, durch ein tiefes, ost-westliches Schluchtensystem in zwei ungleiche Hälften geteilt. Auch hier: Der größere Nordsporn ist eine chaotische, unerforschbare Ansammlung von 50 bis 60 Meter hohen Felstürmen. Im ausgedehnten zentralen Teil des Tepuis schließen sich Felstürme mit Höhen bis zu 300 Metern an.

Wir sind südlich der großen Schlucht in einer 2400 Meter hoch gelegenen, mit schneeweißem Sand gefüllten Senke gelandet, unterhalb des eigentlichen Gipfelplateaus, das sich noch einmal etwa 300 Meter über uns erhebt. Glücklicherweise finden wir in einem kleinen Cañon, gleich in der Nähe des Landeplatzes, mehrere Felsbecken mit Wasser.

Der zugängliche Teil des Tepuis zeigt sich als eine lebensabweisende Felswüste, in der nur hin und wieder Brocchinien aus Spalten hervorschauen. Tillandsien – auf dem Murosipan als Epiphyten in *Bonnetia*-Bäumchen angesiedelt – wachsen hier auf dem nackten Fels.

Das Gelände ist überall so abschüssig, daß sich selbst der Ansatz von Boden kaum bilden kann. In Senken sowie am Grunde von Schluchten und Cañons sind aus dem völlig unfruchtbaren Verwitterungsprodukt des Gesteins regelrechte kleine Sandwüsten entstanden, in denen allenfalls eine besondere *Stegolepis*-Art wurzelt.

Auf einem langgestreckten Felsrücken oberhalb unseres Lagers haben die Kräfte der Verwitterung eine Gruppe drei Meter hoher Pilze aus dem Gestein herausmodelliert. Die Oberflächen ihrer Hüte sind durch häufigen Blitzschlag zu einer Art keramischen Glases zerschmolzen.

Nach etwa hundert Metern gelangt man an die große tiefe Schlucht, die sehr schwer zu durchqueren ist, weil auf ihrem Grund kilometerlang parallel zueinander verlaufende Felsbuckel liegen – wie mit Algen und Seegetier bewachsene schwarze Rücken von Walen. An den fast senkrechten Wänden finden sich erstaunlicherweise Oasen von Brocchinien und dichte Polster feuerroter *Heliamphora*.

Ein Seitenarm der großen Schlucht erweitert sich nach Westen zu einem kilometerlangen, allseits von steilen Klippen eingefaßten Kessel. So weit das Auge reicht, ist sein Grund mit dichtem *Bonnetia*-Wald bewachsen. Dazwischen dehnen sich Sümpfe, Moore und Teiche. Vielerorts stehen Gruppen eigentümlicher, etwa zwanzig Meter hoher dünner Steinsäulen, die aussehen wie indianische Totempfähle.

Einige Bereiche des Tales liegen unter Nebelschwaden verborgen; das steigert die Neugier und Phantasie noch mehr. Was für seltsame Pflanzen mögen dort unten gedeihen, was für Kreaturen in den Wäldern, Mooren und Sümpfen hausen? Doch ich kann es nicht erkunden. Für mich, der ich kein Bergsteiger bin, gibt es keinen Weg, und für meine durchtrainierten Gefährten ist die Zeit, die uns das Wetter für den Aufenthalt erlaubt, zu knapp.

Die Geheimnisse des Tales mit den Totempfählen zu lüften, muß einer eigenen Expedition vorbehalten bleiben. Doch Jahre, Jahrzehnte können vergehen, bis Makunaima wieder gutes Wetter macht.

Als die Sonne sich über dem fernen Auyan senkt, wirft der Kamarkaiwarai einen kilometerlangen Schatten auf den Urwald tief unter uns. Dann folgt ein orgiastischer Sonnenuntergang.

Die Nacht kommt schnell. Sie ist klar und kalt. Das Sternenlicht reicht aus, um die Felsen rund ums Zelt zur grotesken Kulisse werden zu lassen. Als einziges Geräusch vernehme ich das Zischen der Benzinlampe. Bruce sitzt in ihrem Lichtkreis, sortiert und preßt die Funde des Tages. Im Windschutz eines nahen Felsüberhangs bereitet Armando Subero das Essen.

In Gedanken versetze ich mich in einen Hubschrauber. Ich sehe unser Lager als winzige Lichtoase inmitten der sternenbeschienenen Felsenwüste immer kleiner werden, bis es ganz verschwindet. Ich fühle mich wie auf einer Zeitreise in die Vergangenheit.

Die Felsenburgen der Tepuis haben hier schon gestanden, als es den Menschen noch nicht gab. Hat es diese Inselberge bereits gegeben, als Saurier die Erde beherrschten? Haben vielleicht schon Flugsaurier in ihren Klippen gehaust?

Die Fragen nach dem Alter der Tepui-Sandsteine und dem der Landschaft sind zweierlei. Der Sandstein ist vor mindestens 1,7 Milliarden Jahren entstanden. Seit wann aber gibt es die Land-

schaft der Tepuis? Die Antwort darauf ist für die Wissenschaftler in vielerlei Beziehung die Grundlage ihrer Arbeit.

Die bisher untersuchten Pflanzenarten variieren von Tepui zu Tepui stark, stehen aber in enger Verwandtschaft zueinander. Wie die Galapagos-Inseln im Pazifik, ist der ausgedehnte Tepui-Archipel ein regelrechtes Prüffeld der Evolution.

Zunächst liegt die Annahme nahe, daß die auf den Tepuis vorkommenden Lebensformen Nachfahren einer Tier- und Pflanzenwelt sind, die früher bereits auf jenem urweltlichen Plateau weit verbreitet waren, aus dem später die Zeugenberge hervorgingen. Während dieses Vorgangs verselbständigten sich die Lebensformen auf den einzelnen Tepuis in ihrer weiteren Entwicklung. Isolation also als Motor der Evolution?

Auf diesen Gedanken war Charles Darwin bereits vor mehr als hundert Jahren nach der Rückkehr von den Galapagos-Inseln gekommen. Er glaubte aber auch, daß die Kräfte der Evolution — Mutation und natürliche Auslese — die Arten überall, weltweit und kontinuierlich, umwandeln.

Erst neuerdings widersprach eine Gruppe amerikanischer Biologen und Paläonthologen dieser Meinung. Sie wiesen nach, daß Lebewesen sich während nur kurzer erdgeschichtlicher Epochen sprunghaft innerhalb kleiner lokaler Populationen in geographisch eng umgrenzten Gebieten zu neuen Arten entwickeln. Auf welche Weise dies aber geschieht, ist damit noch lange nicht beantwortet.

Die Wissenschaftler hoffen, eines Tages die Verbreitung der ursprünglichen Tier- und Pflanzenwelt der Tepuis rekonstruieren zu können — ein schwieriges Unterfangen. Aber hier liegt die Chance, das noch weithin ungelöste Geheimnis der Evolution zu enträtseln, für das schon Darwin keine endgültig befriedigende Antwort hatte: Wie entstehen neue Arten?

Die Ausgangsfrage: Zuerst muß herausgefunden werden, wann und wie die Landschaft der Tepuis entstand. Darüber gibt es fast genauso viele Theorien wie Geologen, die sich damit beschäftigen. Die Aparaman-Gruppe scheint in vielerlei Beziehung ideal, um das Problem einer Lösung näherzubringen. Hier liegen die Tepuis nahe beieinander, auf einem gemeinsamen Sockel. Doch die Landschaft jedes einzelnen ist zugleich so verschieden wie die Oberfläche verschiedener Planeten und Monde. In dieser Gemeinsamkeit der Andersartigkeit liegt vielleicht der Schlüssel zu ihrer Entstehung.

Die versteinerten Skelette fliegender Saurier geben keine Auskunft über die Flugeigenschaften der Monster. Mit einem Modell simulierten amerikanische Wissenschaftler den Flug der Reptilien: Auftrieb erhielten sie, indem sie sich von hohen Klippen stürzten. Die Krallen an ihren Flügeln, mit denen sie sich in ihrem Unterschlupf aufhängten, sind als Relikt noch beim jungen Hoazin vorhanden. Vögel gelten als Nachfahren vorzeitlicher Reptilien

Die ideale Vorstellung, die Tepuis seien die Überreste eines einzigen, aus einem urzeitlichen Meer aufgestiegenen, dabei zerbrochenen und dann in Jahrmillionen verwitterten Plateaus, ist wahrscheinlich zu einfach. Berechnungen erwiesen, daß von den äußerst harten Wänden der Tepuis jährlich nur etwa ein Zehntel Millimeter abgetragen wird: Die Wand weicht in zehntausend Jahren also nur etwa einen Meter zurück. Nun liegen aber Tepuis wie Roraima und Neblina 800 Kilometer auseinander. Um diese Lücke zu schaffen, müßte – selbst wenn die Erosion zeitweise schneller voranging – viel mehr Zeit erforderlich gewesen sein, als der Tepui-Sandstein alt ist. Das aber ist unmöglich. Andere Vorgänge als allein Erosion müssen die Tepuis geschaffen haben.

Die große Härte des Tepui-Sandsteins kam zustande, weil er sich irgendwann einmal in Quarzit umgewandelt hat. Geologen bezeichnen einen solchen Vorgang, der durch Kieselsäure ausgelöst wird, als Silifizierung. In gleicher Weise sind einst viele fossile Knochen und Hölzer versteinert.

Die Voraussetzung für eine Silifizierung ist besonders in einem tropischen Klima mit seinen wechselfeuchten Jahreszeiten, den hohen Niederschlägen und einer üppigen Vegetation gegeben, wobei sich die Verkieselung nur im Grundwasserbereich abspielen kann. Während alkalisches Grundwasser in der Trockenzeit kapillar nach oben steigt und sich die mitgeführten Mineralien durch Verdunstung absetzen, wandern in der Regenzeit gelöste Mineralstoffe zusammen mit Kohlensäure aus sich zersetzenden Pflanzen wieder abwärts. Das Grundwasser reichert sich mit gelösten Stoffen so stark an, daß schließlich Kieselsäure wie ein Gel ausscheidet und die Poren des Sandsteins ausfüllt. Dann aber gibt erst eine Lage oberhalb des Grundwasserspiegels der gelierten Kieselsäure die Möglichkeit, im Gestein zu verbleiben und die Silifizierung durch Austrocknung des Gels und durch Auskristallisation des Quarzes zu vollenden.

Da alle diese Voraussetzungen der Silifizierung in der heutigen Höhe der Tepuis nicht gegeben sind, mußten sie – so die Folgerung des deutschen Geologen Helmut Grabert – in ihre heutige

Die Spitzen des Kamarkaiwarai-Tepui sind zu meterhohen Pilzen verwittert. An den sandgefüllten Runsen zu ihren Füßen läßt sich im Kleinen die Entstehung der Tepuis durch Zergliederung der Landschaft nachvollziehen

Position emporgehoben worden sein, vielleicht zusammen mit der ursprünglichen Flora und Fauna.

Die Mächtigkeit der Quarzitblöcke deutet ferner darauf hin, daß sie nur langsam über den Grundwasserspiegel emporgehoben wurden, so daß erst allmählich ein großer Sandsteinkomplex zu Quarzit umgewandelt werden konnte.

Herausgehoben wurden die Blöcke entlang großer geologischer Verwerfungen und Brüche. Sie sind meist zugedeckt von tropischer Vegetation und für das bloße Auge nicht zu erkennen, werden jedoch als Linien auf Radarbildern deutlich. Wann jene gewaltige Hebung stattfand, ist noch nicht genau bekannt. Es gibt Hinweise auf ein mesozoisches Alter – das wäre die Zeit der Saurier gewesen.

Nicht alle Tepuis wurden nach Meinung Graberts gemeinsam aus einem tieferen Niveau der Erdkruste herausgehoben; gemäß ihrer heutigen Gruppierung haben immer mehrere einen gemeinsamen Ursprung. Das beste Beispiel ist wohl der Aparaman-Archipel. Der gemeinsame Sockel seiner vier Tepuis zeigt, daß sie einst als ein Block emporgehoben wurden. Danach begannen die Kräfte der Verwitterung mit der Vierteilung, und die Oberfläche eines jeden entwickelte sich eigenständig.

Die größte Entfernung in der Gruppe liegt mit etwa sieben Kilometern zwischen dem Murosipan und dem Kamarkaiwarai. Nach bisherigen Annahmen begannen sie sich vor etwa 70 Millionen Jahren zu separieren. Das bringt eine auffallende Übereinstimmung mit den tektonischen Befunden der Heraushebung, bei der zweifellos tiefe Brüche in dem Block entstanden, entlang derer dann die Erosion einsetzen konnte.

70 Millionen Jahre – das wäre genug, um das Vorkommen sehr alter Tier- und Pflanzenarten auf den Tepuis zu erklären. Es wäre aber auch lange genug, um neue Arten entstehen zu lassen.

Wir bleiben insgesamt acht Tage auf den Aparaman-Tepuis und erfüllen uns dann noch unseren nächsten Traum. Vom Basislager starten wir erneut, diesmal zurück auf den Auyan-Tepui, wo wir im Tal des Shangri La für drei Tage ein Lager aufschlagen.

Jetzt im März, auf dem Höhepunkt der Trockenzeit, hat der Fluß seinen niedrigsten Wasserstand. Gelegentlich verschwindet er zwischen und unter hausgroßen Felsblöcken, in die er tiefe Höhlen hineingewaschen hat. Trockenen Fußes also gehe ich in eine dieser Höhlen – und ahne nicht die große Gefahr, die drinnen auf mich lauert.

Der Boden der Höhle ist teilweise von weißem Sand bedeckt. Fluten der Regenzeit haben ihn hineingespült. Durch Spalten fällt von oben Licht; es gibt aber dunkle Nischen, die ich schlecht einsehen kann.

Später erinnere ich mich, daß ich in der Höhle einen strengen, eigenartigen Geruch wahrgenommen habe. Als ich am Ende umkehre, bemerke ich zwischen meinen Spuren im Sand die frischen Trittsiegel eines großen Raubtieres und seiner Jungen. Sie führen in Richtung Ausgang.

Als mich Armando, der zurückgeblieben ist, aus der Höhle herauskommen sieht, gerät er in helle Aufregung. Gerade hat er beobachtet, wie eine Berglöwin mit zwei Jungen herauslief. Ich muß die Familie in der Höhle aufgestört haben, ohne es zu merken. Glück gehabt! Bei einem Angriff des Muttertieres wäre meine Überlebenschance nicht allzu groß gewesen.

Die gefährliche Begegnung wird zur wissenschaftlichen Sensation. Es ist der erste Nachweis von Berglöwen auf einem Tepui – und überhaupt des größten Tieres, das je auf einem dieser Tafelberge gesehen wurde. Aber wo Berglöwen vorkommen, da muß es auch Beutetiere für sie geben. Davon ist, außer kleinen Säugern wie Mäusen, Ratten und Opossums, bisher keine Spur. Neue Rätsel...

Ein paar Monate später gelingt es drei jungen Wissenschaftlern von Terramar, auf dem Auyan-Tepui in einem sehr schwierigen Fußmarsch bis ins Tal Shangri La vorzudringen. Auf einer ausgetrockneten Schlammfläche sehen sie merkwürdige Spuren einer großen Kreatur: die Abdrücke dreizehiger Füße. Die aber kennt man bisher nur als steinerne Abdrücke von aufrecht auf den Hinterbeinen laufenden großen Reptilien längst vergangenen Erdzeitalter, sowie vom heutigen Tapir.

Als ich Armando später in Caracas darauf anspreche, sagt er: „Die Entdeckung eines Tapirs – eines Tieres, dessen Lebensraum die Wälder und Flüsse des Tieflandes sind – auf einem Tepui wäre genauso sensationell wie die Entdeckung eines Sauriers."

Bis heute hat niemand das Lebewesen, das die rätselhaften Spuren hinterließ, zu Gesicht bekommen. Schon wieder plane ich eine neue Expedition.

Das Geheimnis der

Eine grüne, animalisch gefräßige Welt überraschte die Botaniker auf den Höhen der Inselberge. In dieser Regenwüste sind alle Nährstoffe fortgewaschen. So mußten hier Pflanzen zu Fleischfressern werden. Im Kampf um das Überleben unter Konkurrenten haben sie vielfältig raffinierte Formen und Methoden entwickelt, um ihre Beute zu fangen und zu verdauen. Der Biochemiker Fabian Michelangeli, international renommierter Spezialist für Carnivoren, beschreibt hier selbst, was er in jahrelanger Arbeit in der Wildnis und in Laboratorien herausgefunden hat

Sonnenamphoren

Der Schlund einer
Sonnenamphore ist innen
so glatt, daß hinein-
gefallene Insekten
normalerweise nicht
wieder entkommen
können. Unbekannt sind
die Anpassungen
dieses Käfers, der es
anscheinend versteht,
diese Falle als
Lebensraum zu nutzen

Die schlanken Vasen der Sonnenamphoren, die sich häufig paarig gegenüberstehen, sind umgewandelte Blätter. Ihre Ränder biegen sich zusammen und verwachsen mit einer Naht. Die Auswüchse am Rand der Kelche locken durch Farbe und Nektar Insekten an — eine tödliche Verführung

Eine Savanne fleischfressender Pflanzen auf dem Aracamuni-Tepui. Diese Brocchinien aus der Familie der Ananasgewächse haben ihre Blätter zu Röhren aufgerollt, in denen sie Wasser und Insekten sammeln

In gebührender Höhe schwebt unser Hubschrauber über dem Tepui ein. In dem Maße, wie wir uns nähern, fängt die einförmige Fläche unter uns an, sich zu verändern: Höhenunterschiede werden sichtbar, kleine Türme, Schluchten, gelbgesprenkelte Flecken, offensichtlich fast ohne Vegetation, andere grüne, die Wälder sein könnten, wilde Bäche, große Felsplatten. Der Widerschein unzähliger kleiner Pfützen auf dem schwarzen Gestein erweckt in mir die Vision einer Sternennacht im Erdinnern.

Heute scheinen alle Tepuis wie Inseln im Nebel zu schwimmen, der wie ein Mantel den Wald tief unten bedeckt — unbekannte Inseln, deren senkrechte Wände sie Jahrmillionen hindurch von dem Leben drumherum abgesondert haben, isoliert auch von menschlicher Geschichte und Erforschung.

Schließlich landen wir auf einer Savanne, die wie betupft ist mit sprossenden Felsen, in einer Art Amphitheater aus Massen von Steintürmen, Skulpturen wie von Sauriern und menschenähnlichen Kriegern. Es sieht aus, als ob unbekanntes Leben, vor Millionen von Jahren, zu Stein geworden wäre. Alles, was wir sehen, ist fremdartig, sogar die Pflanzen: ihre Formen, Farben und Blüten.

Dicke Wolken ziehen auf und es beginnt zu gießen. Stunde um Stunde sind alle Schleusen des Himmels geöffnet. Die Savanne saugt sich wie ein Schwamm voll mit Wasser. In rasendem Lauf scheint alles Wasser, das in der Savanne zwischen Felsen und in Wäldern stand, vor dieser Sintflut zu fliehen, um nicht selbst darin zu ertrinken. Es fließt in Talsohlen und Spalten, in Rinnen und Bachbetten hin, sammelt sich zu reißenden Strudeln, die am Rand der Hochfläche mit Kaskaden hinabstürzen ins Leere. Ein unbarmherziger Sturm biegt den letzten Grashalm auf der Savanne zu Boden; Bäume gedeihen deshalb nur im Schutz von Steinlabyrinthen und Senken.

Allmählich läßt das Unwetter nach und weicht totaler Stille. Kein Laut ist jetzt mehr zu hören, keine Bewegung zu erspähen. Der Nebel hat auch die Farben gelöscht; es ist wie am Beginn der Welt, als noch nichts war.

Später, fast unmerklich, lichtet sich der Nebel, und die sengende Sonne brennt nieder auf alles und jedes. Binnen weniger Minuten — nach der intensiven Nässe und Kälte — fühlen wir uns in die Hitze und Trockenheit einer Wüste versetzt. Nur Stunden nach dem Regensturm und den spektakulären Sturzbächen hat alles Wasser wieder seinen Lauf gefunden und den Tepui verlassen, um den großen Waldflüssen des Orinoko-Beckens zuzustreben. Dieser über Leben und Tod entscheidende Kreislauf von Wind und Regen, Sonne und Nebel wiederholt sich jeden Tag, schon seit Jahrmillionen. Nur die Blüten und das auf- und abschwellende Rauschen des Baches zeigen, daß die Zeit vergeht.

Bisher haben wir noch nichts von größeren Tieren bemerkt, aber eine Frage beschäftigt uns sofort: Wie ist es möglich, daß so seltsame und besondere Pflanzen, die wir hier finden, in solch einem rauhen Klima entstanden sind und existieren können? Die Wissenschaft fängt gerade erst an, die Geheimnisse dieser letzten weißen Flecken auf der Erde aufzudecken, aber dabei tauchen immer weitere, neue Fragen auf.

Unten am Fuße der Tepuis, in der grünen Welt der Wälder, gewinnen die Pflanzen ihre Lebenskraft von der Sonne, dem Kohlendioxid der Luft, dem Wasser und den Mineralien aus dem Boden. Aber hier oben gibt es keinen wirklichen Humus — es gibt nur Silikatsand und eine Art Torfanhäufungen in den Senken, äußerst arm an Mineralien. Die Sturzfluten des Regens spülen die Nähr-

stoffe, die sich aus der Zersetzung von Moor und Stein bilden, umgehend fort. Und wenn der Regen aufhört, beginnt alles fast augenblicklich auszutrocknen. Lediglich in einigen größeren Senken und Spalten kann sich die Feuchtigkeit länger halten. Hier also besteht eine Überlebenschance für Pflanzen — wenn sie auch zeitweise fast ertrinken in der Überschwemmung und dann fast vertrocknen wegen der starken Sonnenstrahlung. Wenn dem aber so ist — woher nehmen die Pflanzen dann ihre Nährstoffe?

Erst unlängst, als Ökologen die Vegetation der Tepuis zu untersuchen begannen, sind alle diese Fragen aufgetaucht — sie zu beantworten, wird es noch viel Zeit und Forschungseinsatz brauchen.

Zunächst fällt auf, daß viele Pflanzen merkwürdig anmutende Blätter entwickeln; einige schwitzen auf ihrer Oberfläche glänzendes Wachs aus, andere reflektieren die Strahlung auf besondere Weise — alles, um extremen Wasserverlust durch Verdunstung zu verhindern. Andere Anpassungen zu dem gleichen Zweck sind lederne oder besonders harte Blätter. Damit gewinnen die Pflanzen ein ganz ähnliches Aussehen wie die in Trockengebieten.

In der regengepeitschten Felswüste auf den höchsten Kuppen des Auyan-Tepui können sich nur noch Oasen aus Flechten und fleischfressenden Brocchinien behaupten

Zwischen Steinen entdecke ich eine Ansammlung auffallend roter Rosettenpflänzchen. Die Blätter tragen auf ihrer Oberseite Auswüchse ähnlich Fühlern; auf ihren Spitzen blitzen kleine Tropfen wie Diamanten in der Sonne. Wenn man sie berührt, bleiben sie als dicklicher Schleim an den Fingern kleben. Eine Ameise, die – vielleicht vom roten Glanz oder einem Duft angezogen – auf das Blatt klettert und über einen der Fühler stolpert, gerät mit der klebrigen Masse in Berührung und strampelt, um loszukommen; aber dadurch gerät sie erst recht in Kontakt mit immer mehr Tentakeln, die sich über dem Tierkörper schließen. Das Blatt selbst rollt sich zusammen, und nach wenigen Minuten ist die Ameise leblos. Nach einigen Tagen wird nur noch die leere Chitinhülle des Insekts übrig sein: Die Pflanze hat den Körper verdaut. Diese insektenfressende Pflanze ist eine *Drosera*, ein Sonnentau, und von ihrer Sorte gibt es auffallend viele auf den Tepuis.

Fleischfressende Pflanzen der tropischen Wälder waren, besonders im 19. Jahrhundert, Anlaß zu vielen phantastischen, zum Teil makabren Geschichten. Warum jedoch wurde von der Natur solch eine „List" entwickelt, die zumindest sehr ungewöhnlich in der Nahrungskette ist?

Im allgemeinen ist die Pflanze selbst eine leichte, passive Beute; deshalb kommt uns eine Pflanze, die sich von Tieren ernährt, zumindest ungewöhnlich vor. Aber gerade hier hat die unerschöpfliche Intelligenz der Natur Anpassungen geschaffen, so komplex und erstaunlich, daß man nur von einem Virtuosenstück der Entwicklung sprechen kann.

Mit seiner Farbe und Nektar vortäuschenden Lichtreflexen lockt der Sonnentau auf den Tepuis Insekten an und fängt sie mit einem klebrigen Sekret an seinen Tentakeln

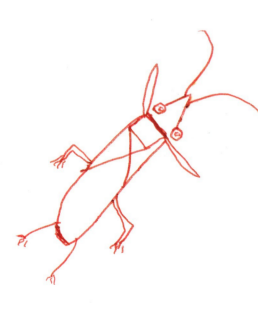

Der Biochemiker Fabian Michelangeli hat sich auf die Erforschung der fleischfressenden Pflanzen spezialisiert. Die verschiedenen Arten stehen eng beieinander, vermeiden jedoch die Konkurrenz durch besondere Fangmethoden. Deshalb unterscheiden sich auch ihre Formen stark voneinander

Einig sind sich die Wissenschaftler jedenfalls darüber, was eine fleischfressende Pflanze ist. Eine solche „Carnivore" muß über unverwechselbare Anpassungen verfügen, um sich so ernähren zu können: Sie muß ein Mittel zum Anlocken der Beute haben, muß passive oder aktive Fanggeräte besitzen sowie Einrichtungen, um die Beute zu verdauen und die Nährstoffe daraus aufzunehmen. Und zwar müssen alle diese Eigenschaften zusammen vorhanden sein, um eine Pflanze als wirklich fleischfressend zu bezeichnen; einzelne Eigenschaften dieser Art gibt es bei vielen Pflanzen, etwa Einrichtungen, Tiere anzulocken.

Es scheint, als ob die Klima- und Bodenverhältnisse der Tepuis geradezu ideal für die Entwicklung von Carnivoren sind; von den 18 bisher in der Welt bekannten Gattungen finden sich 5 auf den Tepuis: *Drosera*, *Utricularia*, *Genlisea*, *Brocchinia* und *Heliamphora*. Von diesen sind *Brocchinia* und *Heliamphora* sogar endemisch — es gibt sie also nur auf den Tepuis und zu ihren Füßen in der Gran Sabana. *Drosera* und *Utricularia* sind weit verbreitet, gewissermaßen Kosmopoliten. Von den 90 bekannten *Drosera*-Arten finden sich mehr als ein Dutzend auf den Tepuis, und von den 280 *Utricularia*-Arten sind es mindestens 50. Und zwar kommen sie nicht nur vereinzelt vor, sondern sehr häufig. In den weiten Savannen auf den Tepuis stellen die fleischfressenden Pflanzen die höchste Anzahl botanischer Individuen.

In den Savannen des Auyan und anderer Tepuis und in der Gran Sabana ist die *Brocchinia reducta* eine der am meisten ins Auge fallenden Pflanzen. Sie wächst am Boden und gehört zu den Bromelien, also zur Familie der Ananasgewächse. Ihre gelbgrüne Blattrosette steht fast senkrecht und bildet röhrenförmige Behälter zum Auffangen des Regenwassers. Innen sind diese Blattröhren mit einem Wachsüberzug verkleidet; auf der Außenseite dagegen fehlen die winzigen Wachsschüppchen fast ganz, so daß eine Ameise leicht daran hochkrabbeln kann.

Immer wieder beobachte ich, wie ein solches Insekt am Blattrand oben entlangkriecht, aber bald das Gleichgewicht verliert, an die Innenseite gerät, sofort abrutscht und hineinfällt. Alles Strampeln mit den sonst so geschickten Beinchen taugt nicht dazu, auf der Wachsschicht Fuß zu fassen; die Ameise ertrinkt.

In Felduntersuchungen stellte Professor Th. Givnish von der Harvard-Universität fest, daß selbst Ameisen, die ohne weiteres aus einem Wasserglas herauszukriechen vermögen, nicht an der Innenseite der Blätter hochkommen.

Beim Öffnen einer der ungefähr 30 Zentimeter hohen Röhren finden wir Hunderte von toten Insekten, meist Ameisen, in unterschiedlichem Verwesungszustand; die unterste Schicht ist schon völlig zersetzt und nicht mehr zu identifizieren. In einigen Pflanzen sehen wir Schmetterlinge oder Reste von ihnen, sowie bis zu 10 Zentimeter lange Heuschrecken.

Im Innern der Röhrenblätter befinden sich Spezialeinrichtungen zur Aufnahme der Nährstoffe: Drüsenhaare in großer Zahl. Aber *Brocchinia reducta* besitzt keine Drüsen zur Absonderung von Verdauungsenzymen; man nimmt deshalb an, daß Bakterien in der Flüssigkeit die Beute verdauen — gewissermaßen in einer Art Freßgemeinschaft mit der Pflanze.

Ob diese Eigenschaften bereits ausreichen, diese Art zu den Carnivoren zu rechnen, muß aber noch weiteren Untersuchungen vorbehalten bleiben.

Auf dem Aracamuni-Tepui haben wir — Miguel Acevedo, Klaus Jaffe und ich — Gelegenheit, die *Brocchinia hechtioides* zu untersuchen, die mit der *B. reducta* nahe verwandt ist, sowohl morphologisch wie auch in Habitat und Standort. Dabei gelingt uns die Entdeckung, daß *B. hechtioides* einige ihrer Wurzeln in den eigenen, mit verwesenden Insekten gefüllten Wasserkrug wachsen läßt und so Nutzen daraus zieht.

Wahrscheinlich sind diese beiden Bromelien die am wenigsten spezialisierten fleischfressenden Pflanzen der Tepuis — und die einzigen Kannenpflanzen, bei denen nur zwei von 18 Arten der Gattung Carnivorie betreiben.

Noch faszinierender als diese Bromelien ist für mich die *Utricularia*, die im feuchten Element, in Pfützen und an Bachufern lebt. Überrascht entdecken wir, daß

Wie eine zugreifende Klaue sprießt eine junge *Heliamphora tatei* aus dem Moorboden

Utricularien sogar die Kannen anderer Carnivoren besiedeln. Manchmal ist es eine *Brocchinia*, manchmal sogar eine *Heliamphora*, die „bewohnt" wird. Die Blüten der tropischen Utricularien zeigen intensive, oft fast unheimlich irisierende Farben – blau, violett, rosa und weiß –, und sie sind, verglichen mit dem dürftigen Vegetationskörper, erstaunlich groß. Oft besteht die ganze Pflanze nur aus Stengel und Blüte und den im Wasser flutenden wurzelförmigen Organen. Manchmal werden auch Blätter gebildet; sie unterstützen die fleischliche Ernährung der Pflanze durch redliche Assimilation.

Die Carnivorie ist bei *Utricularia* auf eine Weise organisiert, die uns Bewunderung für die phantasievolle Schöpfungskraft der Natur einflößt. In Wirklichkeit sind die ins Wasser versenkten Organe keine Wurzeln, sondern umgebildete Blätter. An feinen Fasern entwickeln sich winzige Krüge, wohl die raffiniertesten Insektenfallen des Pflanzenreiches. Diese Fangblasen sind normalerweise durch eine Art Ventil fest verschlossen. Nahe der Öffnung ragt ein geißelartiges Organ hervor, es erinnert an die Angel eines Fischers. „Gefischt" werden winzige Wasserinsekten, etwa Mückenlarven, Wasserflöhe und Rädertierchen.

Berührt so ein Tier die Geißel, macht die Fangblase in Sekundenbruchteilen eine heftige Schluckbewegung, der Verschluß öffnet sich, und die Blase saugt die Beute mit dem Wasser in sich hinein. Es genügt eine einfache Lupe, um den Vorgang in freier Natur zu beobachten. Laboruntersuchungen gaben über den rätselhaften Organismus weiteren Aufschluß: Ei-

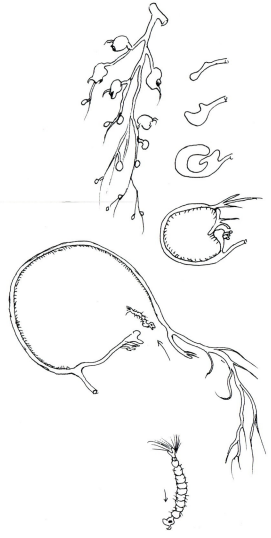

Die kaum millimetergroßen Bläschen an den wurzelförmigen Organen der *Utricularia* sind spezialisierte Blätter. Sie saugen im Grundwasser vorbeischwimmende Mikroorganismen in sich hinein und setzen sie zu Nährstoffen um

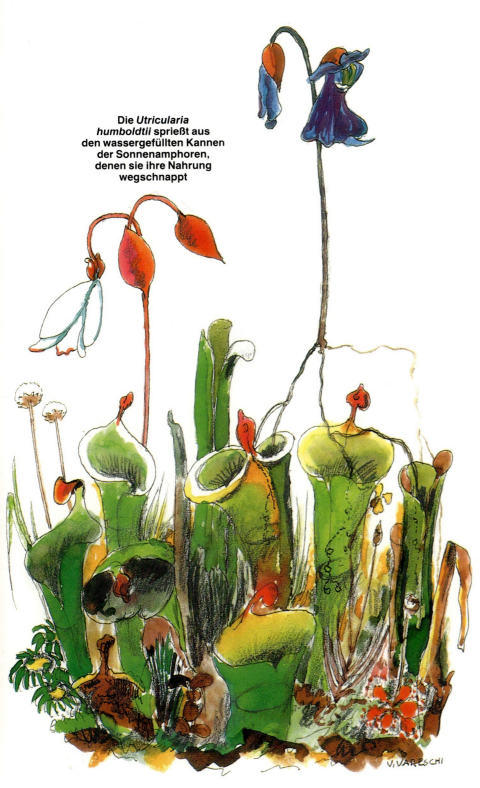

Die *Utricularia humboldtii* sprießt aus den wassergefüllten Kannen der Sonnenamphoren, denen sie ihre Nahrung wegschnappt

nerseits bewirken osmotische Spannungen die Bereitschaft der Fangblase zum „Schlucken"; andererseits kommt als Auslöser ein elektrischer Vorgang hinzu, dessen Stromstärke in der Größenordnung von einem Hundertstel Millivolt gemessen wurde. Dabei wirken die Zellen der Kannenwand wie ein elektrischer Spannungsbogen, die Zellen an der gereizten „Angel" bewirken den „Kurzschluß". Man kann den Fangmechanismus auch dadurch auslösen, daß man die Fangkrüge mit einer Nadel reizt; dann schwillt die zuvor noch winzige schmale Blase ebenfalls auf das Dreifache ihres Volumens an. Die verschluckten Tierchen — das ist bei den durchsichtigen Wänden der Blase deutlich zu sehen — zukken noch eine Weile, bald jedoch erliegen sie organischen Säuren und Enzymen; sie werden verdaut und tragen zum Aufbau der — etwa bei *Utricularia humboldtii* bis zu fünf Zentimeter großen — Blüte bei.

Die aufregendste Pflanze der Tepuis ist für mich die *Heliamphora*, die Sonnenamphore. Die Polster ihrer Fangkannen wachsen auf Felsfluren und in Sümpfen. An langen Stielen hängen die von tief-roten Kelchblättern umschlossenen Knospen über den Kannen, aus denen sich leuchtend weiße Blüten öffnen. Das Besondere ist, daß sie nur an den Hängen und auf den Tepuis selbst vorkommen. Robert Schomburgk hat sie 1841 zum erstenmal gesammelt. Der weltweit größte Kenner der Tepui-Flora, Julian Steyermark, hat in jüngster Zeit mehrere Arten exakt beschrieben, zum Beispiel *H. nutans*, *H. minor*, *H. tatei*, *H. heterodoxa* und *H. ionasii*.

Wenn man so eine Kanne näher betrachtet, wird deutlich, daß es sich um ein umgewandeltes Blatt handelt: Die Ränder biegen sich zusammen und verwachsen mit einer noch sichtbaren „Naht" zu einem Krug, der unten kegelförmig endet. An der Spitze der Blattrippe hat sich eine Art Verlängerung entwickelt, die aussieht wie ein kleiner dicker Löffel, welcher sich ein wenig über die Kannenöffnung neigt. Meistens ist dieses Gebilde von einem intensiven Rot und besitzt an seiner Innenseite zahlreiche Drüsen, die Nektar produzieren – süß und von angenehmem Duft, der Insekten anlockt. Die ganze Kanne ist mit Haaren bedeckt, von denen die an der Außenwand kurz und weich sind wie Samt. Insekten, angezogen von Farbe und Duft des Nektars, können leicht daran hochkrabbeln. Die Haare im Inneren dagegen sind hart, lang, glatt und nach unten gerichtet, so daß die Insekten daran hinabgleiten wie auf einer Rutschbahn und nicht wieder hinauskriechen können.

Da die Kannenfallen ja nur passiv wirken – also auf Beutetiere warten, die zufällig hineinfallen –, ist die Zahl der Opfer meist nicht sehr groß. Umso erstaunter sind wir, als wir auf dem Auyan und dem Aracamuni plötzlich einige Kannen mit mehr als 500 toten Ameisen pro Exemplar finden. Wir können uns das Phänomen nur so erklären, daß die Ameisen von einem Anführer zu der von ihm gefundenen Nektarquelle gelockt wurden und gleich reihenweise in die Krüge purzelten, eine dicht nach der andern!

Das Regenwasser füllt den Krug der Pflanze fast bis zur Rutschzone, das heißt, bis ungefähr einen Zentimeter unter den langen

Wie Mägen funktionieren die Kannen der *Heliamphora*. Bei dieser Art verhindert ein Kranz nach unten gerichteter stacheliger Haare, daß die Beute entkommt

Haaren. Erstaunlich dabei: Trotz der starken Regengüsse bleibt dieser Wasserstand immer gleich. Wir hören bald auf, uns darüber zu wundern, als wir entdecken, daß die „Naht" dicht über dem konstanten Wasserspiegel ein kleines Loch aufweist, durch das alles überschüssige Wasser abfließen kann – eine einfache, aber sehr effektive Lösung! Während der Trockenzeit sinkt der Wasserspiegel natürlich, und manchmal stehen die Kannen ganz leer da; dann ist Insektenfang kaum mehr möglich, denn an der trocknen Wand werden auch die Haare kümmerlich und bilden kein unüberwindliches Hindernis mehr.

Während einer Expedition auf den Marahuaka-Tepui können wir einen ganzen Monat hindurch die eindrucksvolle *Heliamphora tatei* studieren. Es hat wenig geregnet, und die Kannen sind jetzt nur zu einem Drittel gefüllt. Wir untersuchen eine Menge Pflanzen und müssen feststellen, daß die Anzahl der erbeuteten Insekten viel geringer ist als zwei Regenzeiten zuvor. Natürlich: In der Trockenzeit entwickeln sich auch weniger Insekten – aber das allein kann die Erklärung nicht sein.

Wir versuchen ein Experiment: Nachdem wir die Kannen verschiedener Pflanzen, über die ganze Savanne verstreut, sauber ausgeleert und ausgewaschen haben, füllen wir sie bis zum „Höchstwasserstand", Tag für Tag von neuem. Und wir untersuchen sie dann täglich auf ihre Beute. Das Ergebnis ist eindeutig: Schon vom ersten Tage an beginnen sie, Insekten zu fangen, sich also wieder als fleischfressende Pflanzen zu betätigen, während die andern Heliamphoren mit ihrem niedrigen Wasserstand notgedrungen Hungerleider bleiben.

Dasselbe Phänomen können wir zwei Jahre später auf der Aparaman-Tepuigruppe beobachten. Ich bin überwältigt von der Üppigkeit der *Heliamphora heterodoxa*, als wir auf dem Murosipan-Tepui landen. Da Uwe George meine Untersuchung der Pflanzen fotografisch festhalten will, machen wir uns sofort an die Arbeit – und finden zu seiner Enttäuschung fast keine toten Tiere in den nahezu ausgetrockneten Kannen.

Selbstverständlich denken wir daran, daß das Wasser – außer zum Beutefang – auch für die Pflanzen selbst von Nutzen sein kann, besonders als Feuchtigkeitsspeicher in der Trockenzeit. Um das zu messen, deckeln wir einige Kannen mit Plastikfolie zu, damit Verdunstung ausgeschlossen ist. Binnen 24 Stunden hat sich das Wasser um die Hälfte verringert, die Pflanze selbst also hat durch ihr Blatt so viel verbraucht und verdunstet – mehr, als wir erwarteten. Das geschieht zu unserem Erstaunen selbst dann, wenn

Eine Variante der *Heliamphora*: Nicht nur das Nektarblatt, sondern der ganze Kelch ist rot, um eine Blüte vorzutäuschen

die Pflanze im Sumpf wächst, also eigentlich durch die — wenn auch sehr kümmerlichen — Wurzeln genug Wasser bekommen müßte.

Als wir abends im Lager über die Kannen diskutieren, meint Professor Vareschi, das Wasser könne noch einen weiteren Nutzen haben, nämlich, die großen Temperaturschwankungen auf den Tepuis innerhalb der Pflanze auszugleichen. Schon am nächsten Morgen beginne ich, die Temperaturkurven des Tages außerhalb und innerhalb der Krüge aufzuzeichnen. Das Ergebnis: Die Außentemperatur schwankt im Laufe des Tages zwischen 14 und 28 Grad, das Wasser in der Kanne aber hält sich fast konstant zwischen 16 und 18 Grad.

Aber *Brocchinia* und *Heliamphora* zeigen noch mehr Merkwürdigkeiten auf. Sie sind nicht nur auf Fleischnahrung aus, sondern spielen auch eine Rolle im Ökosystem der Tepuis, unterhalten also enge Beziehungen zu anderen Lebewesen. Erstaunlicherweise gibt es Insekten, die nicht in den Kannen umkommen, sondern sogar darin leben können. So sehe ich mehrmals einen bestimmten Typ Ameisen, der ohne weiteres vom Nektar nascht und dann unbehelligt wieder aus der Kanne herauskrabbelt. Von den vielen Bienen, kleinen und größeren, interessieren sich zu unserer Überraschung keine für die süß duftende Futterstelle — wir wissen nicht, warum.

Das raffinierteste Verhalten aber legen gewisse Mücken an den Tag. Mit fabelhafter Präzision

Erst 1987 wurde auf dem Marahuaca-Tepui die mit fast zwei Metern Höhe größte fleischfressende Pflanze der Erde entdeckt: die *Heliamphora tatei* — und zugleich die größte Ansammlung fleischfressender Pflanzen überhaupt

1 Heliamphora tatei (Sarraceniaceae)
2 Brocchinia hechtioides (Bromeliaceae)
3 Thibaudia nutans (Ericaceae)
4 Marahuacaea spec. (Rapataceae)
5 Quelchia bracteata
6 Aphanocarpus steyermarkii (Rubiaceae)
7 Macairea cardonae (Melastomataceae)
8 Cottendorfia paludosa (Bromeliaceae)

senken sie sich wie ein Hubschrauber im Krug bis zur Wasseroberfläche hinab, um nach einiger Zeit mit derselben souveränen Geschicklichkeit wieder hinauf- und hinauszufliegen. Sie versenken ihre Eier in das nährstoffreiche Wasser der Kannen, ideal für die Entwicklung ihrer Larven. Die Gattungen *Nyeomyia* und *Runchomyia* legen ihre Eier ausschließlich in den Kannen ab – weder in Pfützen noch Sümpfen finden wir je ihre Larven. Und die Tierchen gedeihen unbehelligt und prächtig im Carnivorentank; wir können sie massenweise munter darin herumschwimmen sehen. Ob sie nun lediglich von den Nahrungsstoffen der Pflanzen zehren oder auch ihrerseits den Wirten nützlich sind, wissen wir nicht.

Ein andermal entdecken wir in einigen Kannen über der Wasserfläche Spinnennetze. Die Spinne selbst hat sich am Rand einen Unterschlupf gebaut. Hier lauert sie auf hereinfallende und hineinfliegende Insekten, die sie der Pflanze gleichsam vor der Nase wegschnappt.

Um die ihnen verbleibende Beute zu assimilieren, brauchen alle fleischfressenden Pflanzen Enzyme und Fermente, welche die komplizierten Eiweißstoffe zu einfacheren Strukturen aufspalten, die leicht absorbiert werden können. Es gibt besondere Drüsenzellen, die diese Verdauungshelfer herstellen. Und es gibt Bakterien, die dabei mithelfen. Solche organischen Verdauungssubstanzen wurden bereits weltweit untersucht; ob freilich alle Resultate der Arbeiten auch für unsere Tepui-Flora gelten, bleibt offen. Klaus Jaffe und ich haben jedenfalls an *Drosera roraimae* festgestellt, daß die Fangblätter Proteasen ausscheiden – winzige Mengen im Ruhestadium, erhebliche jedoch, wenn sie durch hängenbleibende Insekten gereizt werden und sich einrollen. Der Reizstoff – soviel weiß man – ist die von den sterbenden Insekten ausgeschiedene Harnsäure.

Die Strukturen und Funktionsweisen der Zellen, welche diese

Verdauungsvorgänge einleiten, sind praktisch genau dieselben, die wir von der Bauchspeicheldrüse und den Magendrüsen der Tiere kennen. Dieses Wunder übereinstimmender Anpassung bei Pflanzen und Tieren hat schon Darwin vermutet – bewiesen ist es erst durch moderne chemische und elektronenmikroskopische Untersuchungen.

Dabei zeigt sich, daß verschiedene Gattungen und Arten von Carnivoren unterschiedliche Verfahren anwenden. Unser Beitrag zu diesem unter Fachleuten noch immer strittigen Thema ist die Feststellung, daß bereits in den noch geschlossenen Krügen der *Heliamphora* Verdauungssäfte produziert werden. Bei unseren chemischen Analysen des Kanneninhalts der *Heliamphora* vom Huachamakari-Tepui konnten wir

Was für andere tödlich ist, erhält sie am Leben: Eine Spinne hat sich darauf spezialisiert, im Inneren der Kannen ihr Netz zu ziehen und den Heliamphoren damit ihre Beute wegzufangen

nachweisen, daß die Verdauungskraft in den jungen, noch geschlossenen Blattfallen sogar am stärksten ist, also lange vor der Öffnung zur Umwelt. Freilich – ist die Kanne einmal offen, dann verdünnt jeder Regenguß die Verdauungssäfte. Beim jungen, gerade geöffneten Blatt beginnt auch sofort die Nektarproduktion, aber der Fangerfolg bleibt zunächst gering. Erst beim reifen Blatt kommt es zu verstärkter Enzymausscheidung, zum Maximum an Nektarproduktion und optischer Auffälligkeit. Hat eine Kanne dann ihre Schuldigkeit getan, schrumpft sie zusammen, wird braun und unansehnlich, bleibt aber noch ziemlich lange Teil des Pflanzenpolsters.

Unsere Feststellung der Enzymproduktion schon vor dem Öffnen der Kanne widerlegt einige Forscher, die glauben, daß die im Wasser vorgefundenen Enzyme nicht von der Pflanze selbst, sondern von Bakterien erzeugt werden – jedenfalls gilt unser Beweis für *Heliamphora*.

Schließlich sind weitere Zellengruppen bei Carnivoren damit befaßt, die zersetzten Stoffe zu absorbieren. Dieser Vorgang ist durchaus selektiv: Besondere Gewebeteile nehmen die bekömmlichsten Zersetzungsprodukte der Tiere auf, während sie die Ballaststoffe – etwa das Chitin der Insekten – abstoßen. Die Absorption selbst ist ein Vorgang, der Energie verbraucht und wird von hochspezialisierten Sonderzellen geleistet.

Wie wir selbst während dieser Expeditionen am eigenen Leibe oft genug erleben, herrscht oben auf den Tafelbergen an Sonneneinstrahlung und Wasser kein Mangel. Die Assimilation der Kohlensäure und die den Stofftransport sichernde Transpiration könnten also das ganze Jahr hindurch reibungslos ablaufen. Diese günstigen Bedingungen haben allerdings auch ihre Schattenseiten: Statt eine bekömmliche Konstante einzuhalten, wechselt ein Übermaß an Sonneneinstrahlung mit recht kalten Nächten sowie wochenlangem Nebel als einziger Wasserversorgung; dazu kommt Sturzregen. Wie die Kannenpflanzen in besonderem Maße geeignet sind, mit diesen klimatischen Problemen fertigzuwerden, sahen wir bereits.

Der Hauptgrund dafür, daß sich auf den Tepuis fleischfressende Pflanzen entwickelten – vor allem in derart auffallender Arten- und Individuenzahl wie sonst nirgends auf unserem Planeten –, liegt in der Nährstoffarmut der Böden. Was die ersten pflanzlichen Pioniere vorfinden, sind jene dürftigen Silikatsande, die durch die Verwitterung der Felsen anfallen. Und was die Pioniere ihrerseits zur Bodenbildung beitragen, ist nur ein kaum fruchtbarer Rohhumus, der Nährstoff-Ionen nicht festhalten kann, um sie den Wurzeln der folgenden Pflanzengenerationen anzubieten. Wichtige Stoffe – etwa Nitrate, Magnesium, Kalium und Phosphor – sind und bleiben, vom ersten Vegetationsanflug bis zur endgültigen Klimaxvegetation, Mangelware. Unter diesen besonderen Umständen hat die Evolution mit der Carnivorie wirklich die *ultimo ratio* des Überlebens geschaffen.

Das geologische Alter der Formation – 1700 Millionen Jahre – und die Isolation, die aus jedem Hochplateau eine weltferne Insel machen, erklären die Häufigkeit der fleischfressenden Pflanzen auf den Tepuis: Da sind die absolut endemischen und artenreichen Gattungen *Brocchinia* und *Heliamphora*, da ist die Gattung *Drosera*, mit zwölf teils ebenfalls endemischen Arten, und die Wasserschlauchgewächse (*Utriculariae*) erreichen sogar die Zahl von 50 Arten – im Verhältnis zur Fläche, die für diesen Entwicklungsboom zur Verfügung stand, absoluter Weltrekord. Nur Australien verfügt über noch mehr *Utricularia*-Arten – kann aber nicht verglichen werden, weil der geographische Raum dort gleich größer ist.

Sicher ist, daß die Artenbildung der Carnivoren auf unseren Tepuis noch immer im Gange ist. Das sieht man auch daran, daß selbst so ausgepichte Taxonomen wie Steyermark immer wieder vor der großen Schwierigkeit stehen, die Abweichungen der Arten in das Prokustesbett ihrer Systematik zu zwingen.

Viele fleischfressende Pflanzen anderer Länder – etwa *Sarracenia* und *Darlingtonia* in Nordamerika oder *Nepenthes* und *Cephalotus* in Australien und Melanesien – haben ähnliche krugförmige Insektenfallen ausgebildet wie unsere *Brocchinia* und *Heliamphora*: Es ist schon ein ganz besonderer Fall der Schöpfung, wie sich durch gleiche Umweltbedingungen so spezialisierte Pflanzen an Standorten entwickelt haben, die Weltmeere weit auseinanderliegen. Und auch durch Weltzeiten getrennt?

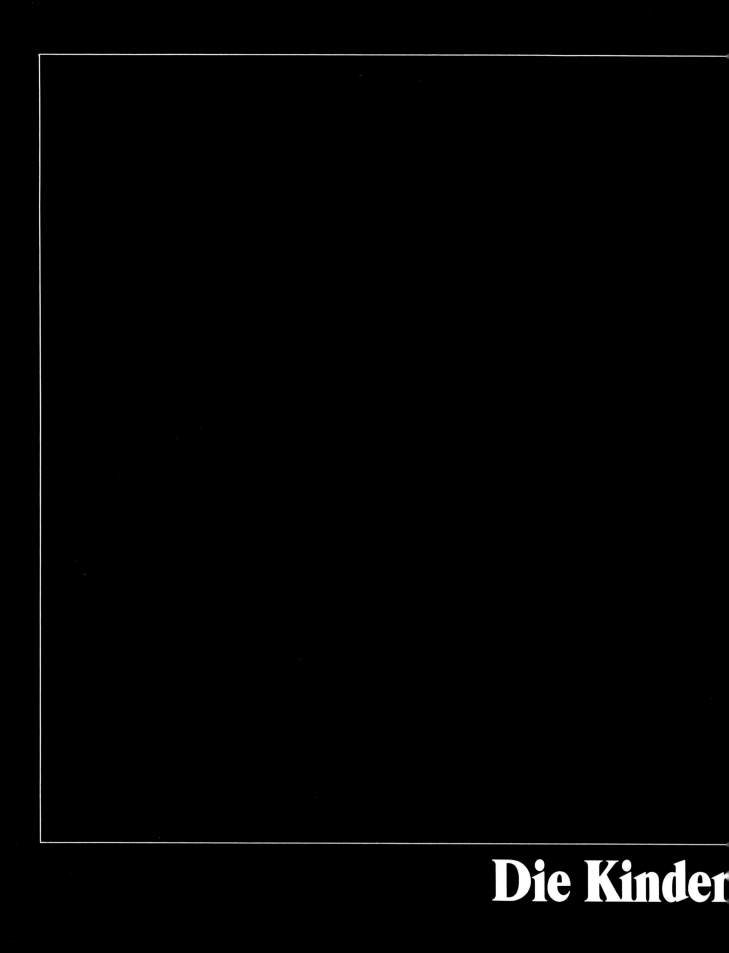

Der schier endlose tropische Regenwald im Herzen des südamerikanischen Kontinents ist die Heimat indianischer Jäger und Sammler. Auf faszinierende Weise stehen ihr Leben und ihr Schicksal im Einklang mit der Natur. Nach dem Mythos der Yanomami pulsierte in den Adern der ersten Menschen lediglich ein Gemisch gefärbten Wassers. Kraftlos starben sie wie die Fliegen. Doch dann beschossen sie den Mond, der voll war von lebenserhaltendem Blut. Die herabfallenden Tropfen drangen in ihre Körper und machten sie stark – zu „Kindern des Mondes". Dagegen bildet beim Volk der Makiritare den Kern der Schöpfungsgeschichte die Entstehung der Tepuis

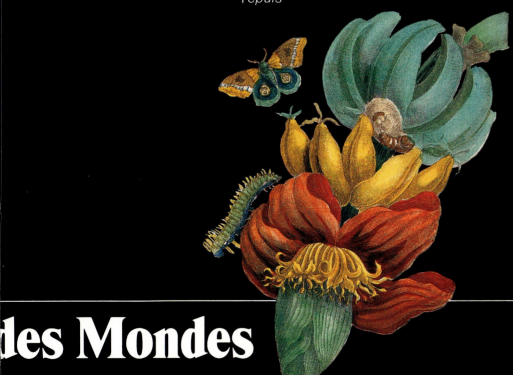

des Mondes

Die schwarze Bemalung ist das Zeichen des Kriegers. Die Yanomami nennen sich selbst „das grimmige Volk". Nicht einmal Blutsverwandtschaft hindert sie am ständigen Kampf gegeneinander, der fast immer um Raum zum Überleben geht

Yanomami-Krieger tanzen, ihre Bögen sowie meterlange Pfeile und Äxte schwingend, in einem Dorf, gegen das sie jahrelang Krieg geführt haben. Jetzt sind sie zu einem Friedensfest gekommen

228

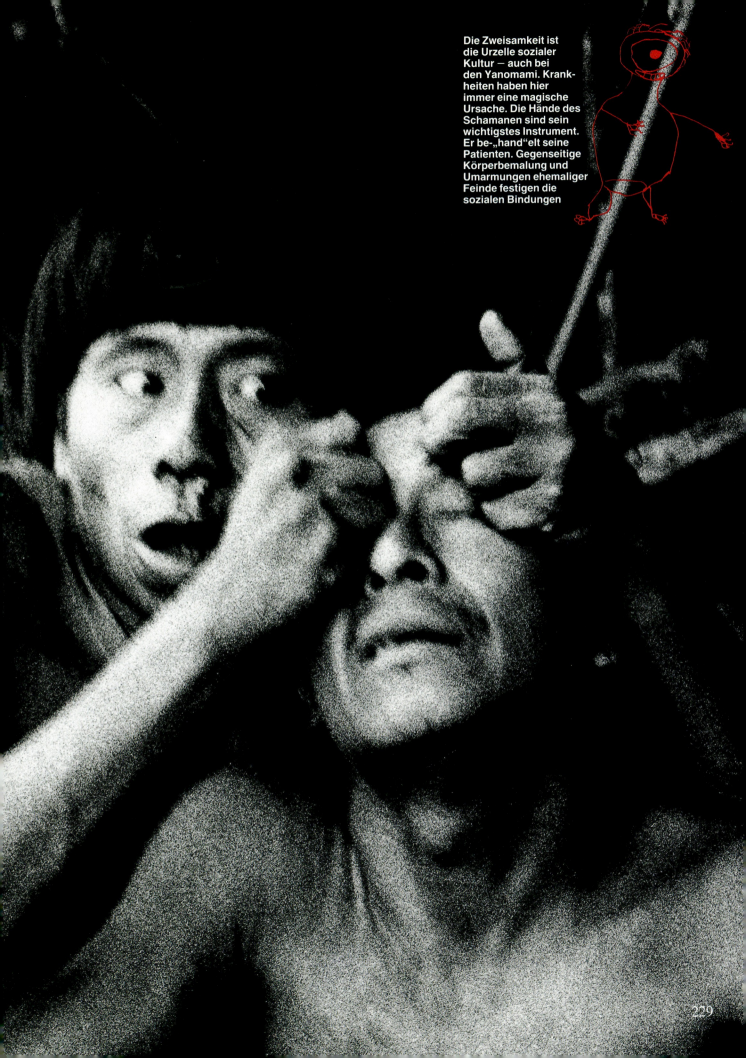

Die Zweisamkeit ist die Urzelle sozialer Kultur — auch bei den Yanomami. Krankheiten haben hier immer eine magische Ursache. Die Hände des Schamanen sind sein wichtigstes Instrument. Er be-„hand"elt seine Patienten. Gegenseitige Körperbemalung und Umarmungen ehemaliger Feinde festigen die sozialen Bindungen

Ursprung der Schönheit: Das Mädchen Urasini hat auf die in seine Mundwinkel gebohrten Zierstäbchen Blüten wilder Lilien gesteckt, um den Ausdruck des Gesichtes zu steigern

Auf dem Weg zur Ernte. Um an die Früchte der Rascha-Palme zu gelangen, deren Stamm dicht mit langen Stacheln gespickt ist, benutzen die Männer zwei überkreuzte Stangenpaare mit Lianenschleifen, die sie abwechselnd hochschieben und verkanten

Der Knabe hat im Wald für seinen Vater einen riesigen Käfer gefangen, der in der Mythologie große Bedeutung hat.
Der böse Geist eines Verstorbenen wird zum Freund, wenn die nächsten Angehörigen seine Asche, in Bananenbrei verrührt, vor dem ganzen Dorf verzehren.
Schwangere unterliegen strengen Tabus vor allem in der Ernährung

Der Einsiedler Alexander Laime hatte mir erzählt, er habe in einer Höhle im Inneren des Auyan-Tepui einen großen polierten Steintisch gesehen, der nur von Menschenhand erschaffen sein könne. Am Morgen tauchten ihn die Strahlen der Sonne vom Eingang der Höhle in ein goldenes Licht. Laime hält den Ort geheim. Er will allein sein, wenn er die Höhle einmal im Jahr aufsucht, um zu meditieren.

Seinen Bericht nimmt niemand so richtig ernst. Doch insgeheim beschäftigt er alle, die davon erfahren. Denn nichts scheint auf den Tepuis unmöglich zu sein. Aber so sehr ich auch suche bei meinen Wanderungen durch die natürlichen Felsenstädte auf den Tepuis – ich entdecke nie die Spur früherer menschlicher Wesen. Straßen, Tempel, Häuser und Fassaden erweisen sich stets als das Produkt von Erosion über Jahrmillionen. Bis heute wurde auf keinem der Tafelberge ein archäologisches Zeugnis menschlicher Existenz entdeckt.

Die Indianer aus dem Umland der Tepuis sind nie hinaufgestiegen. Die Berge sind ja Wohnstatt ihrer Götter und einer Vielzahl übernatürlicher Wesen. Erst seit kurzem wagen sich die Ureinwohner als Träger weißer Forscher und Abenteurer auf die wenigen Tafelberge, die überhaupt zugänglich sind. Oben kauern sie sich – wie ich es oft beobachte – ängstlich in Höhlen zusammen und achten darauf, daß das Feuer während der Nacht auf keinen Fall erlöscht. Dabei erzählen sie sich, flüsternd, Geschichten über die Geister des Berges – so läßt es sich wenigstens aus ihrem Tonfall entnehmen.

Das Volk der Makiritare lebt hier nach seinen Überlieferungen schon immer – im westlichen Teil des Hochlandes von Guayana, im Einzugsbereich der Flüsse Caura, Ventuari, Kunuma, Iguapo und Podamo, die alle in den Orinoko münden. Aus dem jungfräulichen tropischen Regenwald ihrer Heimat erhebt sich ein ausgedehnter Archipel Dutzender von Tepuis. Einige von ihnen, vor allem der Huachama-Kari und der Marahuaka, gelten als die Tepuis schlechthin. Sie haben allseits steile, makellose Wände aus herrlichem, rosafarbenen Sandstein, und von ihrer Höhe stürzen die höchsten Wasserfälle der Erde herab. Dank der Entlegenheit ihrer Heimat und ihrem Selbstbewußtsein konnten die Makiritare bis heute ihre Kultur weitgehend bewahren.

Den Namen Makiritare hat sich das Volk nicht selbst gegeben. Er entstand im Jahre 1759, als Urumanavi-Indianer vom Rio Atabapo zum erstenmal Spanier zu dem Stamm führten. Die Urumanavi sprechen Arawak, und dieser Sprache entstammt die Bezeichnung Makiritare, die bis heute in Venezuela gebräuchlich ist.

Die vier Gruppen der Makiritare nennen sich selber, wie auch ihre Sprache, „So'to", und das meint: „Die wahren Menschen". Das Wort So'to bedeutet auch 20, und das ist die Anzahl der Finger und Zehen eines Menschen. Bis vor kurzem identifizierten sie „wahre Menschen" nicht an ihrem Aussehen, sondern an ihrer Sprache, denn feindlich gesinnte Geister konnten zwar listig in Menschengestalt erscheinen, nicht aber die Sprache imitieren. Alle nicht So'to sprechenden Stämme galten daher nicht als „wahre

**In der Tiefe der
Wälder Südvenezuelas
verborgen, leben immer noch
Gruppen ursprünglicher
Menschen. In ihrer Vorstellung
ist die Welt eine wald-
bewachsene Scheibe — leicht geneigt,
damit die Wasser des Orinoko
abfließen können**

Menschen", sondern als Feinde. Sie durften gejagt werden wie Tiere. Gefangene allerdings, die So'to lernten, konnten dadurch auch So'to werden. Die Makiritare haben jedoch traditionell gute Beziehungen zu den Indianergruppen am Fuße der Tepuis in der Gran Sabana im Osten, die alle zur großen Volksgruppe der Pemón gehören. Das Wort Pemón bedeutet soviel wie So'to.

1744 gelang es dem spanischen Jesuiten Manuel Ramon als erstem Weißen, die Atures- und Maipures-Stromschnellen im Mittellauf des Orinoko, an denen alle Konquistadoren bislang gescheitert waren, zu überwinden und in den damals riesigen weißen Flekken des oberen Orinoko-Beckens vorzustoßen. Ihm folgte bald eine große spanische Expedition mit dem Auftrag, das unerforschte Territorium in Augenschein zu nehmen und eine Grenze zur portugiesischen Kolonie Brasilien festzusetzen.

Die Makiritare sahen in den Spaniern zwei antagonistische Charaktere − eine helle Lichtgestalt und ein dunkles Wesen: Iaranavi und Fañuru.

Iaranavi wurde in ihren Legenden mit dem großen weißen Reiher gleichgesetzt, welcher das Licht verkörperte; er war gut, weise, reich und mächtig. Und er wurde nun auch Symbol für das glänzende Metall, aus dem die Waffen der Spanier bestanden: Aus ihnen schoß der plötzliche Tod heraus wie Donner und Blitz aus dem Gewitter. Fañuru hingegen war ein teuflischer Eroberer, der in das Land der Indianer einbrach, sie tötete oder versklavte. Er schreckte selbst davor nicht zurück, seine Opfer zu fressen. Diese Fabel wiederum ließ die

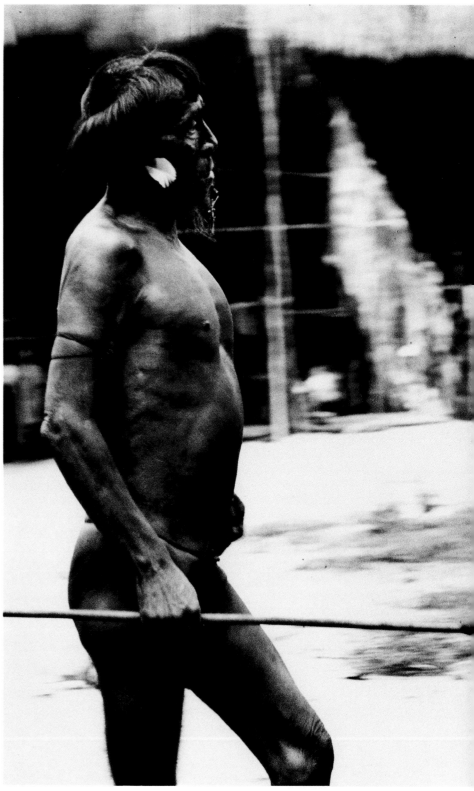

Die Autorität des Häuptlings, über Generationen aus der Erfahrung mit der Umwelt erwachsen, wird durch den importierten Gott der Missionare zunehmend untergraben

Spanier annehmen, die Indianer selber seien Kannibalen.

Iaranavi kam für die Makiritare in Gestalt von Don Apollinar Diez de la Fuente, der den königlichen Befehl hatte, am oberen Orinoko ein Fort und eine Missionsstation zu erbauen. Er nannte die Siedlung La Esmeralda – Ort der Smaragde: Die magischen Rasseln der indianischen Schamanen waren mit herrlichen, durchscheinenden Steinen gefüllt, die von den Spaniern als Smaragde angesehen wurden. Sie stammten vom Fuße des Duida-Tepuis, der hinter der Siedlung zu gewaltiger Höhe aufragt. Die Spanier waren davon überzeugt, daß dort auch Gold zu finden sei: El Dorado...

Die Eindringlinge legten Minen an, in denen die Indianer auch freiwillig arbeiteten. Die Spanier hofften auf Gold, die Indianer auf das mächtige Eisen. Die beiden Metalle wurden zwischen den Rassen zum Bindeglied einer Allianz, die jedoch nicht lange hielt. Iaranavi verwandelte sich zu Fañuru.

Eifrige Missionare wollten den indianischen Gott Wanadi gegen ihren eigenen Gott austauschen. Die Indianer glaubten, daß die Missionare Wanadi entführt hatten, um ihn umzubringen, wie einst auch Jesus Christus gekreuzigt worden war. Zwar war Wanadi stark und konnte sich befreien. Doch nun floh er vor jenen dämonischen Verfolgern für immer von der Erde, auf der er bisher unter den Menschen gelebt hatte.

Unter der Führung des mächtigen Schamanen Mahaivadi erhoben sich die Makiritare gegen ihre Peiniger. Der Befreiungskrieg gelang. Die Spanier mußten sich zurückziehen – die mit Curare vergifteten Pfeile der Indianer hatten ihnen furchtbare Verluste beigebracht.

Um dieses Gift ranken sich seit der Entdeckung Amerikas ebenso viele Legenden wie um das Gold. Die älteste Nachricht findet sich in einem Bericht des Spaniers Francisco Lopez de Gomara von 1553, der mehr der Phantasie des Autors entspringt als wirklichen Kenntnissen. Gomara behauptete, daß alte Frauen das Gift zubereiten; wenn sie beim Aufkochen der Substanzen durch die Dämpfe den Tod fänden, werde das Gift als stark genug erachtet – wenn nicht, müsse der Sud erneut angesetzt werden...

Diese Legende hielt sich zweihundert Jahre. Sir Walter Raleigh brachte Ende des 16. Jahrhunderts wohl die erste Probe des Curare nach Europa. Er hatte es von Indianern an der Mündung des Rio Caroni in den Orinoko erhalten. 1743 lernte dann der französische Naturforscher Charles Marie de la Condamine am Amazonas das Pfeilgift bei den Yameos- und Ticunas-Indianern kennen. Er untersuchte dessen Wirkung an Hühnern, und er behauptete, daß es aus mehr als dreißig verschiedenen Kräutern und Wurzeln, „insbesondere den Säften gewisser Lianen", bestehe. Und er ließ sich dazu hinreißen, die phantastischen alten Geschichten weiter zu verbreiten.

25 Jahre nach dem erfolgreichen Giftkrieg der Makiritare gegen die Spanier kamen wieder zwei „Iaranavi" an den Orinoko: Alexander von Humboldt und sein Freund Aimé Bonpland. Am 5. Oktober 1800 fanden die beiden beim Botanisieren in den Wäldern zum erstenmal die spanisch *Bejuca de Mavacure* genannte Liane, aus der der tödliche Saft gewonnen wird. Zwei Wochen später konnten sie in Esmeralda die Zubereitung des Giftes selbst beobachten. Humboldts Schilderung gilt als erste authentische Nachricht von der Curare-Herstellung – und ist zudem ein klassisches Dokument der Geschichte der Chemie und der Medizin.

Humboldt sandte bei erster Gelegenheit größere Curare-Mengen zur Analyse an die führenden Chemiker Europas. Beim Transport, noch auf dem Orinoko, kam es zu einem gefährlichen Zwischenfall: „Auf unserer Rückfahrt von Esmeralda nach Atures entging ich selbst einer ziemlich nahen Gefahr. Das Curare hatte Feuchtigkeit angezogen, war flüssig geworden und aus dem schlecht verschlossenen Gefäß über unsere Wäsche gelaufen. Beim Waschen vergaß man einen Strumpf innen zu untersuchen, der voll Curare war, und erst als ich den klebrigen Stoff mit der Hand berührte, merkte ich, daß ich einen vergifteten Strumpf angezogen hatte. Die Gefahr war desto größer, da ich gerade an den Zehen blutete, weil mir Sandflöhe *(pulex penetrans)* schlecht ausge-

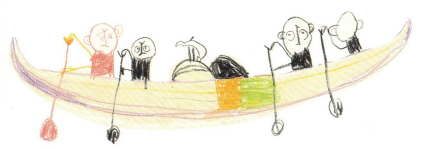

graben worden waren. Aus diesem Fall mögen Reisende abnehmen, wie vorsichtig man sein muß, wenn man Gift mit sich führt."

Humboldt, der gründliche Forscher, widmete sich natürlich auch den „Kuratas", den Blasrohren, mit denen die kleinen vergifteten Pfeile abgeschossen wurden: „Einer der vier Pirogen, mit denen die Indianer auf der Juviasernte gewesen waren, war größtenteils mit der Rohrart Carice gefüllt, aus der Blaserohre gemacht werden. Die Rohre waren 5 bis 6 m lang, und doch war keine Spur von Knoten zum Ansatz von Blättern oder Zweigen zu bemerken. Sie waren vollkommen gerade, außen glatt und völlig zylindrisch. Diese Carices kommen vom Fuße der Berge von Yumariquin und Guyana. Sie sind selbst jenseits des Orinoko unter dem Namen ‚Rohr von Esmeralda' sehr gesucht. Ein Jäger führt sein ganzes Leben dasselbe Blaserohr; er rühmt die Leichtigkeit, Genauigkeit und Politur desselben, wie wir an unseren Feuergewehren dieselben Eigenschaften rühmen. Was mag dies für ein monokotyledonisches Gewächs sein, von dem diese herrlichen Rohre kommen?"

Diese Frage beantwortete ein paar Jahrzehnte später Robert Hermann Schomburgk. Er war auf seiner Expedition von Britisch-Guyana bis an die Ufer des oberen Orinoko ebenfalls nach Esmeralda gelangt: „Das Dorf ist wegen der Bereitung seiner Körbe und Blaseröhre berühmt, und ich hatte denn endlich auch Gelegenheit, die Pflanze zu sehen, die das wunderbare Rohr treibt, welches die Indianer Guiana's so hoch schätzen, da sie ihre Blaseröhre daraus fertigen. Die Leser von Humboldt's Reisen werden sich erin-

Das Rätsel des Curare

Alexander von Humboldt gab in seinem Reisewerk den ersten authentischen Bericht von dem geheimnisvollen Pfeilgift der Indianer, das aus der Pflanze *Strychnos curari* gewonnen wird. Hier Auszüge

Als wir nach Esmeralda kamen, kehrten die meisten Indianer von einem Ausflug ostwärts über den Rio Padamo zurück, wobei sie Juvias oder die Früchte der Bertholletia und eine Schlingpflanze, welche das Curare gibt, gesammelt hatten. Diese Heimkehr wurde durch eine Festlichkeit begangen, die in der Mission la fiesta de las Juvias heißt und unseren Ernte- oder Weinlesefesten entspricht. Die Weiber hatten viel gegorenes Getränke bereitet, und zwei Tage lang sah man nur betrunkene Indianer...

Das Glück wollte, daß wir einen alten Indianer trafen, der weniger betrunken als die anderen und eben beschäftigt war, das Curaregift aus den frischen Pflanzen zu bereiten. Der Mann war der Chemiker des Ortes. Wir fanden bei ihm große tönerne Pfannen zum Kochen der Pflanzensäfte, flachere Gefäße, die durch ihre große Oberfläche die Verdunstung befördern, tütenförmig aufgerollte Ba-

nanenblätter zum Durchseihen der mehr oder weniger faserige Substanzen enthaltenden Flüssigkeiten. Die größte Ordnung und Reinlichkeit herrschten in dieser zum chemischen Laboratorium eingerichteten Hütte. Der Indianer, der uns Auskunft erteilen sollte, heißt in der Mission der Giftmeister (amo del Curare); er hatte das steife Wesen und den pedantischen Ton, den man früher in Europa den Apothekern zum Vorwurf machte. „Ich weiß", sagte er, „die Weißen verstehen die Kunst, Seife zu machen und das schwarze Pulver, bei dem das Ueble ist, daß es Lärm macht und die Tiere verscheucht, wenn man sie fehlt. Das Curare, dessen Bereitung bei uns vom Vater auf den Sohn übergeht, ist besser als alles, was ihr dort drüben (über dem Meere) zu machen wißt. Es ist der Saft einer Pflanze, der ganz leise tötet (ohne daß man weiß, woher der Schuß kommt)."

Diese chemische Operation, auf die der Meister des Curare so großes Gewicht legte, schien uns sehr einfach. Das Schlinggewächs (Bejuco), aus dem man in Esmeralda das Gift bereitet, heißt hier wie in den Wäldern bei Javita. Es ist der Bejuco de Mavacure, und er kommt östlich von der Mission am linken Ufer des Orinoko in Menge vor. Obgleich die Bejucobündel, die wir im Hause des India-

Im Mai des Jahres 1800 machte der preußische Privatgelehrte Station in der kleinen Siedlung Esmeralda und wurde Augenzeuge der Curare-Herstellung

ners fanden, gar keine Blätter mehr hatten, blieb uns doch kein Zweifel, daß es dasselbe Gewächs aus der Familie der Strychneen war, das wir im Wald beim Pimichin untersucht. Der Mavacure wird ohne Unterschied frisch oder seit mehreren Wochen getrocknet verarbeitet. Der frische Saft der Liane gilt nicht für giftig; vielleicht zeigt er sich nur wirksam, wenn er stark konzentriert ist. Das furchtbare Gift ist in der Rinde und einem Teil des Splintes enthalten. Man schabt mit einem Messer 8 bis 11 mm dicke Mavacurezweige ab und zerstößt die abgeschabte Rinde auf einem Stein, wie er zum Reiben des Maniokmehls dient, in ganz dünne Fasern. Da der giftige Saft gelb ist, so nimmt die ganz faserige Masse die nämliche Farbe an. Man bringt dieselbe in einen 24 cm hohen, 10 cm weiten Trichter. Diesen Trichter strich der Giftmeister unter allen Gerätschaften des indianischen Laboratoriums am meisten heraus... Es war ein tütenförmig aufgerolltes Bananenblatt, das in einer anderen stärkeren Tüte aus Palmblättern steckte; die ganze Vorrichtung ruhte auf einem leichten Gestell von Blattstielen und Fruchtspindeln einer Palme. Man macht zuerst einen kalten Aufguß, indem man Wasser an den faserigen Stoff, die gestoßene Rinde des Mavacure, gießt. Mehrere Stunden lang tropft ein gelbliches Wasser vom Embudo, dem Blattrichter, ab. Dieses durchsickernde Wasser ist die giftige Flüssigkeit; sie erhält aber die gehörige Kraft erst dadurch, daß man sie wie die Melasse in einem großen tönernen Gefäß abdampft. Der Indianer forderte uns von Zeit zu Zeit auf, die Flüssigkeit zu kosten; nach dem mehr oder minder bitteren Geschmack beurteilt man, ob der Saft eingedickt genug ist.

Der Rohsaft wird gefiltert

Die mit dem Gift bestrichenen Pfeile werden getrocknet

Dabei ist keine Gefahr, da das Curare nur dann tödlich wirkt, wenn es unmittelbar mit dem Blute in Berührung kommt. Deshalb sind auch, was auch die Missionare am Orinoko gesagt haben mögen, die Dämpfe vom Kessel nicht schädlich.

Der noch so stark eingedickte Saft des Mavacure ist nicht dick genug, um an den Pfeilen zu haften. Also bloß um dem Gift Körper zu geben, setzt man dem eingedickten Aufguß einen sehr klebrigen Pflanzensaft bei, der von einem Baum mit großen Blättern, genannt Ciracaguero, kommt...

Sobald der klebrige Saft des Ciracaguerobaums dem eingedickten, kochenden Gift zugegossen wird, schwärzt sich dieser und gerinnt zu einer Masse von der Konsistenz des Teers oder eines dicken Sirups. Diese Masse ist nun das Curare, wie es in den Handel kommt. Hört man die Indianer sagen, zur Bereitung des Giftes sei der Ciracaguero so notwendig als der Bejuco de Mavacure, so kann man auf die falsche Vermutung kommen, auch ersterer enthalte einen schädlichen Stoff, während er nur dazu dient, dem eingedickten Curaresaft mehr Körper zu geben. Der Farbenwechsel der Mischung rührt von der Zersetzung einer Verbindung von Kohlenstoff und Wasserstoff her. Der Wasserstoff verbrennt und der Kohlenstoff wird frei. Das Curare wird in den Früchten der Crescentia verkauft; da aber die Bereitung desselben in den Händen weniger Familien ist und an jedem Pfeile nur unendlich wenig Gift haftet, so ist das Curare bester Qualität, das von Esmeralda und Mandavaca sehr teuer. Ich sah für zwei Unzen 5 bis 6 Frank bezahlen. Getrocknet gleicht der Stoff dem Opium; er zieht aber die Feuchtigkeit stark an, wenn er der Luft ausgesetzt wird. Er schmeckt sehr angenehm bitter, und Bonpland und ich haben oft kleine Mengen verschluckt. Gefahr ist keine dabei, wenn man nur sicher ist, daß man an den Lippen oder am Zahnfleisch nicht blutet.

Bei den Indianern gilt das Curare innerlich genommen als ein treffliches Magenmittel.

nern, daß die Indianer, welche nach Esmeralda vom Einsammeln der Brasiliennüsse zurückkehrten, auch ein Schilfrohr mitbrachten... Herr von Humboldt konnte aber aus den Stücken nicht bestimmen, zu welcher Familie diese Pflanze gehörte. Ich fand sie am Fuße des Maravaca und erkannte sie für eine neue Species der *Arundinaria*, die in großen Büscheln gleich dem Bambus zusammenwuchs; das erste Glied erhebt sich bei der alten Pflanze ohne jeden Knoten von 15–16 Fuß, dann brechen die ersten Blätter hervor, und der ganze Stengel erreicht gewöhnlich eine Höhe von 30–40 Fuß. Der Stengel ist selten dicker als 1/2 Zoll im Durchmesser, und die graziöse Biegung, welche durch die Schwere des obern Theils hervorgerufen wird, erhöht die Schönheit der Pflanze nur noch mehr. Sie ist nur den Sandsteingebirgen des obern Orinoko, zwischen dem Ventuari, Parámu und Mavaca eigenthümlich. Die Indianer nennen sie Curata..."

Die Pflanze, aus denen die Blasrohre noch immer gefertigt werden, wurde zu Ehren des Forschers *Arundinaria schomburgkii* genannt.

Der deutsche Völkerkundler Theodor Koch-Grünberg, der die Makiritare 1912 besuchte und dem wir eine große Kenntnis über südamerikanische Indianerkulturen verdanken, gab eine eingehende Beschreibung der Blasrohrherstellung. Danach besteht das bis zu dreieinhalb Meter lange Gerät aus zwei ineinandergeschobenen Röhren: einer inneren von der Art *Arundinaria schomburgkii,* und einer äußeren, die vom Schößling der *Pashiuba*-Palme stammt. Das Mundstück wird aus einer halbierten *Tucuma*-Nuß ge-

Die Kunst des Baues von Einbäumen beherrschen die Makiritare seit altersher meisterhaft. Der ausgewählte Stamm wird aufgeschlitzt, ausgehöhlt und die Form durch Seil sowie Augenmaß überprüft.

Die Bearbeitung auch der Außenhülle mit der Axt läßt ein Schuppenmuster entstehen. Der Hohlkörper wird durch eingelegtes Feuer geweitet und durch Spreizhölzer fixiert. Schließlich geben Feuer von außen dem Rumpf seine endgültige Stabilität.

In ihrer Kreativität erfanden die Makiritare spontan eine eigene Schrift, als sie Anthropologen bei ihren Aufzeichnungen zusahen

fertigt. Die Makiritare haben das Monopol auf die Herstellung und den Handel mit den Blasrohren, denn die *Arundinaria schomburgkii* wächst nur in ihrem Stammesgebiet. Sie vertreiben die Rohre im ganzen nördlichen Teil Südamerikas.

In der Mythologie der Makiritare stammt das Rohr von zwei kannibalistischen riesigen Adlern namens Dinoshi, zu denen sich ein Zwillingsbrüderpaar verwandelt hatte. Die Wasserschlange Kude'ene raubte Curare bei den Piaroa-Indianern, bestrich damit die Spitzen kleiner Pfeile und schoß sie aus einem schmalen Rohr auf die Adler ab. Tödlich getroffen, stürzten die Vögel auf den Südhang des Marahuaka-Tepuis, wo aus ihren Röhrenknochen das beste Material für die Blasrohrherstellung wuchs.

Aller Glaube der Makiritare wurzelt in der Geschichte der „alten Menschen", die als himmlische Vorfahren der So'to, der „wahren Menschen", gelten. Deren Taten und Weisheiten schufen die religiösen und sozialen Stammesgesetze. Die uralte Tradition wird von Generation zu Generation unter Ausgewählten während magisch-religiöser Feste weitergegeben — als geheime Lehre, gesungen in einer alten rituellen Sprache, die sich von der heutigen stark unterscheidet. Sie heißt Ademi und war die Sprache der ältesten Geister am Beginn der Zeiten. Sie ist unwandelbar — sonst würde sie ihre magische Kraft einbüßen.

Wir haben es den zähen, jahrelangen Sprachforschungen des französischen Anthropologen Marc de Civrieoux zu verdanken, daß wir Einblick in die Überlieferung der indianischen Vorfahren bekommen können. Er offenbart uns eine faszinierende, hochkomplexe Schöpfungsgeschichte und Kosmologie der So'to, der „wahren Menschen". Sie erzählt auch die Entstehung des Marahuaka-Tepuis, wie aller anderen Tepuis.

Die „alten Menschen" zu Beginn der Zeit waren arm und hatten nichts zu essen. Sie besaßen keine Felder. Bäume, deren Früchte sie hätten ernten können, gab es noch nicht auf Erden — und auch kein Wasser. In der höchsten Region des Himmels, dem Sitz Wanadis, dem Verwalter der Lichts, lebte auch Iamankave, die Verwalterin aller Nahrung. Sie sandte regelmäßig einen Boten mit Armen voll Cassava-Brot zu den Hungernden hinab. Iyako, die „24-Stunden-Ameise", kam ebenfalls auf die Erde und bescherte Trinkwasser. Doch dann kam Odosha, der Teuflische, und brachte alles durcheinander. Er überzog die Welt mit Unglück und Krankheit. Nun blieb der Bote mit dem Cassava-Brot aus, ebenso die Ameise, die das Wasser spendete. Hunger und Durst breiteten sich aus.

Eines Tages sagte ein Mann namens Darice: „Ich kenne den Weg der Ameise. Ich gehe, um Wasser zu holen." Er verwandelte sich zu einem Mauersegler und flog empor. Er wurde kleiner und kleiner, bis er schließlich in den Wolken verschwand. Doch dann kehrte er zurück, mit Wasser. Er hatte es im höchsten Himmel aus dem Akuena-See gestohlen.

Dann sagte ein anderer: „Ich weiß, woher das Cassava-Brot kommt." Er verwandelte sich zu Kuchi, jenes nachtaktive, baumbewohnende Klettertier mit riesigen Augen und einem langen aufgerollten Greifschwanz. Kuchi

Als Jäger, die ihrem Wild lautlos aufspüren, haben die Yanomami eine Sprache der Gesten entwickelt, mit der sie das Verhalten von Tieren nachahmen, aber auch einander Geschichten erzählen

kletterte zum Himmel empor, höher und höher, bis er nicht mehr zu sehen war. Schließlich erreichte er Iamankaves Haus, an deren Tür ein großer Korb mit Mehl hing. Im Garten, hinter einem hohen Zaun, sah er einen riesigen Baum voller herrlicher Früchte. Aber erst einmal versteckte er sich.

Ein Junge namens Wedama kam aus dem Haus – Iamankaves Sohn. Kuchi rief ihn leise zu sich und erzählte ihm, daß er Nahrung für die notleidenden Menschen holen wolle. Wedama erklärte sich zur Hilfe bereit. Er verwandelte sich zu einer Schwalbe und flog hinauf in den Baum. Kuchi sprang über den Zaun und kletterte am Stamm empor. An den Ästen hingen allerlei Früchte. Der Baum war die Mutter aller Nahrungspflanzen. Als Kuchi zu essen begann, hörten das die Wespen, die den Baum bewachten, in ihrem Nest. Sie kamen heraus und riefen: „Jemand ist hier, um Nahrung zu stehlen!" Iamankava eilte herbei, die Nahrungsverwalterin, um nach dem Rechten zu sehen. Die Schwalbe versteckte sich zwischen den Blättern. Kuchi floh, so schnell er konnte. Dabei geriet ihm ein Splitter vom Holz des Baumes unter einen Zehennagel.

Kuchi kletterte zur Erde hinab. Dort verwandelte er sich wieder zu einem Mann. Er setzte sich hin, sprach nichts und tat nichts; er dachte nur nach. Als die Nacht anbrach, zog er den Splitter unter dem Nagel hervor und pflanzte ihn in die Erde. Das war weit von seiner Heimat entfernt an einem Ort namens Roraima. Über Nacht begann aus dem Splitter ein Baum zu wachsen. Am Morgen war ein hoher Baum mit vielen Ästen und allen verschiedenen Früchten daran gewachsen. Kuchi sagte: „Es ist getan, der Baum der Nahrung ist auf die Erde gebracht." Und er begann zu essen.

Der erste Baum auf Erden hieß nach dem Ort, an dem er gepflanzt war: Roraima. Heute erscheint er als ein hoher Berg, doch an ihm

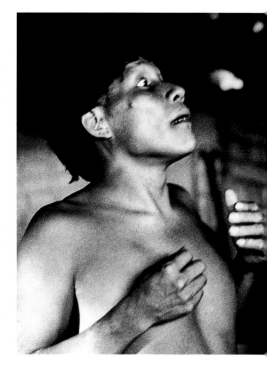

wachsen noch immer viele wilde Früchte, die aus dem großen Baum hervorgingen.

Ein Mann namens Kamaso, fern im Westen, hörte von diesem Baum, und er sandte eine Botin zu Kuchi, um ihn um einen Ableger zu bitten. Kuchi willigte ein. Als die Botin mit dem Sproß zurückkehrte, versammelten sich viele Menschen. Kamaso sang die ganze Nacht und träumte von all den Früchten, die Kuchi geerntet hatte. Doch bei Sonnenaufgang war nur ein kleiner Schößling mit drei Blättern entstanden. Der Boden war nicht gut. Enttäuscht und hungrig zogen all die Menschen wieder fort.

Eine Frau namens Madunawe nahm sich nun des Schößlings an und pflanzte ihn im Lande Tromaachoka in gute schwarze Erde. Als der Tag zurückkehrte, war ein gewaltiger Baum gewachsen. Sie nannten ihn Marahuaka. Aus sei-

nen Ästen sprossen immer neue Zweige. Jeder war anders als der, aus dem er gewachsen war, und ebenso seine Früchte. Bald überdeckten die Äste, die Blätter und die Früchte von Marahuaka die ganze Erde wie ein Dach. Hier haben seither alle Pflanzen und alle Früchte, die es gibt, ihren Ursprung.

Die Menschen waren hungrig, mager und krank. Jetzt riefen sie: „Marahuaka! Unser Essen ist gekommen!" Sie breiteten ihre Arme aus, öffneten ihre Münder. Sie blickten zu all den Früchten hoch unter dem Himmel empor. Wie sollten sie an die Nahrung gelangen? Ein Ast, voll mit Cucurito-Früchten, brach unter seiner Last und fiel herab. Die Menschen riefen: „Jetzt kommt unser Essen!" Doch der Ast erschlug einen kleinen Jungen. Dann kam ein weiterer Ast herunter, voll von Pijiguao-Früchten. Die Menschen riefen wieder: „Jetzt kommt unser Essen!" Als er zu Boden stürzte, traf er die Nase von Odoma, dem Wildschwein. Bis heute haben die Schweine deshalb ihre eingedrückten Nasen. Dann fielen immer mehr Äste herab, und immer mehr Menschen wurden erschlagen. Voller Angst begannen sie zu laufen. Doch sie wußten nicht, in welche Richtung. Die ganze Erde war von Marahuakas Krone bedeckt. Wohin sie auch flüchteten, sie wurden von herabfallenden Ästen erschlagen.

Zu dieser Zeit kam Wanadi, der Verwalter des Lichts, auf die Erde. Er wollte wissen, was dort vor sich ging. Die „alten Menschen" umringten ihn und baten um Hilfe. Wanadi sagte: „Ich werde Vögel schicken, die euch helfen. Sie sollen Flügel haben, um zu Marahuaka hinaufzufliegen und euch die Früchte herunterzubringen."

Am Beginn der Zeiten gab es noch keine Vögel. Wanadi steckte Äste in den Boden. Er setzte sich davor, schüttelte seine magische

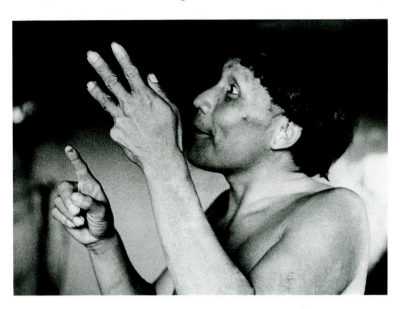

Rassel, rauchte, sang — und dachte nach. Auf diese Weise schuf er die Vögel für die Ernte. Sie flogen zu den Ästen empor und begannen, die Früchte zu sammeln. Die „alten Menschen" beobachteten sie und flochten Körbe für die Ernte. Doch die Früchte waren zu schwer für die Vögel. Sie fielen herab und erschlugen die Menschen wie zuvor. „Das ist nicht gut", sagte einer der Vögel. Sein Name war Semania, und er war der Häuptling der Vö-

gel. „Wir Vögel sind stark, laßt uns das Sammeln der Früchte beenden und den Baum fällen. Wir werden die Erde kultivieren, auf der Lichtung schöne Felder anlegen und sie mit den Früchten bepflanzen."

Vier Tukane kamen herbei mit gewaltigen langen Schnäbeln, die wie Äxte waren. Doch sie prallten ab, so hart war das Holz. Sie konnten Marahuaka nicht fällen.

Dann kamen Spechte. Sie hackten den ganzen Tag. Nachts schliefen sie. Als die Sonne aufging, waren die Wunden, die sie dem Baum zugefügt hatten, wieder verheilt.

„Was sollen wir tun?" fragten sie. „Wir können nicht schlafen — sonst werden wir nie fertig." Semania antwortete ihnen: „Wir werden die Arbeit aufteilen. Einige sollen hacken, andere sich ausruhen." Jetzt hackten sie ohne Unterlaß, Tag und Nacht, tiefer und tiefer, viele Tage lang.

Schließlich war der gewaltige Stamm zerteilt. „Es ist voll-

Die tiefen Einsichten der Indianer in ihre Umwelt haben auch ein differenziertes Bild vom Jenseits geprägt.

bracht", riefen die Vögel. Doch sie waren voller Angst. In welche Richtung würde Marahuaka stürzen? In welche Richtung sollten sie fliehen? Doch es blieb still. Marahuaka fiel nicht. Er hing vom Himmel herab. Niemand verstand, wie das sein konnte.

Sie riefen Kadiio, das Eichhörnchen, und beauftragten es, oben nachzusehen, was geschehen war. Als Kadiio wieder herunterkam, berichtete er: „Die Äste sehen aus wie Wurzeln." Marahuaka war im Himmel verwurzelt.

Semania gab Kadiio eine Axt. „Laufe wieder hoch, und schlage die Wurzeln durch." Kadiio fällte Marahuaka hoch im Himmel. Als der Baum schließlich niederstürzte, bebte die ganze Erde. Äste, Früchte und Samen, alles kam herab. Es war, als ob der Himmel auf die Erde stürzte. Es war wie das Ende der Welt.

Die „alten Menschen" versteckten sich in Höhlen, kauerten zusammen, schlossen ihre Augen und hatten große Angst. Als sie wieder herauskamen, fiel Wasser auf sie herab. Sie wußten nicht, was es sein konnte, denn es war der erste Regen auf Erden. Er fiel vom Himmel aus Marahuakas durchschlagenen Wurzeln herab. Aus den dicken Wurzeln stürzten Wasserfälle.

Das Wasser suchte sich seinen Weg auf der Erde. Die Flüsse wurden geboren, der Orinoko, der Kaura, Ventuari, Kunukunuma, Kuntinama, Merevare, Metatuni und all die anderen. Sie bewegten sich wie Schlangen über das Land.

Die Erde wurde weich von all dem Regen. Semania, der Häuptling der Vögel, lehrte die „alten Menschen" nun, Felder zu bestellen. Die Frauen sammelten die herabgestürzten Samen und steckten sie in die Erde. Alle Pflanzen, die es heute gibt, entstanden damals. Die Erde wurde grün. Der Wald füllte sich mit Bäumen und begann zu blühen und auch das Feld der Menschen.

Es gab zwei, die sich nicht an der Arbeit beteiligen wollten. Sie hießen Mado und Wachedi. „Wer ist das, der hier jetzt die Befehle erteilt?" fragten sie. „Wir möchten nichts zu tun haben mit diesen Leuten. Wenn wir hungrig sind, finden wir schon Nahrung."

Die „alten Menschen" aber waren nun satt und glücklich. Die Männer fällten die Bäume des Waldes und legten die Felder an. Die Frauen bestellten sie, ernteten, backten das Cassava-Brot und brauten Bier in ausgehöhlten Stämmen. Sie feierten ihr erstes Erntefest. Sie aßen, tranken, sangen und tanzten.

Mado und Wachedi waren von den übrigen verstoßen und beobachteten aus einem Versteck, wie die anderen aßen. Sie waren hungrig, und Mado sagte: „Wir essen unsere Brüder", und er verwandelte sich zu einem menschenfressenden Jaguar. Wachedi, der schlecht hören konnte, hatte verstanden: „Wir essen Blätter und Wurzeln". So verwandelte er sich zu einem Tapir.

Marahuakas Stamm war beim Aufprall auf die Erde in drei Teile zerbrochen. Sie verwandelten sich zu Stein, zu drei hohen Bergen — Marahuaka, Huachamakari und Duida. Von ihren steilen Klippen stürzen die Wasserfälle herab bis zum heutigen Tag.

Als der große Baum fiel, stürzte auch Kadiio herab. Seitdem lebt er verborgen auf Duida und ist der Beherrscher des Berges.

Wachedi kletterte auf den höchsten der Berge, auf Marahuaka. Dort lebt er noch heute. Er ist der Urvater aller Tapire. Es war gut für die Menschen, daß er so schlecht hören konnte; deshalb gibt es heute viele Tapire im Wald und an den Flüssen, die von den Menschen als Nahrung gejagt werden können. Das ist die Strafe für Wachedi, weil er nicht helfen wollte, die Felder zu bestellen.

Als die Menschen zu essen hatten, sagten die Vögel, die Wanadi zu ihrer Hilfe geschaffen hatte: „Es ist alles getan, laßt uns nun die Erde verlassen." Sie sagten den Menschen Lebewohl und flogen Himmel empor. Ihre Körper ließen sie auf der Erde zurück für all die Vögel von heute. Die Luft war erfüllt mit roten, gelben, grünen und blauen Federn — ein großes Schauspiel.

Über Bergen mit Regenbogen — Symbol der großen Wasserschlange — spannen sich acht Himmel, in denen der Mensch durch Reinkarnation aufsteigen kann

Nun schnellte die Mutter des Wassers, die Schlange Huiio, zum Himmel empor. Sie verlangte, geschmückt zu werden. All die Vögel bedeckten den Leib der Schlange mit ihren Federn. So wurde sie zum Regenbogen.

Nie vergessen werde ich ein Erlebnis während einer Expedition im venezolanischen Bundesstaat Amazonas zu entlegenen Tepuis im Einzugsgebiet des Rio Siapa, Stammesgebiet der Yanomami-Indianer. Sie gelten den Anthropologen als eine der am wenigsten entwickelten ursprünglichen Menschengruppen, auf ähnlicher Kulturstufe wie die Buschmänner Südafrikas und die Pygmäen des Kongowaldes.

Wir haben eine kleine Gruppe von Baré-Indianern vom Ufer des Rio Negro als Kundschafter und Bootsführer bei uns. Unter ihnen ist auch ein Mischling. Eines Tages schießt er einen riesigen Adler, eine Harpye. Expeditionsleiter Armando Michelangeli, den eine in Jahrzehnten gewachsene innere Beziehung mit vielen Indianerstämmen Südvenezuelas verbindet, ist darüber voller Wut, und zugleich voller Trauer. Von ihm erfahre ich, daß der Adler als Sitz einer zweiten Seele, der Schattenseele Noneschi eines Yanomami-Indianers gilt. Beider Schicksal, das des Mannes und das des Vogels, sind identisch. Stirbt der Adler, dann stirbt auch der Yanomami — und umgekehrt.

Der Begriff der Seele ist für diese Indianer viel komplexer und konkreter als für uns. Jeder Yanomami führt mit seiner zweiten Seele ein zweites Leben in Gestalt eines Tieres. So ist ihre Existenz und ihr Schicksal untrennbar mit dem der Kreaturen ihrer Umwelt verbunden. Eine tiefere und sinnvollere Einsicht in ökologische Zusammenhänge ist nicht denkbar. Die Yanomami leben in einer selbstauferlegten hochkomplexen Ordnung von Jagdtabus, die ihre Umwelt schützt und erhält. Bei den Männern lebt das zweite Ich nicht nur bevorzugt in Adlern, sondern auch in anderen Tierarten. Es kann ein Affe, eine Schlange, ja selbst ein Insekt sein.

Das zweite Ich der Frauen existiert in dem — in ihrem Glauben fast ausschließlich weiblichen — Volk der Fischottern, das nur ein einziges Männchen zur Fortpflanzung duldet. Würde jemand das Jagdverbot auf diese Tiere mißachten und einen weiblichen Fischotter töten, so stürbe auch die dazugehörige Menschenfrau. Noch tragischer wäre die Tötung des Männchens. Dann würden alle Fischottern aussterben, zugleich alle Yanomami-Frauen und das ganze Volk.

Die erste, die das irdische Dasein überlebende Seele heißt Nobolebe. Ihr Name ist mit dem Wort für Wolke identisch. Nach dem Tod soll sie vereint mit der Schattenseele direkt in den Himmel emporsteigen. Das kann sie nur im Rauch des Feuers, in welchem der Leichnam verbrannt wird. Was von den Menschen auf der Erde zurückbleibt, ist Poreana, ein schwarzer Schatten mit feurigen Augen, der überall umherirrt, an Hängematten rüttelt, Bäume umwirft und kleine Kinder gefährdet. Der böse Geist läßt sein Treiben und wird zum Freund, wenn die Asche des Verstorbenen, mit Bananenbrei verrührt, in Gegenwart des ganzen Dorfes von den Angehörigen verzehrt worden ist. Mit diesem Ritual soll außerdem die Lebensenergie des Verstorbenen konserviert werden, sein Weiterleben in seiner Familie, seinem Stamm.

Die enorme Artenvielfalt des tropischen Regenwaldes hat die Yanomami-Kultur geprägt. Sie ist das Produkt einer Jahrtausende währenden unmittelbaren Wechselbeziehung zwischen Pflanzen, Tieren und Menschen.

Jene Vielfalt bedingt aber zugleich, daß jede Art nur selten vorkommt. Deshalb findet man nicht viele eßbare Pflanzen und Früchte oder auch jagdbare Tiere. Die Böden sind für den Ackerbau ungeeignet, weil alle Nährstoffe ja in den Pflanzen des Waldes gebunden sind. Einen Humusspeicher wie in den Wäldern der gemäßigten Klimazonen gibt es nicht. Aus diesem Mangel im scheinbaren Überfluß erwuchs wie bei den Bewohnern von Wüsten eine halbnomadische Lebensweise.

Wie alle Waldindianer Südamerikas, roden die Yanomami kleine Waldflächen, auf denen sie ihre Felder und ihre Schabono anlegen, die aus einem einzigen, zu einem großen Innenhof hin offenen ovalen Bau bestehen. Die ganze Anlage erinnert an ein Stadion mit überdachter Tribüne. Die Asche der verbrannten

Bäume düngt kleine Maniok- und Bananenpflanzungen, die von den Frauen bestellt werden. Die Männer durchstreifen auf tagelangen Jagdzügen die Wälder. Wenn eine große Region mehrfach durchjagt wurde und die geringe Fruchtbarkeit der Felder nach ein paar Ernten erschöpft ist, geben die Yanomami ihre Siedlung auf und ziehen fort, um irgendwo eine neue zu gründen oder in eine frühere zurückzukehren.

Da der Wald also immer nur eine geringe Individuenzahl einer Art ernähren kann, haben die Yanomami-Frauen eine wirkungsvolle Geburtenkontrolle entwickelt, die eine existenzgefährdende Überbevölkerung verhindert. Sie bekommen nur etwa alle drei Jahre ein Kind. Das Stillen der Kinder über Jahre hinweg mindert die Wahrscheinlichkeit eines Eisprungs. Außerdem essen die Frauen bestimmte Insektenlarven, die Stoffe enthalten, welche zeitweise unfruchtbar machen.

Die Yanomami gelten als besonders kriegerisch. Sie selbst nennen sich „Das grimmige Volk". Nicht einmal Blutsverwandtschaft hindert sie am ständigen Kampf gegeneinander, der wie bei allen anderen Lebewesen ihrer Umwelt ein Kampf um Raum zum Überleben ist. Ihre Aggressionen und Kriege sind der kulturgeschichtliche Ausdruck der Evolutionsenergie, die letztlich die große Vielfalt aller Lebensformen hervorgebracht hat. Längst haben sich auch die Yanomami in viele Gruppen aufgespalten, deren Kultur bereits eigenständige Züge aufweist.

In der Wohngemeinschaft des Schabono kommt es zwischen den Familien häufig zu schweren Streitigkeiten, die auch mit Waffengewalt ausgetragen werden. Wenn die Bevölkerung eines Dorfes die Zahl zweihundert überschreitet, muß sie sich spalten; anders könnte der innere Friede der Gemeinschaft nicht dauerhaft gewahrt werden. Da diese Dorfteilungen immer im Streit erfolgen, bleiben die Dörfer miteinander verfeindet und führen jahrelange blutige Kriege gegeneinander. Anlaß dafür ist meistens Frauenraub.

Die Steinzeitpolitik der Yanomami kennt zwei Überlebensregeln: Um Angriffen widerstehen zu können, muß jedes Schabono mindestens 40 Bewohner haben, und um erfolgreich kämpfen zu können sowie Frauen und Kinder nicht zu gefährden, wenn sich die Männer auf dem Kriegszug befinden, schließt jedes Schabano das Bündnis mit einem anderen. Man braucht also auch den Frieden untereinander, um Krieg gegen seinesgleichen führen zu können. Deshalb herrscht ein ständiger Zwang zu diplomatischem Umgang mit anderen Schabanos, die zuvor jahrelang als feindlich galten. Alte Frauen, die von allen kriegerischen Auseinandersetzungen ausgenommen sind, wer-

Zur Gastfreundschaft der Yanomami gehört, daß man sich gegenseitig durch lange Rohre Rauschmittel in die Nase bläst. Die Halluzinationen lenken von der ständigen Bereitschaft zur Aggression ab

den als Boten eingesetzt, um Einladungen zu Friedensfesten zu überbringen, die meist zur Ernte der ebenso schmackhaften wie nahrhaften, Pijiguáo genannten Früchte der Rascha-Palme angesetzt werden.

Die Eingeladenen erscheinen mit dem Wunsch nach Frieden, stellen sich aber insgeheim auf Kampf ein und führen deshalb Waffen mit sich. Zur Bewirtung der Gäste gehört auch das Angebot von Rauschmitteln, die sich die Männer gegenseitig mit langen Rohren in die Nase blasen, sowie der gemeinsame Verzehr von Knochenasche getöteter ehemaliger Gegner. Dies soll trotz stets drohender Fehden die Blutsverwandtschaft aller Yanomami dokumentieren.

Auch diese Friedensfeste beginnen mit Kampf. Doch er ist rituell, ohne Waffen, wobei die Angehörigen der beiden Gruppen einander den alten angestauten Haß in einer gezügelten Gewalttätigkeit ausdrücken. Ringend wälzen sich die Männer am Boden. Oder sie setzen sich einander gegenüber und schlagen sich gegenseitig mit der Faust auf die Brust. Dieser Ritualkampf kann jederzeit zu offener Feindseligkeit eskalieren. Die nicht am Kampf teilnehmenden Krieger stehen mit Bögen, Keulen und Äxten bereit, um einem zu stark bedrängten Genossen jederzeit zu Hilfe zu kommen. Die Frauen versuchen oft, den Männern die Waffen abzunehmen. Wenn die Situation jedoch noch bedrohlicher wird, fliehen die Frauen mit ihren Kindern in den Wald und verstecken sich. Viele Yanomami-Männer tragen schreckliche Narben von solchen

Verbrüderungskämpfen, die nicht mehr zu zügeln gewesen waren.

Glücklicherweise enden die meisten Friedenskämpfe aber in dem Sinne, in dem sie begonnen haben. Die vom Ritualkampf erschöpften Männer sinken sich schließlich in die Arme, streicheln einander und besingen die Tapferkeit und Schönheit des Gegners. Jetzt kehren auch die Frauen mit ihren Kindern ins Dorf zurück. Der Friede ist erst einmal verläßlich. Jetzt kann man einen gemeinsamen Feldzug gegen ein drittes Dorf planen.

Die kriegerische Mentalität der Yanomami findet auch Ausdruck in ihrer Schöpfungsgeschichte. Nach ihrer Vorstellung liegt der Himmel als eine feste flache Glocke über einer runden, mit Wald bewachsenen Erdscheibe, die geneigt ist, damit die Wasser des Orinoko abfließen können. Die Erde entstand, als ein urzeitlicher Himmel bei starkem Wind einstürzte. Die ersten Yanomami — so eine der vielen Mythen — hatten als Blut nur ein Gemisch aus Wasser und Pflanzenfarben. Deshalb waren sie kraftlos und starben wie die Fliegen. Doch dann schoß Sohirina, der Hilfsgeist der Jäger, dem Mond Pelibo einen Pfeil in den Leib. Er rächte damit seine Tochter, die Sternenfrau Sidikarrignuma, die des Mondes Gefährtin war, von ihm aber getötet und aufgefressen wurde. Das Blut des Mondes tropfte nun auf die Köpfe der Männer herab, drang in ihre Körper und machte sie stark. So wurden sie zu Kindern des Mondes. Frauen gab es damals noch nicht. Sie wurden aus dem Unterschenkel eines Mannes geboren. Weil die Männer aus Blut entstanden, führen sie bis heute ständig Krieg gegeneinander.

Auf faszinierende Weise steht das Leben der Yanomami im Einklang mit der sie umgebenden Natur. Ja, es fördert und erhält ihre Vielfalt. Die Yanomami sind nicht die Herren des Waldes, sie haben sich eingegliedert und angepaßt. Sie begreifen sich nicht als Krone der Schöpfung, sondern nur als einen winzigen Teil von ihr.

Das Paradies haben auch die Yanomami auf Erden nicht gefunden. Hoch oben im Himmel aber liegt ein riesiges Schabono. Dort sind Yanomami wieder jung und gesund und feiern ein ewiges Pijiguáo-Erntefest und essen köstlichen Wildschweinbraten. Sie genießen alle sexuellen Freiheiten, ohne daß Kinder geboren werden, denn sie sind ja unsterblich.

Die Hängematte ist eine ebenso komfortable wie lebenswichtige Erfindung südamerikanischer Waldindianer. Sie gewährt Ruhe und Sicherheit vor all dem giftigen Getier des Bodens

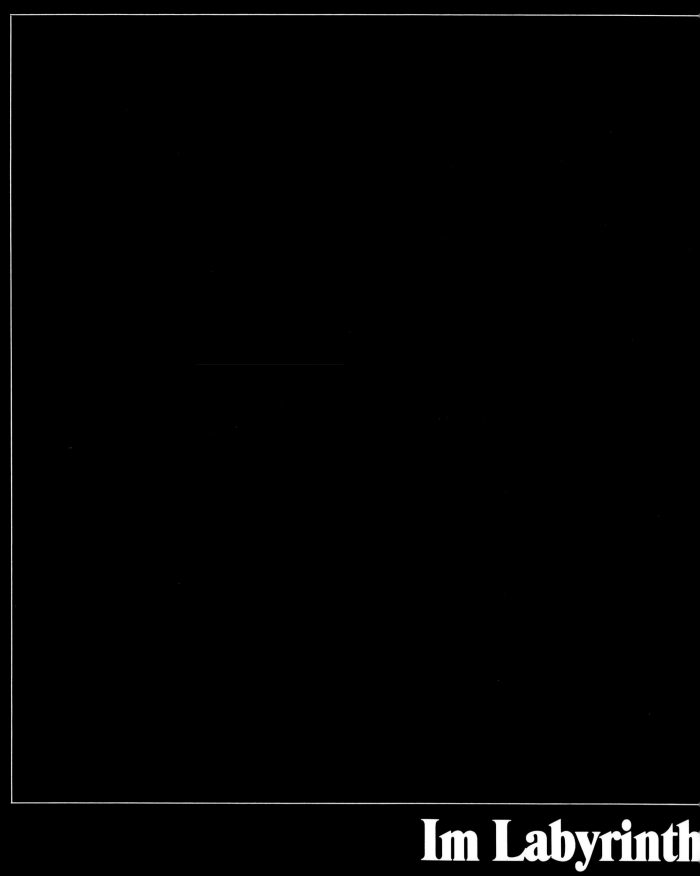

*Auf den Spuren
Alexander von Humboldts
befuhr die GEO-Expe-
dition mit Einbäumen die
legendären Wasserwege
zwischen den beiden
Flußsystemen von Orinoko
und Amazonas, um den
entlegensten aller Tepuis
zu erreichen. Myriaden
von Insekten peinigten die
Forscher, mit unheim-
lichen Kreaturen schreckte
das schwarze Wasser,
ausweglos erschienen die
überfluteten Waldungen,
umgestürzte Baumriesen be-
hinderten das Fortkommen
immer öfter. Letztlich
gab ein allmächtiger
indianischer Waldgeist der
Expedition eine über-
raschende Wende*

der schwarzen Wasser

In die unbewegte feuchtheiße Luft des grünen Tunnels über dem Fluß bringen nur die Güsse des täglichen Gewitters kurze Erfrischung. Die Fluten des Himmels verschmelzen mit denen des Flusses

Die ständige Sorge des Expeditionsleiters Charles Brewer Carias gilt nicht nur dem Vorankommen; wann wird die Trockenzeit einsetzen, den Wasserspiegel sinken lassen und damit den Rückweg verwehren?

Hier helfen Motoren nicht mehr weiter. Die tonnenschweren Einbäume müssen über die Barrieren entwurzelter Bäume geschoben und gehoben werden. Die Männer sind in ständiger Gefahr, in dem dunklen Wasser von unsichtbarem Getier attackiert zu werden

Bei sinkendem Wasserstand versammeln sich Abertausende von Schmetterlingen auf den Sandbänken der Flüsse, um mit ihren Rüsseln Mineralsalze aufzusaugen, die sich dort abgelagert haben

Monströse Kreaturen an den Ufern des Flusses: Die Kröte wiegt dreieinhalb Kilo; die Flügel des Riesenkäfers haben eine Spannweite von 20 Zentimetern; vor der giftigen Vogelspinne schützt nur ein gutes Netz; den Alligator erbeuteten die Indianer zum Abendessen

Der bleistiftdünne, meterlange Leib dieser Baumschlange faßt sich an wie edles Porzellan. Der Reptilienexperte Juan Carlos erkannte sofort, daß die Art nicht giftig ist

In der Welt des Absonderlichen sind der Phantasie keine Grenzen gesetzt: Eine haarfeine Baumwurzel wurde von Pilzgeflecht umhüllt, aus dem die Sporenkörper zu sprießen beginnen

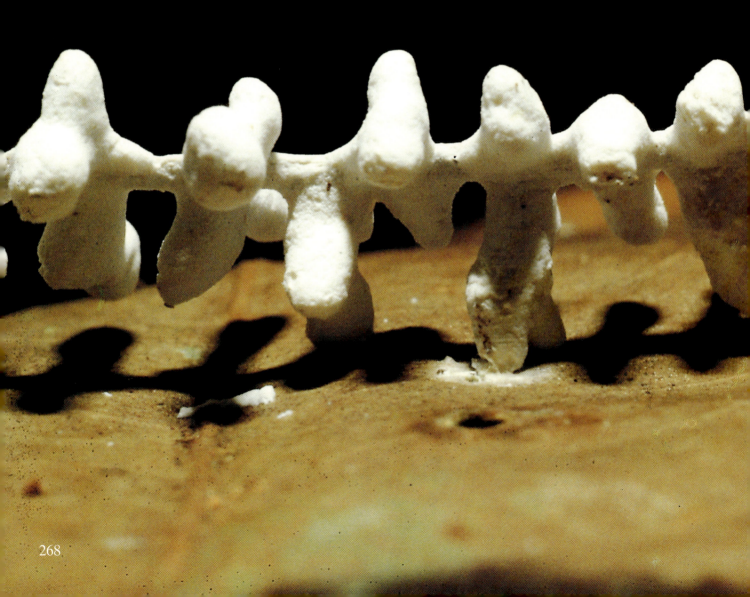

Zu den heimlichen Begleitern der Expedition im Labyrinth der schwarzen Wasser zählen die Tukane — neugierig, aber fast stets verborgen in der Blätterwand des Ufers, beäugen sie jeden Vorgang

Der Mann von der Guardia Nacional nimmt sich Zeit, all die Genehmigungen zu prüfen, die ihm Miguel in gebührend devoter Haltung überreicht hat. Es ist brütend heiß in dem Büro. Der große Deckenventilator hat Mühe, die Luft umzuquirlen. Auf dem Fußboden huscht eine große, wie poliertes Mahagoni schimmernde Kakerlake hin und her. Sie kann ihr Versteck nicht finden.

Der Uniformierte sitzt unter dem Bild des Befreiers. Auf den kraftstrotzenden Schimmel Napoleons hat der Maler den filigranen Simon Bolivar gesetzt. Wie der französische Kaiser verkündet er mit ausgestreckter Hand den Aufbruch in eine neue Zeit. Rechts daneben prangt das Wappen des venezolanischen Staates Amazonas — überladen mit exotischer Symbolik: Orchidee, Papagei, Indianer, Stromschnellen und Berge. Links hängt das Bild des derzeitigen Präsidenten Venezuelas und darunter das des Oberbefehlshabers der allmächtigen Guardia Nacional, dessen Stempel und Unterschrift unsere Genehmigungen unanfechtbar machten.

Die graue Farbe des Schreibtisches ist längst abgerieben vom Hinüberreichen Tausender von Papieren. Der Nationalgardist holt zu einem gewaltigen Schlag aus. Unsere Akte hat nun ihren elften Stempel, das blanke Blech auf dem Schreibtisch eine weitere Beule.

Wir sind mit der täglichen Linienmaschine aus Caracas nach Puerto Ayacucho gekommen, der Verwaltungshauptstadt des Bundesstaates Amazonas. Für den gewöhnlichen Reisenden ist hier die Welt unwiderruflich zu Ende, wenn er nicht schon auf dem Rollfeld den stets mißtrauischen Nationalgardisten Genehmigungen vorweisen kann. Der riesige Süden des Landes ist Sperrgebiet. Man sagt, man wolle die letzten unberührten Indianerstämme vor der Zivilisation schützen. Nur Missionare, ausgewählte Wissenschaftler, Völkerkundler, dürfen hinein. Goldsucher, Diamantenschürfer und Kokainschmuggler kennen ihre eigenen Wege durch Administration und tropischen Regenwald.

Die kleine Cessna hat Mühe, in die Luft zu kommen. Besorgniserregend tief zieht der Pilot eine Schleife über dem Orinoko, der hier zu kochen scheint zwischen Tausenden von Felsklippen, die seinen Lauf blockieren. Ich hocke mit Miguel eingeklemmt zwischen Rucksäcken, Kisten, Kanistern und Außenbordmotoren. Die zerbeulte fliegende Aluminiumkiste ist zum Bersten voll. Die Tür hat der Pilot nur mit Mühe schließen können. Durch ihren Rahmen strömt kühle frische Luft herein. Die Dichtungen sind längst herausgewittert. Von der Innenverkleidung der Kabine hängen nur noch Fetzen herab. Viele Instrumente zeigen nichts mehr an. Von irgendwo her läuft Öl über meinen Fuß, den ich aus seiner Zwangslage nicht befreien kann. Doch das alles beunruhigt mich längst nicht mehr.

Im Westen ragt der gewaltige Felsenturm des Cerro Autana auf — ein isolierter Tepui mit 1200 Meter hohen, allseits steilen Wänden und einer Oberfläche von nur ein paar Hektar. Nach einer Stunde überfliegen wir den Orinoko, dort, wo er einen großen Bogen nach Osten macht, ein drittes Mal. Von Westen, von Kolumbien, ergießt der Rio Guaviare, von Süden der Rio Atapapo schwarzes, klares Wasser in den sedimentbeladenen breiten gelben Fluß. Jenseits beginnen die großen Wälder — die größten der Welt. Sie scheinen wie ein grenzenloses grünes Meer. Darüber stehen mächtige Türme von Kumuluswolken. Aus ihrer dunklen Unterseite fällt dichter Regen wie aus einer Gießkanne, senkrecht in den Wald hinein.

Der Pilot ist längst eingeschlafen. Erst als die Maschine besorgniserregend über die rechte Tragfläche abzukippen beginnt, wacht er auf, um sie wieder auf Kurs zu bringen. Dann sinkt er abermals schnarchend über der Steuersäule zusammen, drückt sie ein, was ein erneutes Abkippen zur Folge hat — und so weiter. Da ich es für ratsam halte, daß der Pilot wach bleibt, bitte ich Miguel, ihn ständig nach irgendetwas zu fragen.

Ob der Mann an der Steuersäule überhaupt eine reguläre Flugausbildung genossen hat, ist mir ziemlich gleichgültig; Hauptsache, er besitzt Erfahrung. In solchen Regionen muß man sich mit vielem abfinden — oder man muß zu Hause bleiben. Oft bin ich im Südosten des Landes, in der Gran Sabana, mit einem Piloten geflogen, den sie El Tigre nannten. Er flog grundsätzlich angetrunken, und an der Steuersäule hing stets ein Sechserpack eiskalten Bieres. Doch als seine Kunden eines Tages dahinter kamen, daß er aus Angst vorm Fliegen trank, weil er gar keinen Pilotenschein besaß, mochte keiner mehr zu ihm steigen. Er ging pleite.

Von meinem Freund Armando Subero, mit dem ich mehrfach über der Wildnis geflogen bin, habe ich gelernt, daß die großen Kumulustürme niemals durchflogen werden dürfen, denn in ihrem Inneren wüten vertikale Scherwinde, die jedes Flugzeug zerschmettern können. Von dieser Regel hat unser Buschpilot anscheinend noch nie etwas gehört, oder er hat sich angewöhnt, sie zu ignorieren. Jedenfalls ändert er nie den Kurs vor diesen Haufenwolken, selbst nicht vor schwarzen. Ich bin jedesmal erstaunt, daß das Flugzeug an der Wolkenwand nicht ganz einfach zerschellt — so dicht erscheint der quellende Wasserdampf. Es wird fast nachtdunkel. Regen peitscht gegen das Cockpitfenster. Die Maschine bockt wie wild. Doch der Pilot döst selbst jetzt noch vor sich hin; das gibt mir, nachdem wir den dritten Wolkenturm nahe seiner schwarzen Unterseite durchflogen haben, meine Ruhe zurück.

Nach zweieinhalb Stunden landen wir in San Carlos de Rio Negro am Ufer des Flusses. Ein Wolkenbruch hat die unbefestigte Piste kurz zuvor in Schlamm verwandelt, und die Maschine gerät beim Ausrollen bedenklich ins Schlingern. Jedenfalls bin ich froh, wieder einmal einen Flug überstanden zu haben.

Das Begrüßungskomitee sind wie üblich zwei Nationalgardisten und eine lustige Schar Indianerkinder. Nach einstündigem mißtrauischen Verhör ist das Dutzend Stempel auf unseren Dokumenten voll.

In San Carlos leben etwa 300 Indianer und Mischlinge, 200 Katzen, 100 Hunde, 60 gezähmte Papageien, 10 Tukane, ein paar Dutzend Schweine und einige Tapire, die wie Schweine gehalten werden. Zu jeder Hütte gehört ein kleiner Hintergarten mit Kochbananenstauden, Maniokstauden, Limonen- und Mangobäumen.

Es gibt drei unbefestigte, ausgewaschene Straßen. Eine endet im nahen Wald, die zwei anderen führen zum Rio Negro hinunter. Mehrmals am Tag bricht ein ohrenbetäubendes Getöse über den Ort herein — wenn der schwere Regen auf die Wellblechdächer niederprasselt und den Menschen ein wenig Abkühlung bringt. Für Momente nur, denn wenn die Sonne dann wieder hervorbricht, ist es wie in einer Dampfsauna. Auf Straßen und Wegen breitgetretene, fermentierte Früchte riechen dann noch aufdringlicher.

Ich habe den Eindruck, alle Frauen zwischen fünfzehn und fünfzig sind schwanger. Am Sonntag segnet der Priester in der Kirche sie und ihre Leibesfrucht. Und da die Präsidentschaftswahlen bevorstehen, sagt er den Männern auch, wen sie wählen sollen.

Vor der kleinen Kirche liegt die Plaza, auf der aber nie jemand sitzt. In ihrer Mitte, auf einem steinernen Sockel, steht die obligatorische Bronzebüste Simon Bolivars: „El Padre de la Patria". Aber außer den Nationalgardisten und den Soldaten der Marinebasis am Fluß wohnen hier keine Patrioten. Caracas ist weit, und gewesen ist dort kaum jemand.

Die Menschen von San Carlos hören am liebsten brasilianische Musik, und sie betreiben ein wenig Schmuggel mit den Bewohnern des kolumbianischen San Felipe am anderen Ufer des Flusses.

Nur die Männer verlassen abends das Haus, versammeln sich vor der einzigen Kneipe und trinken Unmengen von Bier aus Dosen, deren Markenzeichen „Polar" mit einem Eisbären darunter Kälte vorgaukelt.

Viele Indianer, die hier seit Generationen leben, haben sich den Namen da Selva gegeben, und das heißt „aus dem Wald". Dort liegen noch immer ihre Brandrodungen, ihre Obst- und Gemüsegärten; im Wald lebt das Wild, dem sie auch heute nachstellen, und in ihm finden sie noch immer die Kräuter gegen ihre Gebrechen.

Nach San Carlos führt kein Weg über Land. Alle drei Monate kommt ein großes Flußboot aus dem fernen Manaos, bringt gezuckerten portugiesischen Rotwein und die Güter der Plastikkultur: Spielzeug für die Kinder darunter und rosafarbene Madonnen, die sich von innen beleuchten lassen, über dem Haupt eine Neonröhre als Heiligenschein. Häufiger, etwa alle zwei Wochen, trifft eine palmenblattgedeckte Falca aus Puerto Ayacucho ein. Die Fahrt in einem solchen Flußprahm, der von zwei seitlich vertäuten Einbäumen mit Außenbordmotoren angetrieben wird, dauert in der Regel acht Tage: von oberhalb der Stromschnellen in Puerto Ayacucho zunächst den Orinoko aufwärts und dann durch den Casiquiare in den Rio Negro. Die Passagiere übernachten in ihren mitgebrachten Hängematten.

Aber es kommen nur sehr selten Fremde in diesen weltfernen Ort. An die wenigen, die im Laufe der Zeiten kamen, erinnert man sich. Wenn man von Alejandro spricht, dann meint man Alexander von Humboldt, der mit seinem Begleiter Aimé Bonpland im Mai des Jahres 1800 hier auftauchte, um die Phänomene von Himmel, Erde und Wasser zu erforschen. Damals war San Carlos noch ein militärischer Außenposten Brasiliens. Als die Forscher ihre Reise bis an die Mündung des Amazonas fortsetzen wollten, riet ihnen der Kommandant wohlwollend ab. Erst nach seiner Rückkehr in Europa erfuhr Humboldt, daß die portugiesischen Behörden befohlen hatten, ihn sofort als Spion festzunehmen, falls er ihr Gebiet betreten sollte. Ihr Mißtrauen richtete sich gegen die neuartigen Instrumente, mit denen er astronomische Positionsbestimmungen vornahm.

Der mächtige Baum hinter der Kirche, den Humboldt genau beschrieb, steht immer noch, und ein ganzer Kosmos exotischer Tiere hat darin auch heute seine Heimstatt.

Die Fluten des Rio Negro strömen an San Carlos schwer und lautlos vorüber wie warmes, schwarzes Öl, über dem zwei Sonnen stehen — eine wirkliche, und eine, die ihre Strahlen im Rhythmus der Wellen von der Oberfläche des dunklen Spiegels aussendet. Eine seltsame Stille liegt über diesem Fluß. Keine Möwen mit ihrem Geschrei, keine anderen Wasservögel. Selten hört man das Atmen eines Süßwasserdelphins, und nur gelegentlich springt ein Fisch hoch, auf der Flucht vor Feinden oder um Parasiten loszuwerden und fällt platschend ins Wasser zurück. Dies ist kein Fluß, der zum Baden einlädt. Sein Wasser ist zu düster und zu warm.

Nach seiner Wassermenge ist der Rio Negro hinter dem Amazonas einer der größten Ströme der Erde. Zu gewissen Jahreszeiten führt er sogar mehr Wasser als der Amazonas, in den er inmitten des Kontinents bei Manáos mündet; an einer Stelle erreicht dieser „Nebenfluß" eine Breite von 21 Kilometern. Das andere Ufer erweist sich vielerorts nur als eine von vielen Inseln.

Eine Falca hat uns aus Puerto Ayacucho 20 Fässer mit 1200 Litern Benzin gebracht. Eigentlich sollen es 24 Fässer sein, aber vier seien unterwegs irgendwie verschwunden, erklärt der Bewacher des Depots. Der Treibstoff ist für unsere Außenbordmotoren bestimmt. Unter Führung von Charles Brewer Carias wollen wir eine lange Fahrt unternehmen — den Rio Baria aufwärts bis an den Fuß des ausgedehnten Cerro de la Neblina, dem Nebelgebirge an der Grenze zu Brasilien. Wir wollen versuchen, auf dieses mit mehr als 3000 Metern höchste aller Sandsteinplateaus durch den Cañon des Rio Baria aufzusteigen. Ein schwieriges Unterfangen, das bisher nur einmal, vor Jahrzehnten, gelungen ist. Auch Charles kennt die Region. Er hat von 1983 bis 1985 mehrere große Expeditionen mit Hubschraubern auf das Nebelgebirge gemacht.

Früh am Morgen brechen wir auf. Die Bordwände der drei Bongos, wie die Einbäume hier genannt werden, ragen nur noch wenige Zentimeter über das Wasser, so schwer sind sie beladen. Ein großes Bongo, acht Meter lang, aber nur wenig mehr als einen Meter breit, ist mit 700 Litern Treibstoff das Tankschiff der Expedition; die zwei kleinen Bongos führen noch einmal 300 Liter mit sich. Die Mannschaft besteht aus fünf Weißen sowie fünf Indianern als Arbeitskräfte und Kundschafter.

Der Vormann unserer Begleiter ist Chimo Garcia vom Stamm der Mandavaca. Diese nomadisierende Indianergruppe wurde seit den fünfziger Jahren von niemandem mehr gesehen. Auch Chimo kennt ihren Aufenthalt nicht — und Chimo weiß sonst sehr viel. Es gibt keinen erfahreneren Landeskenner als ihn. Mit seinem blauen Plastikhelm, der ihn wie einen Bauarbeiter aussehen läßt und den er außer zum Schlafen nie absetzt, ist er ein Markenzeichen für kundige Begleitung geworden; schon vor dem Zweiten Weltkrieg hat er Expeditionen nach den Quellen des Orinoko angeführt. Nun ist er bald achtzig.

In schneller Fahrt gleiten wir flußaufwärts, an dichtbewaldeten Inseln vorbei. Ich habe es mir auf einem mit Maniokschrot gefüllten Sack so bequem wie möglich gemacht. Charles, im großen Bongo neben mir, hat es besonders gut getroffen. Zwischen den aufeinandergestapelten Benzinfässern liegt er wie in einem Sessel.

Das Spiegelbild des Bongos im Wasser mit seiner Ladung und Besatzung — Charles unter seinem

Der Vormann der indianischen Begleiter ist Chimo Garcia vom Stamm der Mandavaca

Expeditionsleiter Charles Brewer Carias: Auf den Spuren Alexander von Humboldts den Rio Negro aufwärts

Strohhut und mit dem Notizbuch in der Hand, in das er ständig alle Beobachtungen und Vorkommnisse einträgt – erinnert mich an eine alte Illustration, die ich schon als Kind fasziniert betrachtet habe. Ihre Unterschrift: „Der große deutsche Forscher Alexander von Humboldt erkundet die Aequinoctialgegenden des neuen Continents". Nun plötzlich ist mir Humboldt, in dessen Kielwasser wir hier reisen, gegenwärtig. Im Geiste verschwindet der Außenbordmotor hinter mir. Zehn schweißglänzende Indianerkörper treiben das Bongo mit Stechpaddeln voran. Auf Charles' Schulter sitzt ein farbenprächtiger Papagei. In Käfigen schnattern Affen.

Humboldts Bongo war eine Arche Noah gewesen, angefüllt mit einem halben Dutzend Papageien, Tukanen, Hühnern, dazu ein Hund sowie acht Affen und allerlei anderes Getier, das der Naturforscher intensiv studierte und beschrieb.

„Der Tukan gleicht nach Lebensweise und geistiger Anlage dem Raben; es ist ein mutiges, leicht zu zähmendes Tier. Sein langer Schnabel dient ihm als Verteidigungswaffe. Er macht sich zum Herrn im Hause, stiehlt was er erreichen kann, badet sich oft und fischt gern am Ufer des Stromes."

Eine andere Beobachtung: „Ich habe nicht bemerkt, daß, wie in manchen naturgeschichtlichen Werken steht, der Tukan infolge des Baus seines Schnabels sein Futter in die Luft werfen und so verschlingen müßte. Allerdings nimmt er dasselbe etwas schwer vom Boden auf; hat er es aber einmal mit der Spitze seines ungeheuren Schnabels gefaßt, so darf er nur den Kopf zurückwerfen und den Schnabel, solange er schlingt, aufrecht halten. Wenn er trinken will, macht der Vogel ganz seltsame Gebärden. Die Mönche sagen, er mache das Zeichen des Kreuzes über dem Wasser, und wegen dieses Volksglaubens haben die Kreolen dem Tukan den sonderbaren Namen Diostede (Gott vergelt's dir) geschöpft…"

„Unsere Tiere waren meist in kleinen Holzkäfigen, manche liefen aber frei überall auf der Piroge herum. Wenn Regen drohte, erhoben die Aras ein furchtbares Geschrei, und der Tukan wollte ans Ufer, um Fische zu fangen, die kleinen Titi-Affen liefen zu Pater Cea und krochen in die ziemlich weiten Ärmel seiner Franziskanerkutte."

Nach knapp einer Stunde zeigen gewaltige Strudel die nahe Einmündung des Casiquiare an. Der Sog wird so stark, daß er selbst die motorisierten Bongos vom Kurs abbringt, obwohl wir uns in sicherer Entfernung wähnen. Die Strudel bilden gebänderte Spiralen von gelber und schwarzer Farbe. Hier vermischt sich das klare, dunkle Wasser des Rio Negro mit dem sedimentbeladenen helleren des Casiquiare.

Humboldt hatte sich vorgenommen, die Herkunft der Wasser des Casiquiare endgültig zu klären, denn darüber gab es seit der Entdeckung der Flußsysteme immer wieder erbitterten Streit zwischen den Gelehrten.

Als 1599 die Karte Sir Walter Raleighs erschien, waren auf ihr Flußverbindungen zwischen dem Orinoko- und dem Amazonasbecken eingezeichnet. Doch da Raleigh vielen als Phantast galt, schenkte man dieser Besonderheit wenig Glauben. Dann, im Jahr 1639, brachte der spanische Jesuit Acuna ebenfalls die Kunde von einer Verbindung jener großen Strombecken nach Europa. Aber auch ihm nahm das niemand ab. Auf einer bereits sehr detaillierten Karte des deutschen Jesuitenpaters Fritz von 1690 ist eine solche Verbindung nicht eingetragen. Stattdessen trennt eine imaginäre Bergkette beide Becken.

Endlich, etwa ein halbes Jahrhundert später, 1744, befuhr der Missionar Pater Román den Casiquiare und bezeugte die Existenz der legendären Verbindung zwischen beiden Stromsystemen.

Doch was nicht in die Lehrmeinung paßte, das durfte nicht sein. Man blieb dabei: Jeder Fluß habe sein eigenes Einzugsgebiet, lediglich eine Quelle und eine Mündung sowie nur ein Becken, das er entwässere. Kein Fluß könne zugleich zwei Becken zugeordnet sein.

Noch ein Jahr vor Humboldts Abreise nach Südamerika gab einer der führenden Geographen jener Epoche, der Franzose Philip Buache, die „Carte Generale de Guayane" heraus — mit der Anmerkung: „Die lange gehegte Vermutung, es gäbe eine Verbindung zwischen dem Orinoko und dem Amazonas, ist ein monströser Fehler in der Geographie. Man beachte die große Bergkette, welche die Flüsse trennt." Wieder war, um des Dogmas willen, ein Gebirge erfunden worden.

Zwei Jahre später vermaß Humboldt die Verbindung beider Strombecken mit wissenschaftlicher Akribie. „Ich komme zur dritten Eigentümlichkeit im Laufe des Orinoko, zu jener Gabelteilung, die man im Moment, da ich nach Amerika abreiste, wieder in Zweifel gezogen hatte. Diese Gabelteilung *(divergium amnis)* liegt nach meinen astronomischen Beobachtungen in der Mission Esmeralda unter 3° 10′ nördlicher Breite und 68° 37′ westlicher Länge vom Meridian von Paris."

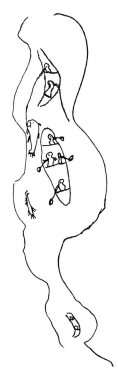

Humboldts Autorität gelang es dann tatsächlich, das „geographische Monstrum" glaubhaft zu machen. Er wäre nicht jenes Universalgenie gewesen, hätte er sich nicht die Frage gestellt, wie der Casiquiare über die im Prinzip bestehende Wasserscheide an einer Stelle hinüberwechseln und in das Amazonasbecken abfließen kann. Oder bestand hier etwa keine Wasserscheide? Humboldt kam zu einer genialen, buchstäblich tiefgründigen Erkenntnis: „Erfolgt die Gabelung eines Flusses an der Grenze zweier Becken (wie hier an der des Orinoko- und Amazonasbeckens), so läuft die Wasserscheide durch das Bett des Hauptbehälters selbst. Der sich abzweigende Arm stellt dann eine hydraulische Verbindung zwischen zwei Flußsystemen her." Mit anderen Worten: Eine Wasserscheide besteht, aber sie erhebt sich nicht zwischen den Flüssen, sondern liegt am Grund des Orinoko selbst, und sie reicht in den ungeheuer ausgedehnten flachen Ebenen der zwei Strombecken aus, um die Verbindung herzustellen.

Als Volkmar Vareschi 150 Jahre später während einer Humboldt-Gedächtnis-Expedition die Gabelung des Orinoko aufsuchte, gelang es ihm mit sorgfältigen Lotungen oberhalb der Abzweigung, am Grunde des Flusses die von Humboldt erdachte Wasserscheide in Form einer langgestreckten Sandbank tatsächlich nachzuweisen. Doch sie ist nur Folge, nicht Ursache.

Drei Kilometer oberhalb der Gabelung, wo der Rio Tama-Tama in den Orinoko mündet, verengt und vertieft sich der mächtige Strom. Dadurch entsteht dort eine Düsenwirkung, die die Wasser-

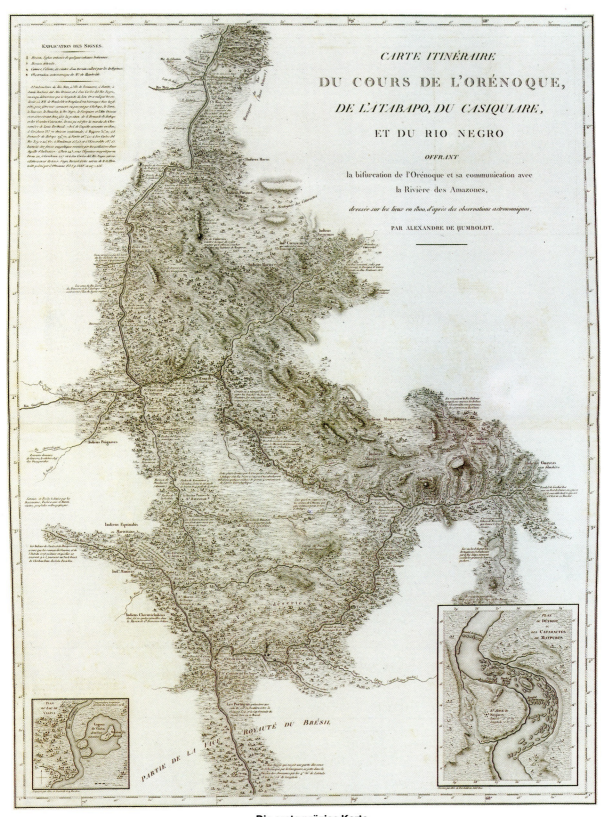

Die erste präzise Karte vom Casiquiare, der bis dahin legendären Flußverbindung zwischen dem Orinoko und dem in den Amazonas abfließenden Rio Negro, erschien in Alexander von Humboldts großem Reisewerk 1814 – zugleich das erste kartographische Dokument von den Tafelbergen nördlich Esmeraldas

massen in zwei Ströme aufspaltet, welche am linken und rechten Ufer verlaufen. Wo der eine Strom auf eine Klippe trifft, wird er nach Osten abgelenkt und bildet den Casiquiare.

Nach zwei Stunden Fahrt auf dem Casiquiare müssen wir in der kleinen Siedlung Solano halten. Es ist lediglich eine Station der Guardia Nacional, die letzte. Von Hand schreiben die Gardisten jedes Wort unserer Genehmigungen in ein großes Buch, und das dauert natürlich. Doch schließlich geht es weiter.

Ich kann mir nur wenig Schöneres vorstellen als die Fahrt auf südamerikanischen Urwaldflüssen. Der Fahrtwind ist erfrischend. Wir gleiten zügig zwischen den grünen Wänden des Waldes hin, die von Lianen und Gestrüpp so dicht verwoben sind wie eine Hecke, so daß man nicht ins Innere des Waldes blicken kann. An einigen Stellen hängen meterlange, feuerrote Blütenrispen aus der Wand herab.

Ein herrliches Schauspiel läuft vor uns ab. Abermillionen dunkelsamtblauer Schmetterlinge überqueren das Wasser. Blickt

man mit dem Fernglas über den Fluß, so verdichten sich die Falter zu einem Flügelgestöber.

Am frühen Nachmittag taucht der pittoreske Granitfelsen Culimacari auf, an dessen Fuß Humboldt einst übernachtete. In dem kleinen Indianerdorf schräg gegenüber legen wir an. Charles erhandelt ein halbes Dutzend Ananas und ein paar geräucherte Flußfische. Beides ergibt ein köstliches Mittagessen. Die Wildform der Ananas, die zur Familie der Bromelien gehört, stammt aus dem Orinokobecken. Sie wurde von den Indianern, wie viele andere Nutzpflanzen, vor Jahrtausenden kultiviert.

Chimo möchte am liebsten in dem Ort übernachten, denn – wie er ohne Umschweife zugibt – hier wohnt eine seiner vielen Freundinnen. Aber wir wollen vorankommen, und Nachtlager am Casiquiare sind der Schrecken jedes Forschungsreisenden – wegen der Insektenplage. In manchen Nächten legen sich blutsaugende Insekten wie Nebel über den Fluß.

Stunde um Stunde fahren wir zwischen den Wänden des Waldes dahin. Es gibt keine Siedlung mehr, wir sehen keine Menschen, keine Boote.

Alexander von Humboldt hatte in dieser weiten und unberührten Landschaft eine Vision: „Da wird der Casiquiare, ein Strom, so breit wie der Rhein und 330 km lang, nicht mehr umsonst eine schiffbare Linie zwischen zwei Strombecken bilden, die 3 850 000 qkm Oberfläche haben. Das Getreide aus Neugranada wird an die Ufer des Rio Negro kommen, von den Quellen des Napo und des Ucayale, von den Anden von Quito und Oberperu wird man zur Mündung des Orinoko hinabfahren, und dies ist so weit wie von Timbuktu nach Marseille. Ein Land, neun- bis zehnmal größer als Spanien und reich an den mannigfaltigsten Produkten, kann mittels des Naturkanals des Casiquiare und der Gabelteilung der Flüsse nach allen Richtungen hin befahren werden. Eine Erscheinung, die eines Tages von bedeutendem Einfluß auf die politischen Verhältnisse der Völker sein muß, verdiente es gewiß, daß man sie genau ins Auge faßte."

Diese Vision jedoch erfüllte sich nicht. Die Gegend um den Casiquiare ist heute weniger bevölkert als zu jener Zeit. Damals gab es etwa vierzig Siedlungen, heute gibt es nur noch vier bewohnte Flecken. Humboldt konnte nicht wissen, was Forscher erst in unse-

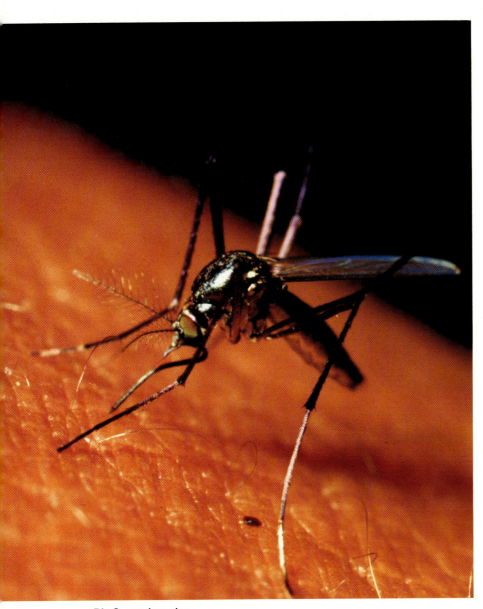

Die Gegend um den Casiquiare ist berühmt-berüchtigt wegen ihrer besonders schweren und häufigen Gewitter sowie ihrer Myriaden von blutsaugenden Insekten, unter denen die Anopheles als Malariaüberträger besonders gefürchtet ist

rem Jahrhundert herausgefunden haben: Der Untergrund des Waldes ist nichts als unfruchtbarer Sand und eignet sich nicht zur Bewirtschaftung.

Einmal halten wir kurz an einer Felseninsel, die jetzt während der Trockenzeit frei liegt. Sie ist bedeckt mit Hunderten primitiver Felsgravuren. Volkmar Vareschi hat sie treffend als ornamentale Siegel bezeichnet, die sich heute nicht mehr deuten lassen. Rohe Darstellungen von Krokodilen und Kröten sind zu erkennen. Unsere Indianer wissen nicht, wer sie geschaffen hat. Niemand weiß es.

Als die Sonne sich dem Horizont zuneigt, laufen wir in die Mündung des Rio Pacimoni ein. Wie der Rio Negro ist er ein klarer Schwarzwasserfluß. Nach ein paar Flußwindungen schlagen wir auf einem flachen, felsigen Vorsprung des Ufers unser Nachtlager auf. Es ist ein wunderschöner Ort ohne Moskitoplage. Wegen des hohen Säuregrads der Schwarzwasserflüsse können in ihnen Mückenlarven nicht überleben, genausowenig anderes Kleingetier oder Algen. Somit ist die Grundlage einer Lebensgemeinschaft, wie wir sie normalerweise von Gewässern kennen, nicht gegeben. Trotzdem lebt im Pacimoni eine faszinierende Artenfülle von Fischen. Wir sehen und hören es über dem abendlichen Fluß. Kleine, aber auch große Fische versuchen, sich mit hohem Sprung vor verborgenen Feinden zu retten.

An der Basis der Nahrungspyramide stehen hier Fische, die sich von dem ernähren, was vom Wald in den Fluß hineinfällt und hineinspült, vorwiegend Früchte und Blätter. Einige Arten sind so spezialisiert, daß sie mit einem eigens dafür geschaffenen Maul Blütenstaub von der Wasseroberfläche aufnehmen können. Von all diesen Pflanzenfressern ernährt sich ein Heer fleischfressender Arten, die sich wiederum gegenseitig jagen.

Schweiß und Hitze eines langen Tages treiben mich in das dunkle, erfrischungverheißende Wasser, obwohl sich mein Instinkt dagegen sträubt. Es gibt zu viele Geschichten über die Kreaturen südamerikanischer Flüsse. Vom Piraiba-Wels, der drei Meter lang wird – bei einem Umfang von zwei Metern –, erzählt man, daß er gelegentlich badende Kinder schluckt. Auch die Piranhas mit ihrem in der Tat furchteinflößenden Gebiß müssen immer wieder für Schauergeschichten herhalten, die jedoch bei einer genaueren Überprüfung meist als maßlos übertrieben entlarvt werden. Doch ein wenig auf der Hut sein muß man vor ihnen schon. Charles hat mich besonders vor einer großen, einzeln jagenden Art gewarnt, die ihren Opfern mit schnellen Attacken Fleischstückchen aus dem Körper reißt. Da dieser Räuber durch heftige Bewegungen zum Angriff gereizt

Piranhas sind harmloser als ihr Ruf. Erst bei sinkendem Wasserstand, zusammengetrieben in Altwassern und bedroht vom Hungertod, fallen sie über alles her, was sich bewegt

Ein Dinosaurier unter den Schlangen: Die Anakonda, um die sich viele Legenden ranken, ist zwar das längste Reptil auf Erden, aber ein Exemplar von mehr als zehn Metern wurde trotz hoher Belohnung noch nicht gefangen

wird, bin ich gehalten, nie ins Wasser zu springen.

Kaum liege ich im Wasser, versuchen kleine Fische – nicht viel länger als ein paar Zentimeter –, an meiner Haut zu knabbern, und ich werde das unangenehme Gefühl nicht los, daß mich größere Fische gierig belauern.

Inzwischen sind auch die anderen Mitglieder der Expedition ins Wasser gekommen, während die Indianer in die Dunkelheit hinausfahren, um Fische für unser Abendessen zu jagen. Wir achten sorgsam darauf, nicht auf sandigen Grund zu treten, denn dort vergraben sich die Pez-Raya, die gefürchteten Stachelrochen. Wenn man sie berührt, schnellt ihr peitschenartiger, stachelbewehrter Schwanz hoch; wie ein gezacktes Schwert bohrt sich der Stachel ins Bein und verursacht eine furchtbare Wunde, die viele Jahre quälen kann. Die Waffe des Pez-Raya ist so scharf, daß sie sogar Lederstiefel und Knochen durchbohren kann; ihre schleimige Haut scheidet ein Nervengift und eine gewebezersetzende Substanz aus. In einigen Gegenden Venezuelas tragen Frauen den Stachel als Waffe bei sich.

Um den Pez-Raya drehen sich ohnehin die tollsten Geschichten. Chimo erzählt uns abends, daß es Linderung nach dem Stich nur gibt, wenn man die Wunde mit dem Menstruationsblut einer Frau bestreicht – oder aber, falls dies nicht verfügbar sein sollte, deren Waschwasser trinkt. Je dunkler ihre Hautfarbe, so versichert er, desto größer sei die Wirkung.

Diese merkwürdigen Empfehlungen hängen vielleicht damit zusammen, daß ein anderer gefürchteter Bewohner der Flüsse es auf den Intimbereich des Körpers abgesehen hat – ein winziger, nadelförmiger Fisch, der mit dem suggestiven Namen *Urinophilus diabolicus* bedacht worden ist. Auf Deutsch heißt das etwa „teuflischer Liebhaber des Urins".

Dieser hochspezialisierte Wels dringt hauptsächlich in die Kiemen anderer Fische ein, hakt sich dort mit Hilfe seiner dornenbestückten eigenen Kiemendeckel fest und schmarotzt blutsaugend an seinem Wirt. *Urinophilus diabolicus* findet aber auch eine andere ökologische Nische durch die Angewohnheit vieler Säugetiere – Menschen eingeschlossen –, beim Baden zu urinieren. Der Harnstrom lockt den Fisch an und weist ihm den Weg in die Harnröhre seines Opfers, wo er sich einnistet. Es ist unmöglich, ihn dort zu entfernen, ohne sich schwere Verletzungen zuzufügen; nur ein chirurgischer Eingriff kann helfen. Diese wahrhaft teuflischen Fische sind die einzigen Wirbeltiere, die parasitär im Menschen zu leben vermögen.

Am Ende einer langen Nahrungskette steht für uns ein herrliches Essen, welches Cunejo, un-

Der giftige Sporn am Schwanz des Stachelrochens kann auch für den Menschen gefährlich werden

ser indianischer Koch, zubereitet hat: gegrillte Piranhas, die zu den schmackhaftesten Fischen zählen.

Die Fahrt auf dem Rio Pacimoni führt uns nach Süden. Charles verfolgt den mal gewundenen, mal auch auf längeren Strecken geraden Fluß auf einem Satellitenfoto mit einer Lupe. Der Flußlauf ist deutlich als schmales, dunkles Band zwischen den im Infrarotbereich aufgenommen endlosen Urwäldern zu erkennen.

Am nächsten Morgen verlassen wir die vertraute tropische Umgebung und gelangen in eine seltsame, fremdartige Welt. Der Uferwald wird lichter und niedriger. Es gibt auffallend viele Palmen. Manche hohe, schlanke Bäume erscheinen wie krank, da sie im Verhältnis zu ihrer Größe nur wenige Blätter haben. Am merkwürdigsten sehen Bäume mit einem dicken, tonnenförmigen Stamm aus. Charles schlägt den Stamm einer anderen Baumart mit nur zwei, drei Schlägen seiner Machete durch und hebt den ganzen Baum vor meinem staunenden Blick mit nur einer Hand empor, als wäre er gewichtslos. Das Holz ist so großzellig, daß es noch weniger wiegt als das schon extrem leichte Balsaholz.

Streckenweise können wir ein Ufer gar nicht mehr klar ausmachen. Fluß und Wald gehen ineinander über. Hier beginnt das Reich riesiger Sumpfwälder, in die noch nie ein Mensch weiter als ein paar Kilometer eingedrungen ist. Wir sind im Quellgebiet des Schwarzwassers.

Hier hat sich der effektive Nährstoffkreislauf des tropischen Regenwaldes – im dritten Kapitel beschrieben – fast ins Gegenteil verkehrt. Weil der Untergrund sehr nährstoffarm ist, verfügen die Bäume über enorme Wurzelsysteme, die aber immer noch nicht ausreichen, um laubreiche Kronen zu bilden. Während ein Baum des Tropenwaldes mehrere hunderttausend Blätter mit einer Assimilationsfläche von mehreren hundert Quadratmetern trägt, besitzt ein Baum von etwa gleichem Stammdurchmesser in diesem Sumpfwald nur noch ein paar tausend Blätter, die lediglich eine Gesamtfläche von etwa einem Quadratmeter ergeben.

Wie ein dichter, meterdicker Filz bedecken die Wurzeln den ganzen Grund des Sumpfwaldes. Sie zehren durch ihre Atmung den Sauerstoff des Wassers und des Bodens so sehr auf, daß es den ebenfalls auf Sauerstoff angewiesenen humusbildenden Kleinorganismen nicht mehr möglich ist, komplette Humusmoleküle zu bilden. Die komplexe Herstellung dieser Moleküle kommt etwa auf halbem Wege zum Erliegen. Die unfertigen Substanzen sind wasserlöslich, so daß sie ins Grund- und Flußwasser abwandern. Sie geben den Schwarzwasserflüssen ihre teegoldene dunkle Färbung.

Haufen von Kumuluswolken im Süden weisen uns den Weg. In ihnen verborgen liegt das Nebelgebirge. Am Nachmittag verlassen wir mit unseren Booten den Pacimoni und biegen in den Rio Baria ein. Seine dunklen Fluten stammen vom Neblina. Am zweiten Tag wird der Lauf des Baria immer gewundener, und die Wände des Waldes rücken enger zusammen. Alle ein, zwei Stunden überschüttet uns ein Wolkenbruch. Die großen Tropfen fallen so dicht, daß wir hinter ihrem Vorhang das andere Bongo nicht mehr ausmachen können.

Der Waldtyp hat sich abermals völlig geändert. Jetzt fahren wir durch einen üppigen Tiefland-Regenwald. An der großen Vielfalt

Ein Profil durch den Sumpfwald am Rio Pacimoni: Charakteristisch sind die tonnenförmigen, leichtgewichtigen Stämme und die dünn belaubten Kronen — mehr geben die Nährstoffe nicht her

1 Montrichardia arborescens
2 Malouetia glandulifera
3 Tococa spec.
4 Pachira aquatica
5 Leopoldinia piassava
6 Rhynchospora spec.
7 Leopolidinia pulchra
8 Ravenala guianensis
9 Rapatea paludosa
10 Mauritia aculeata
11 Desmoncus horridus
12 Tachigalia cavipes
13 Eschweilera rigida

der Blattformen um uns herum läßt sich seine hohe Artendichte ablesen. Die Bäume erreichen Höhen bis zu 50 Metern. Aus ihren Kronen hängen armdicke Lianen herab.

Die Spannung steigt. Hinter jeder Flußbiegung bieten sich neue faszinierende Ausblicke, neue Kreaturen, neue Geräusche. Überraschte Affenhorden fliehen kreischend in die Tiefe des Waldes. Große blaue Morphofalter blitzen auf, wenn sie in der Dunkelheit des Laubwerks durch einen Lichtstrahl fliegen. Prächtig leuchtendgelb und blau gefärbte Aras werden aufgescheucht und kreisen schreiend über uns Eindringlingen, immer paarweise und ganz dicht beieinander. Regelmäßig ist aus der Tiefe des Waldes ein durchdringender, peitschenartiger Pfiff zu hören. Die Indianer sagen, es sei ein Vogel, der mit seiner lauten Stimme Goldsuchern den Weg zu ihren Schätzen weist.

Einzelne Baumriesen sind in den Fluß gestürzt. Auf ihren Stämmen sonnen sich Krokodile und Schildkröten. Sobald wir näherkommen, fliehen sie ins Wasser. Noch können wir die umgefallenen Bäume umfahren, aber in den immer engeren Windungen hat unser langes Tankschiff zunehmend Schwierigkeiten.

Am Ende unseres dritten Reisetages errichten wir unser Nachtlager auf einer hohen Uferböschung unter mächtigen Bäumen. In kurzer Zeit haben die Indianer mit ihren Macheten eine Lichtung in das Unterholz geschlagen und die großen leuchtendblauen Regenplanen gespannt, unter denen dann die Hängematten zwischen Stämmen befestigt werden.

Die Hängematte ist eine geniale Erfindung der südamerikanischen

Der Wald kennt keine Ruhe. Jeden Morgen veranstalten die Brüllaffen auf dem Kronendach ihr dröhnendes Konzert. Still, aber jederzeit zum Zustoßen bereit, lauert die Lachsboa auf Beute. Tag und Nacht ist ein Heer von Käferarten aktiv. Für alle gilt: Fressen — und gefressen werden

Waldindianer. Man ruht in luftiger Höhe über all dem giftigen oder zumindest lästigen Ungeziefer am Boden — nur: Man muß in ihr schlafen können. Unruhige Schläfer wie ich, die sich dauernd umdrehen, haben es da schwer. So bin ich gezwungen, mich im Zelt auszustrecken, und darin ist es etwa wie in einer Sauna.

Charles beschließt, das Tankschiff mit den bereits leeren Fässern und einem Treibstoff-Vorrat für die Rückfahrt am Übernachtungsplatz zurückzulassen. Den Rest laden wir in die beiden kleinen Bongos um. Der Fluß ist inzwischen so schmal geworden, daß sich die Kronen der Bäume mehr und mehr darüber schließen, und umgefallene Stämme bilden jetzt Brücken von Ufer zu Ufer. Ältere Brücken sind dicht von Dutzenden verschiedener Pflanzenarten bewachsen; oft sprießen aus den Stämmen neue Triebe als regelrechte kleine Bäumchen empor und erwecken den gefallenen Riesen zu neuem Leben. Unter den ersten Brücken können wir mit dem flachen Bongo gerade noch durchfahren. Sehr genau jedoch prüfen wir dabei, ob in den hängenden Gärten nicht Schlangen, Vogelspinnen oder gefährliche Ameisen lauern. Denn die Tiere benutzen die Stämme wirklich als Brücken, und über einige führen regelrechte Ameisenstraßen.

Stämme knapp unter der Wasseroberfläche überwinden wir mit einer rasanten Anfahrt, wobei sich alle Insassen des Bongos im hinteren Teil versammeln, damit der vordere Teil schräg aus dem Wasser ragt. Wenn das Boot auf den Stamm aufgeglitten und etwa halb darüber hinweggerutscht ist, stürzen wir nach vorn. Nun senkt

Der Franzose Bernard Durin ist ein Meister der wissenschaftlichen Illustration. Seine Zeichnungen von südamerikanischen Insekten vermitteln mehr Details, als es Fotos vermögen. Die Zikade *Phrictus d'adema* gehört zu den größten fliegenden Insekten überhaupt. Die Biene *Exaerete smaragdina* hat einen extrem langen Rüssel entwickelt, um auch den Nektar in tiefen Blüten zu erreichen. Der riesige Käfer *Dynastes hyllus* benutzt seine mächtigen Hörner als Waffe bei Revierkämpfen mit seinesgleichen. Die Flügel des Käfers *Strategus jugurtha,* die unter gepanzerten Decken zum Vorschein kommen, haben eine Spannweite von nahezu 20 Zentimetern

sich der Bug, hebt sich das Heck, und das Bongo rutscht auf die andere Seite. Das alles geschieht in Sekunden, und der Bootsführer muß den Außenbordmotor im richtigen Moment hochreißen.

Nicht immer gehen diese Manöver glatt. Bei einem dicken Stamm reicht die Fahrt nicht aus, um das Bongo hinüberzuschieben. Auf halbem Wege bleibt es liegen. Wir müssen ins Wasser steigen, das uns bis an die Brust reicht. Zu sechst, oft völlig untertauchend, wuchten wir das schwere Bongo über den Stamm.

Irgendwann ist dann der Fluß blockiert durch einen Baum, den wir weder unterqueren noch überqueren können. Sorgfältig prüfen die Indianer, wie sie den meterdicken Stamm mit dem geringsten Kraftaufwand zerteilen können. Zur Ausrüstung gehört auch eine Motorsäge. Wir haben Glück. Nach einem gezielten Schnitt von unten knickt der Stamm ein und gibt eine schmale Durchfahrt frei. Aber nicht immer geht es so einfach. Wenn sich die Säge verklemmt, muß mit Äxten nachgeholfen werden, eine harte Arbeit für die Indianer, oft eine Stunde und länger.

Die Blockaden häufen sich, und wir kommen nur noch langsam voran. Chimo, der die Fahrzeit von San Carlos bis zum Beginn des Baria-Cañon im Nebelgebirge auf vier Tage geschätzt hat, verkündet, daß wir bei diesen Verhältnissen mit weiteren zwei Tagen rechnen müßten.

Völlig unvermittelt scheint der Fluß aufzuhören. Das Wasser strömt unter einer Pflanzenwand hervor. Hier füllt die gewaltige Krone eines erst jüngst gestürzten Baumes das ganze Flußbett aus, mit all den Mengen von Pflanzen,

Die meiste Zeit des Tages verbringt die Expedition damit, Barrieren der in den Fluß gestürzten Baumriesen zu beseitigen. Die Motorsäge hielt dem harten Holz nur wenige Tage stand. Dann halfen nur noch Äxte weiter

die in ihr siedeln. Äste, Lianen, riesige Blätter des kletternden Phylodendrons, Bromelien und Orchideen sind zu einem undurchdringlichen Geflecht verwoben. Die Indianer beginnen, sich mit ihren Macheten in die grüne Masse hineinzuhacken. Sie müssen auf der Hut sein vor all den Tieren, die aus ihrem Lebensraum, dem Dach des Waldes, mit hinuntergestürzt sind.

Eine bleistiftdünne meterlange Schlange gleitet in unser Bongo und versucht sich in Sicherheit zu bringen. Juan Carlos greift sie unerschrocken blitzschnell hinter dem Kopf. Es ist keine giftige Art — und es ist ein traumhaft schönes Geschöpf. Der smaragdgrüne Leib faßt sich an wie edles Porzellan. Das weit aufgerissene Maul glänzt innen zur Abschreckung feuerrot.

Wieder brauchen die Indianer eine volle Stunde, um einen schmalen Tunnel freizuschlagen. Am späten Nachmittag — wir alle sind bereits ziemlich erschöpft — kommen wir an eine markante Gabelung des Flusses. Hier schlagen wir auf einer Insel unser vier-

tes Nachtlager auf. Mir ist das Gefühl abhanden gekommen, welche Distanz wir an diesem Tag zurückgelegt haben. Nur Chimo weiß, wo wir uns befinden.

Wir haben den Rand eines riesigen Gewässerlabyrinths erreicht. Die Fluten, die der Rio Baria während der Regenzeit aus dem Nebelgebirge heranführt, sind so groß, daß sie in der Ebene nicht schnell genug abfließen können. Durch diesen Rückstau ist mitten im südamerikanischen Kontinent ein Binnendelta entstanden, ein Gewirr von Flußläufen und stillen Altwassern, verhängnisvoll für den, der sich darin verirrt.

Obwohl diese Wildnis bis heute so gut wie unerforscht ist, haben sich hier schon furchtbare Tragödien abgespielt. Der Baria fließt durch sein Binnendelta in zwei Richtungen zum Rio Negro ab: nach Norden über den Rio Pacimoni und Casiquiare und nach Süden über den Rio Maturaca und den Rio Cauaburi. Diese zweite, kürzere Verbindung zwischen dem Orinoko und dem Amazonas wurde noch bis in die zwanziger Jahre von Kautschuksammlern benutzt. Viele verirrten sich dabei und kamen um. Aber schon im 18. Jahrhundert bis in die erste Hälfte des 19. Jahrhunderts hinein war dies ein geheimer Weg von Sklavenhändlern, die ihre menschliche Ware unter Umgehung des Forts von San Carlos aus Brasilien nach Venezuela schmuggelten. Wer die wochenlangen Strapazen des Ruderns, die Hitze, das Fieber von unbekannten Krankheiten und die Stiche von Skorpionen, Ameisen und Wespen überlebt hatte, der kam — so erzählt Chimo — über den Flußarm westlich unserer Übernachtungsinsel aus dem nassen Labyrinth heraus. Morgen würden wir über den östlichen Arm hineinfahren.

Am Grunde des Waldes vollzieht sich der Übergang vom Tag zur Nacht schnell — und dennoch fast unmerklich. Es ist, als ob ein ohnehin schon schwaches Licht erlöscht. Inzwischen sind meine Augen geschult auf all das unangenehme Getier, das sich hier massiv versammelt hat. Vielleicht hat es ein Hochwasser zusammengetrieben. Schon bei unserer Anlandung flieht eine große Schlange vor uns aus der Ufervegetation. Wir gehen entsprechend vorsichtig an Land. Man muß immer annehmen, daß es sich um giftiges Getier handelt, so klein es auch ist. Ich sehe gleich mehrere der riesigen „24-Stunden-Ameisen" und eine handtellergroße Vogelspinne. Charles erschlägt einen lackschwarzen Skorpion. Dann entdecken die Indianer unter ei-

Die wissenschaftlichen Expeditionen des frühen 19. Jahrhunderts folgten oft den Wasserwegen, die Sklavenhändler bereits erkundet hatten

nem großen Blatt auch noch das glockenförmige Nest einer sehr gefürchteten Wespenart. Sie versichern uns, daß an deren Stich schon viele Menschen umgekommen seien.

Jetzt am Abend sind alle Wespen in ihrem Nest. Die Indianer werden auf ihre Art mit der Gefahr fertig, die diese Insekten am nächsten Morgen für uns wären: Einer von ihnen zerdrückt das Nest mit all seinen Bewohnern so entschlossen und schnell zwischen den Händen, daß den Wespen keine Zeit zur Gegenwehr bleibt.

Jedes Insekt ist hier potentieller Feind: harmlos und giftig lassen sich oft nicht mehr unterscheiden. Harmlose Arten ahmen gefährliche nach, um selbst wehrhaft zu erscheinen, und gefährliche tarnen sich als harmlos: Wölfe im Schafspelz.

An diesem Abend sind selbst die Indianer zu müde, um noch auf Fischfang zu gehen. So essen wir von unseren Konserven. Die Nacht ist unheimlich. Der Grund des Waldes leuchtet in einem gespenstischen kalten weißen Licht, als ob er glüht. Der Schein stammt von Milliarden Bakterien, die den Abfall der Pflanzenmasse zersetzen. Dunkle Schatten huschen darüber hin: Vampir-Fledermäuse. Die Indianer erzählen, daß diese legendären Tiere warten, bis der Mensch in seiner Hängematte eingeschlafen ist. Dann landen sie unmerklich auf ihrem Opfer, ritzen mit ihren rasiermesserscharfen Zähnen die Haut und lecken das ausfließende Blut.

An diesem Abend schließt jeder sein Moskitonetz besonders sorgfältig.

Am nächsten Morgen, nach stundenlanger Plackerei um eine Passage, fahren wir in einen grünen düsteren Tunnel hinein. Der Wald hat sich nun völlig über uns geschlossen. Der Lauf des Rio Baria ist bald nicht mehr zu erkennen. Das Wasser strömt durch den hohen Wald in Hunderten von Kanälen in alle Richtungen. Ohne Chimo, der mehrmals hiergewesen ist, um Kautschuk zu sammeln und um zu jagen, würden wir nie wieder herausfinden. Mit sicherem Blick weist er den Weg durch das nasse, grüne Labyrinth. Zwei bis drei Bäume liegen, immer dichter, auf einer Strecke von nur hundert Metern im Weg. Der Wasserstand ist jetzt, in der Trockenzeit, sehr niedrig und sinkt täglich sichtbar weiter. So wird unser Weg zunehmend durch versunkene Bäume blockiert. An deren eisenhartem Holz, das erst in Jahrhunderten verrottet, versagt nun selbst die Motorsäge. Nur mit der Axt können wir Stücke herauskeilen.

Der Rio Baria führt aus dem Neblinagebirge während der Regenzeit so große Wassermassen ab, daß sie sich in der Ebene zu einem Binnendelta aufstauen. Auf zwei Wegen entwässert es zum Rio Negro

Mehr als etwa vier Kilometer kommen wir an diesem Tag nicht voran – gewundene Flußkilometer. Tatsächlich sind wir unserem Ziel in der Luftlinie vielleicht nur einen einzigen Kilometer nähergekommen.

Am nächsten Tag ergeht es uns noch schlechter. Während die Indianer mit einem Bongo früh aufbrechen, bleiben wir bis gegen Mittag im Lager und treiben unsere wissenschaftlichen Beobachtungen. Gespannt horchen wir dabei auf den Lärm der Motorsäge und der Äxte. Die Entfernung läßt uns vermuten, wie weit wir heute noch kommen. Doch nach drei Stunden hören wir die Geräusche näher und näher, und dann treffen wir keine zweihundert Meter entfernt auf unsere Indianer. Sie haben nur eine Flußschleife geschafft.

Nach Chimos sachkundiger Einschätzung nehmen die uns noch bevorstehenden Reisetage täglich zu statt ab. Bei all der Anstrengung, Hitze und Feuchtigkeit ist die Aussicht auf ein Vorankommen nicht sehr ermutigend. Schon an diesem sechsten Reisetag beginnt sich meine Kleidung mit einem ekligen, muffig riechenden Schimmel zu überziehen. Wenigstens haben die Indianer heute Glück bei der Jagd. Sie schleppen ein kleines Krokodil herbei sowie einen Pauji – eine Art Waldtruthahn – und eine anderthalb Meter lange dicke „Schlange". Sie erweist sich als *Gymnotus electricus*, ein Zitteraal – jenes legendäre Tier, das in einem speziellen elektrischen Organ bis zu 500 Volt Energie erzeugt und damit Schwimmer töten kann. Beim Anblick dieser schleimigen „Schlange" bin ich froh, nie darauf getreten zu sein.

Der Name Zitteraal für dieses Tier ist irreführend, denn es ist nicht mit den echten Aalen verwandt. Sein langer Schwanz bildet gewissermaßen die Batterie. Humboldt war von dem Phänomen der Elektrizität schon zu seiner Studienzeit fasziniert. Er ging sogar soweit, sich in Selbstexperimenten den furchtbaren Stromschlägen auszusetzen. Danach – so klagte er – habe er noch tagelang heftige Schmerzen in allen Gelenken gehabt. Ich will es mir ersparen, diese Erfahrung nachzuvollziehen...

Beim Abendessen bevorzuge ich das Fleisch von Pauji und Krokodil – wirklich köstlich! Cunejo bringt es uns mit Reis und einer tränentreibend scharfen schwarzen Soße, die er aus zerstampften Ameisen zubereitet hat.

In der Nacht zieht ein schweres Gewitter auf. Wir hören am kurzen Widerhall des Donners, wie nah wir unserem Ziel sind – dem großen Cañon des Baria im Nebelgebirge.

Mit einer Tiefe von 2000 Metern ist dieser Einschnitt in die Erdkruste tiefer als der Grand Cañon in Arizona. Doch gesehen haben wir bisher nichts davon. Der Wald gestattet keinen Ausblick.

Unsere Hoffnung, daß das Gewitter den Wasserstand nachhaltig steigen läßt, erfüllt sich nicht. Am nächsten Morgen gibt es zwar eine kleine Flutwelle, doch bevor wir sie für unser Fortkommen nutzen können, ist sie wieder verebbt.

Abermals hacken und sägen wir uns Meter für Meter stromauf. Währenddessen beobachte ich in der dichten Vegetation wie durch ein Fenster nur einen kleinen Ausschnitt eines dicken, schwarz-olivgrünen Schlauches, etwas Monströses, das sich fließend bewegt: eine Riesenschlange, eine Anakonda! Es muß ein wirklich großes Exemplar von vielleicht acht bis neun Metern Länge sein. Doch die Indianer weigern sich, an der Suche teilzunehmen.

Um kein Tier ranken sich wohl mehr Legenden und Schauergeschichten als um die Anakonda. Einige Reisende wollen 13, ja 24 Meter lange Exemplare gesehen haben. Seit langem hat die New Yorker Zoologische Gesellschaft einen Preis von 5000 Dollar für den Nachweis einer mehr als zehn

Meter langen Anakonda ausgesetzt – bisher ergebnislos.

Tatsächlich aber können diese Wasserschlangen Menschen sehr gefährlich werden. Verbürgt ist ein Fall aus dem Orinoko-Delta, wo eine Anakonda einen erwachsenen Indianer anfiel und verschlang. Verankert an versunkenen Baumstämmen, lauern die Anakondas Tieren wie kleinen Waldschweinen auf, die ans Ufer kommen, um zu trinken. Sie packen ihre Opfer mit gewaltigen Fangzähnen, aus denen es kein Entrinnen gibt, und ziehen es mit einer ungeheuren Muskelkraft unter Wasser, um sie zu ertränken und dann zu verschlingen. Unsere Indianer behaupten, daß diese Schlangen Laute vieler anderer Tiere imitieren, um sie vor ihr Maul zu locken.

Am späten Nachmittag liegt wieder einmal die gewaltige Krone eines umgestürzten Urwaldriesen vor uns: ein Paranußbaum, dessen Holz besonders hart ist. Fast klingt es wie Schläge auf Metall, als sich die Indianer mit Äxten darüber hermachen. An diesem Tag werden wir die Durchfahrt nicht mehr erzwingen. Da wir an dieser Stelle keinen geeigneten Platz entdecken, lassen wir uns einige hundert Meter stromab treiben und schlagen dort unserer Lager auf.

Am folgenden Abend gegen zehn Uhr kommt es zu einem gespenstischen Ereignis, das ich mein Lebtag nicht vergessen werde. Die Indianer, in ihren Hängematten, haben gerade mit ihren Geschichten aufgehört, und mir wird gegenwärtig, daß es in dieser Nacht merkwürdig ruhiger ist als sonst. Nur die dünnen Stimmen einiger Zikaden sind zu vernehmen. Plötzlich höre ich laute

Selten ist die tägliche Jagdbeute der Indianer so reich: eine Art Waldtruthahn, ein Krokodil und ein elektrischer Aal. Nur einmal wurde ein Tapir erlegt, dessen geräuchertes Fleisch Proviant für viele Tage bot

klingende Axtschläge von dem Nußbaum. Die Indianer springen sofort aus ihren Hängematten. In ihren leisen Stimmen schwingt eine große Furcht. Da sind sie wieder, diese Axtschläge, klar und deutlich. Alle hören es. Was mag das sein? Alle sind im Lager, und niemand sonst lebt in diesem furchtbaren aquatischen Labyrinth.

Für unsere Indianer ist es klar, wer dort am Werke ist. Nur zögernd nennen sie seinen Namen. Es ist der Corupira, der mächtigste aller Waldgeister, der Beschützer des Waldes und des Wildes. Seine Botschaft ist eindeutig. Er untersagt uns den Zutritt zum Nebelgebirge. Er würde die Hand eines jeden, der an dem Nußbaum weiterarbeitet, so führen, daß er sich den Fuß abschlägt.

Charles vermutet, daß wir die Stimme des Amboßfrosches hören. Und er meint, daß es sinnlos wäre, die Indianer zur Weiterreise überreden zu wollen. Nach einer Woche setzt der Corupira unserer Expedition dieses Mal ein Ende. Wir treten den Rückzug an.

Auf der langen Rückreise gibt es unter den Indianern nur einen Gesprächsstoff: Corupira. Er ist sowohl der Schutzgeist des Wildes als auch der Wälder, der diejenigen straft, die das Wild vernichten wollen und solche belohnt, die ihm gehorchen oder deren er sich erbarmt. Er ist es, der dem Jäger das Wild verbirgt oder es ihm in den Schuß führt, der die Geheimnisse der Wälder bewahrt, die Heilkräfte der Pflanzen zeigt und die Erzeugnisse des Waldes spendet. Er erscheint als geheimnisvoller und mächtiger Geist in verschiedenen Gestalten und Stimmungen, bald fantastisch sonderbar, gebieterisch, bald böse, grob,

In den Waldsümpfen
des Binnendeltas von Maturacá
ein Gewirr von Wurzeln und
Schlingen. Diese Liane ist nichts
anderes als der dünne flexible Stamm
einer Baumart, die sich an anderen
zum Licht emporwindet

dreist, oft zuvorkommend und freundlich, ja sogar gutmütig, mitleidig, schwach, dumm und leicht zu täuschen. Auch kann er dankbar sein für das Gute, das man ihm tut, stellt aber immer Bedingungen, deren Nichterfüllung verhängnisvoll sein kann. Meist tritt er als kleiner Mann auf, von drei Fuß Höhe, kahlköpfig, aber am ganzen übrigen Körper mit langen Haaren bedeckt, mit nur einem Auge, mit blauen oder grünen Zähnen, großen Ohren, mit Beinen ohne Gelenke, die Füße immer nach rückwärts gerichtet und von außergewöhnlicher Körperkraft. Er wohnt in der Tiefe des Waldes in hohlen Bäumen. Er lädt die Menschen ein, im Walde zu wohnen, ahmt alle Vierfüßler und Vögel nach und täuscht so den Jäger, der glaubt, das Wild zu verfolgen, während er dem Waldgeist nachläuft. Wenn sich jemand im Walde verirrt, so ist er von Corupira verzaubert worden. Das weithin durch die Wälder hallende Geräusch alter Bäume, die zusammenstürzen, der Lärm, den die Spechte verursachen, jeder plötzliche Laut, der in der Stille des Waldes ertönt – all dessen Ursache ist der Corupira, der mit seinem Beil aus Schildpatt oder mit den Fersen an die hohlen Wurzeln der Bäume schlägt, um zu prüfen, ob sie dem nächsten Sturm standhalten.

Nach elf Tagen treffen wir wieder in San Carlos ein – um die Erfahrung reicher, wie schwer es ist, einen entlegenen Tepui ohne die moderne Technik eines Hubschraubers zu erreichen.

Das Geheimnis der Gymnoten

Bereits in seiner Studienzeit war Alexander von Humboldt fasziniert von dem Phänomen der Elektrizität. Während seiner Reise am Orinoko traf er auf „lebendige elektrische Apparate" – Fische, die gewaltige Stromschläge austeilen. An Pferden und sogar im Selbstversuch unternahm er gefährliche Experimente. Hier sein Bericht

Wir fanden in Calaboza, mitten in den Llanos, eine Elektrisiermaschine mit großen Scheiben, Elektrophoren, Batterien, Elektrometern, kurz einen Apparat fast so vollständig, als unsere Physiker in Europa sie besitzen. Und all dies war nicht in den Vereinigten Staaten gekauft, es war das Werk eines Mannes, der nie ein Instrument gesehen, der niemand zu Rate ziehen konnte, der die elektrischen Erscheinungen nur aus Franklins Denkwürdigkeiten kannte. Carlos del Pozo – so heißt dieser achtungswürdige, sinnreiche Mann – hatte zuerst aus großen Glasgefäßen, an denen er die Hälse abschnitt, Zylindermaschinen gebaut. Erst seit einigen Jahren hatte er sich aus Philadelphia zwei Glasplatten verschafft, um eine Scheibenmaschine bauen und somit bedeutendere elektrische Wirkungen hervorbringen zu können. Man kann sich vorstellen, mit welchen Schwierigkeiten Pozo zu kämpfen hatte, seit die ersten Schriften über Elektrizität ihm in die Hände gefallen waren, und er den kühnen Entschluß faßte, alles, was er in den Büchern beschrieben fand, mit Kopf und Hand nachzumachen und herzustellen. Unser Aufenthalt in Calabozo verschaffte ihm einen ganz neuen Genuß. Er mußte natürlich Wert auf das Urteil zweier Reisenden legen, die seine Apparate mit den europäischen vergleichen konnten. Ich hatte verschiedene Elektrometer bei mir, mit Stroh, mit Korkkügelchen, mit Goldplättchen, auch eine kleine Leidner Flasche, die nach der Methode von Ingenhouß durch Reibung geladen wurde und mir zu physiologischen Versuchen diente. Pozo war außer sich vor Freude, als er zum erstenmal Instrumente sah, die er nicht selbst verfertigt, und die den seinigen nachgemacht schienen. Wir zeigten ihm auch die Wirkungen des Kontaktes heterogener Metalle auf die Nerven des Frosches. Die Namen Galvani und Volta waren in diesen weiten Einöden noch nicht gehört worden.

Was nach den elektrischen Apparaten von der gewandten Hand eines sinnreichen Einwohners der Llanos uns in Calaboza am meisten beschäftigte, das waren die Zitteraale, die lebendige elektrische Apparate sind.

Die Spanier begreifen unter dem Namen Tembladores (Zitterer) alle elektrischen Fische. Es gibt welche im Antillischen Meer an den Küsten von Cumana. Die Guaykeri, die gewandtesten und fleißigsten Fischer in jener Gegend, brachten uns einen Fisch, der, wie sie sagten, ihnen die Hände starr machte. Dieser Fisch geht im kleinen Flusse Manzanares aufwärts. Es war eine neue Art Raja mit kaum sichtbaren Seitenflecken, dem Zitterrochen Galvanis ziemlich ähnlich. Die Zitterrochen haben ein elektrisches Organ, das wegen der Durchsichtigkeit der Haut schon außen sichtbar ist, und bilden eine eigene Gestaltung oder doch eine Untergattung der eigentlichen Rochen. Der cumanische Zitterrochen war sehr munter, seine Muskelbewegungen sehr kräftig, dennoch waren die elektrischen Schläge, die wir von ihm erhielten, äußerst schwach. Sie wurden stärker, wenn wir das Tier mittels der Berührung von Zink und Gold galvanisierten. Andere Tembladores, echte Gymnoten oder Zitteraale, kommen im Rio Colorado, im Guarapiche und verschiedenen kleinen Bächen in den Missionen der Chaymas-Indianer vor. Auch in den großen amerikanischen Flüssen, im Orinoko, im Amazonenstrom, im Meta sind sie häufig, aber wegen der starken Strömung und des tiefen Wassers schwer zu fangen. Die Indianer fühlen weit häufiger ihre elektrischen Schläge beim Schwimmen und Baden im Fluß, als daß sie dieselben zu sehen bekommen. Wir wollten zuerst in unserem Hause zu Calaboza unsere Versuche anstellen; aber die Furcht vor den Schlägen des Gymnotus ist im Volk so übertrieben, daß wir in den ersten drei Tagen keinen bekommen konnten, obgleich sie sehr leicht zu fangen sind und wir den Indianern zwei Piaster für jeden recht großen und starken Fisch versprochen hatten.

Des langen Wartens müde, und nachdem ein lebender, aber sehr erschöpfter Gymnotus, den wir bekommen, uns sehr zweifelhafte Resultate geliefert, gingen wir nach dem Caño de Bera, um unsere Versuche im Freien, unmittelbar am Wasser anzustellen. Wir brachen am 19. März in die Frühe nach dem kleinen Dorfe Rastro de Abaxo auf, und von dort führten uns Indianer zu einem Bache, der in der dürren Jahreszeit ein schlammiges Wasserbecken bildet, um das schöne Bäume stehen, Clusia, Amyris, Mimosen mit wohlriechenden Blüten. Mit Netzen sind die Gymnoten sehr schwer zu fangen, weil der ausnehmend bewegliche Fisch sich gleich den Schlangen mit dem Schlamm eingräbt. Da sagten die Indianer, sie wollten mit Pferden fischen, embarbascar con cavallos [1]. Wir hatten keinen Begriff von einer so seltsamen Fischerei; aber nicht lange, so kamen unsere Führer aus der Savanne zurück, wo sie unge-

---

[1] Wörtlich: mit Pferden die Fische einschläfern und betäuben.

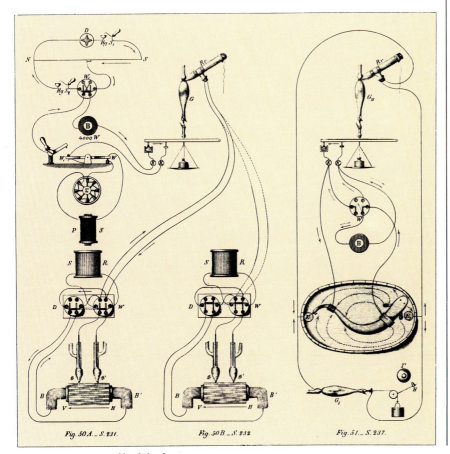

Noch in der zweiten Hälfte des 19. Jahrhunderts beschäftigte sich der Leipziger Naturforscher Carl Sachs mit Versuchsanordnungen, um die Elektrizität der Zitteraale zu nutzen

zähmte Pferde und Maultiere zusammengetrieben. Sie brachten ihrer etwa 30 und jagten sie ins Wasser.

Der ungewohnte Lärm vom Stampfen der Rosse treibt die Fische aus dem Schlamm hervor und reizt sie zum Angriff. Die schwärzlich und gelb gefärbten, großen Wasserschlangen gleichenden Aale schwimmen auf der Wasserfläche hin und drängen sich unter den Bauch der Pferde und Maultiere. Der Kampf zwischen so ganz verschieden organisierten Tieren gibt das malerischste Bild. Die Indianer mit Harpunen und langen, dünnen Rohrstäben stellen sich in dichter Reihe um den Teich; einige besteigen die Bäume, deren Zweige sich waagerecht über die Wasserfläche breiten. Durch ihr wildes Geschrei und mit ihren langen Rohren scheuchen sie die Pferde zurück, wenn sie sich aufs Ufer flüchten wollen. Die Aale, betäubt vom Lärm, verteidigen sich durch wiederholte Schläge ihrer elektrischen Batterien. Lange scheint es, als solle ihnen der Sieg verbleiben. Mehrere Pferde erliegen den unsichtbaren Streichen, von

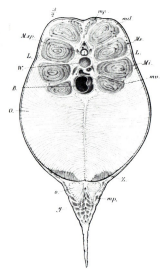

denen die wesentlichsten Organe allerwärts getroffen werden; betäubt von den starken, unaufhörlichen Schlägen, sinken sie unter. Andere, schnaubend, mit gesträubter Mähne, wilde Angst im starren Auge, raffen sich wieder auf und suchen dem um sie tobenden Ungewitter zu entkommen; sie werden von den Indianern ins Wasser zurückgetrieben. Einige aber entgehen der regen Wachsamkeit der Fischer; sie gewinnen das Ufer, straucheln aber bei jedem Schritt und werfen sich in den Sand, zum Tode erschöpft, mit von den elektrischen Schlägen der Gymnoten erstarrten Gliedern.

Ehe fünf Minuten vergingen, waren zwei Pferde ertrunken. Der 1,6 m lange Aal drängt sich dem Pferde an den Bauch und gibt ihm nach der ganzen Länge seines elektrischen Organes einen Schlag; das Herz, die Eingeweide und der plexus coeliacus der Abdominalnerven werden dadurch zumal betroffen. Die Pferde werden ohne Zweifel nicht totgeschlagen, sondern nur betäubt; sie ertrinken, weil sie sich nicht aufraffen können, solange der Kampf zwischen den anderen Pferden und den Gymnoten fortdauert.

Maultiere und Pferde verrieten bald weniger Angst, ihre Mähne sträubte sich nicht mehr, ihr Auge blickte ruhiger. Die Gymnoten kamen scheu ans Ufer des Teiches geschwommen, und hier fing man sie mit kleinen, an langen Stricken befestigten Harpunen. Wenn die Stricke recht trocken sind, so fühlen die Indianer beim Herausziehen des Fisches an die Luft keine Schläge. In wenigen Minuten hatten wir fünf große Aale, die meisten nur leicht verletzt. Auf dieselbe Weise wurden abends noch andere gefangen.

Die Gewässer, in denen sich die Zitteraale gewöhnlich aufhalten, haben eine Temperatur von 26 bis 27°. Ihre elektrische Kraft soll in kälterem Wasser abnehmen, und es ist, wie bereits ein berühmter Physiker bemerkt hat, überhaupt merkwürdig, daß die Tiere mit elektrischen Organen, deren Wirkungen dem Menschen fühlbar werden, nicht in der Luft leben, sondern in einer die Elektrizität leitenden Flüssigkeit. Der Gymnotus ist der größte elektrische Fisch; ich habe welche gemessen, die 1,7 m und 1,62 m lang waren. Ein 1,23 m langer Fisch wog 5 kg. Der Querdurchmes-

Das elektrische Organ des Zitteraals — ein Querschnitt aus dem Werk von Carl Sachs — funktioniert im Prinzip wie eine Batterie. Doch sie entlädt sich schnell. Der Forscher setzt sich in seinem 1881 erschienenen Buch „Untersuchungen am Zitteraal" mit Humboldts phantastischen Beobachtungen an Pferden kritisch auseinander

Die Indianer verabscheuen den Zitteraal — nicht nur wegen der elektrischen Schläge: Er ist auch ungenießbar. Dieses Exemplar wurde für die wissenschaftliche Sammlung erbeutet

ser des Körpers (die kahnförmig verlängerte Afterflosse abgerechnet) betrug 9 cm. Die Gymnoten aus dem Cerro de Bera sind hübsch olivengrün. Der Unterteil des Kopfes ist rötlichgelb. Zwei Reihen kleiner gelber Flecken laufen symmetrisch über den Rücken vom Kopf bis zum Schwanzende. Jeder Fleck umschließt einen Ausführungskanal; die Haut des Tieres ist auch beständig mit einem Schleim bedeckt, der, wie Volta gezeigt hat, die Elektrizität 20 bis 30mal besser leitet als reines Wasser. Es ist überhaupt merkwürdig, daß keiner der elektrischen Fische, die bis jetzt in verschiedenen Weltteilen entdeckt worden, mit Schuppen bedeckt ist.

Den ersten Schlägen eines sehr großen, stark gereizten Gymnotus würde man sich nicht ohne Gefahr aussetzen. Bekommt man zufällig einen Schlag, bevor der Fisch verwundet oder durch lange Verfolgung erschöpft ist, so sind Schmerz und Betäubung so heftig, daß man sich von der Art der Empfindung gar keine Rechenschaft geben kann. Ich erinnere mich nicht, je durch die Entladung einer großen Leidner Flasche eine so furchtbare Erschütterung erlitten zu haben wie die, als ich unvorsichtigerweise beide Füße auf einen Gymnotus setzte, der eben aus dem Wasser gezogen worden war. Ich empfand den ganzen Tag heftigen Schmerz in den Knien und fast in allen Gelenken. Die Zitterrochen und die Zitteraale verursachen ein Sehnenhüpfen vom Glied an, das die elektrischen Organe berührt, bis zum Ellbogen. Man glaubt bei jedem Schlage innerlich eine Schwingung zu empfinden, die zwei, drei Sekunden anhält und der eine schmerzhafte Betäubung folgt. In der ausdrucksvollen Sprache der Tamanaken heißt daher der Temblador Arimna, das heißt „der die Bewegung raubt".

Aratitiope –

Dutzende neuer Tier- und Pflanzenarten, ja selbst unbekannte Gattungen entdeckten die Forscher auf ihren Exkursionen — und dann eines Tages sogar drei neue Tepuis, die völlig anders waren als alle bisher bekannten. Sie sind das Refugium bizarrer Pilze, die eine räuberische Lebensweise angenommen haben. Und hier wurde schließlich ein altes Geheimnis gelüftet: In den Schründen einer himmelsstürmenden Felspyramide verbergen sich die Brutplätze der farbenprächtigen Aras

das Haus der Papageien

Aus dem Regenwald in der Ebene steigen feuchte Luftmassen auf und kondensieren in Lee der 1650 Meter hohen Pyramidenspitze des Aratitiope zu einer viele Kilometer langen Wolkenfahne

Ein Botaniker der GEO-Expedition steigt in die Wand des Aratitiope ein, die 1250 Meter in die Tiefe stürzt. Hier gedeiht eine bisher noch unbekannte Gattung von rotblättrigen Bromelien, die wie Blumentöpfe am Fels haften. Dazwischen die Brutstätten der Papageien — doch unerreichbar

Mit aufgestellter Federkrone und steif gespreizten Flügeln vollführen die Felsenhähne ihren Balztanz, um die Gunst eines Weibchens zu erlangen. Die muskulösen Beine weisen die Küken als Nestflüchter aus. Die Art indes ist ortstreu — während ihre Nachbarn, die großen Aras, weite Streifzüge hinab in die Tiefe des Regenwaldes unternehmen

„El Tigre" nennen die Venezolaner den Jaguar. Sein markant geflecktes Fell löst im Wechselspiel von Licht und Schatten am Grunde des Waldes seine Konturen völlig auf. Zweimal drang diese große Raubkatze nächtens in das Lager der GEO-Expedition ein, um ihr Territorium zu markieren

Die Beschwerlichkeit des wochenlangen Lagerlebens auf der versumpften Oberfläche des Aracamuni-Tepuis: Ein heftiges Gewitter hat die Küche — nicht mehr als ein Unterstand — wieder einmal unter Wasser gesetzt

Knapp ein Jahr nach meinem ersten Aufenthalt kehre ich nach San Carlos am Rio Negro zurück. Diesmal begleite ich Armando Michelangeli und Armando Subero in dessen zweimotoriger Privatmaschine. Eine kleine Luftflotte sucht den verschlafenen Ort heim. Kurz vor uns sind eine viermotorige Herkules und eine zweimotorige Golfo der venezolanischen Luftwaffe gelandet. In ihren großen metallenen Leibern haben sie einen Hubschrauber samt 12 000 Liter Treibstoff und sechs Tonnen Expeditionsausrüstung herangeschleppt. Zugleich sind zehn weitere Wissenschaftler eingetroffen.

Die Nationalgardisten salutieren stumm. Keine Fragen mehr, keine Probleme. Die liegen alle hinter uns. Ein halbes Jahr hat Armando, der wieder Expeditionsleiter ist, in Caracas für diese Expedition gekämpft. Neun Genehmigungen mußte er einholen; um die erste zu erhalten, mußte er die zweite vorweisen – und so fort. Ich glaube, wir haben Stempel von jedem Ministerium, von jeder Waffengattung, von der Nationalgarde und schließlich vom Präsidenten des Landes selbst.

In San Carlos hat sich nichts geändert. Mit einer Ausnahme: Am Ufer, wo noch im Vorjahr die Bongos auf den Granitklippen lagen, hat man Schanzen aus Baumstämmen errichtet und dahinter schwere Maschinengewehre in Stellung gebracht. Sie zielen auf das kolumbianische Ufer. Zwischen beiden Ländern herrscht Streit um imaginäre Grenzlinien. Von Eingeweihten aber erfahre ich, daß Venezuela auf Druck der USA dem Kokainschmuggel den Krieg angesagt hat. Jedenfalls tut man so. In gewisser Weise hat sich Armando diese Spannungen zu Nutze gemacht. Der Flug unserer Maschinen entlang der Grenze könnte die Kolumbianer einschüchtern.

Expeditionsziel ist diesmal die letzte unerforschte Großregion Südamerikas, wenn nicht der ganzen Welt: das Becken des Rio Siapa, das – einzigartig auf der Welt – bereits vorsorglich zum Nationalpark erklärt wurde. In ihm liegt, soviel weiß man, ein ganzer Archipel von Tepuis. Einige unserer Wissenschaftler haben die Kulissen dieser Tafelberge an klaren Tagen schemenhaft im Norden gesehen, als sie auf Neblina arbeiteten. Aber niemand weiß, als wir aufbrechen, genau, aus wie vielen Tepuis der Archipel besteht, den die Indianer Aracamuni nennen: „Weg der Aras", der großen farbenprächtigen Papageien. Es gibt zwar Radaraufnahmen der Region, aber ihre Interpretation ist ohne Hubschraubererkundung und Geländebegehung oft sehr schwierig. Niemand weiß auch, welche Indianer in dem Gebiet leben. Vielleicht hat sich der seit fünfzig Jahren verschollene Stamm der Mandavaca in diesen riesigen weißen Raum zurückgezogen.

Schon am ersten Nachmittag unternehmen wir mit Armandos Maschine einen Erkundungsflug. Das Flugzeug schwebt über einer riesigen grünen Scheibe. Der Wald erscheint mir wie ein vom Sturm aufgewühlter dunkler Ozean, auf dem lange Schaumstreifen treiben. Es ist der Schweiß des Waldes, Nebel zwischen den Baumkronen. Im Süden erkennen wir an einem düsteren Gebirge aus Kumuluswolken, wo Neblina liegt. Als wir den Rio Pacimoni überquert haben, taucht vor uns, noch fern am Horizont, schemenhaft das Panorama eines ausgedehnten Plateaus auf: Das muß Aracamuni sein. Nach weiteren zehn Minuten erreichen wir den Rio Siapa, dessen Fluten wie eine lehmgelbe Piste den Wald zerschneiden. Südlich davon erkenne ich, soweit die Wolken es zulas-

Die Pracht der Papageien ist auch ihr Verhängnis. Seit altersher jagen die Indianer die großen Aras, um sich mit ihren Federn zu schmücken

sen, zwei kleine und einen größeren Tepui.

Im Osten, schwer abzuschätzen in der Entfernung, liegen ungleich mächtigere Berge. Doch sie sind keine Sandsteinplateaus, sondern Teil der ebenfalls völlig unberührten Sierra de Unturan, von der man aufgrund ihrer Formationen nur weiß, daß sie aus Granitintrusionen besteht.

Armando muß abdrehen, als schwerer Regen gegen die Scheiben prasselt, so daß uns jede Sicht genommen ist. Nur kurz einmal reißt der Regenvorhang auf und gibt den Blick auf einen weiteren, vielleicht den größten und höchsten Tepui der Gruppe frei. Seine Oberfläche umfaßt viele Quadratkilometer. Doch schon haben die Wolken die Maschine wieder gefangengenommen. Armando zieht sie in einem Bogen steil empor. Niemand weiß, wie hoch diese Tepuis sind und wie viele sich noch in den Wolken verbergen.

Während eine Falka am Ufer des Rio Negro mit sechzig 200-Liter-Fässern Treibstoff und Bergen von Expeditionsausrüstung beladen wird, starte ich mit Ramon Blanco, Armando Subero und Roy Harling – einem nordamerikanischen Pilzspezialisten – sowie fünf Indianern in zwei Bongos zu einer Erkundung. Wir wollen versuchen, auf dem Rio Siapa so weit wie möglich an die Aracamuni-Tepuis heranzukommen und dann im Tiefland-Regenwald ein Basislager errichten.

Nach einer Übernachtung am Casiquiare fahren wir an der Mündung des Rio Pacimoni vorbei und biegen nach weiteren drei Stunden in den Rio Siapa ein: ein sedimentbeladener und damit nährstoffreicher Fluß mit üppigem hohen Tropenwald an den Ufern.

Erster Blick auf den noch völlig unerforschten Archipel der Aracamuni-Tepuis

Hinter einer Biegung tauchen große, palmenblattgedeckte Hütten auf. Ihre Bewohner, schon alarmiert durch das Geräusch der Außenbordmotoren, haben sich am Ufer versammelt. Es sind Yanomami-Indianer. Die schlanken, zierlichen Gestalten der Erwachsenen sind nicht größer als bei uns zulande Kinder. Sie erinnern mich an die Pygmäen der afrikanischen Regenwälder.

Die Frauen tragen in ihren Nasen und Wangen polierte hölzerne Zierstäbe. Die Körper einiger Männer sind mit feuerroten Kreisen bemalt. Ihre Bögen und Pfeile sind größer als sie selbst.

Zu gern hätte ich in dem Dorf übernachtet. Doch dieser Vorschlag stößt bei unseren Indianern, die zu einem völlig anderen Volk gehören, sofort auf entschiedene Ablehnung. Chimo, der wieder unser Führer ist, will in dem Dorf noch nicht einmal für einen kurzen Besuch anlegen. Er erklärt mir, die Gegend sei völlig malariaverseucht und wir müßten noch viele Kilometer fahren, damit uns die infizierten Anophelesmücken nicht mehr erreichen können.

Ab und zu, in langen Flußgeraden, sehen wir Ausschnitte aus der Silhouette der Aracamoni-Tepuis. Das Entdeckerfieber steigt rapide. Am frühen Nachmittag des dritten Tages liegt inmitten des etwa 200 Meter breiten Flusses eine flache Felseninsel. Chimo verkündet, daß beiderseits Untiefen liegen, die von der Falka nicht passiert werden können.

Das Ufer der Insel säumt ein breiter leuchtendgelber Streifen. Als wir anlegen, zerstiebt er zu Zehntausenden Schmetterlingen, die sich nach wenigen Minuten wieder niederlassen, um im Schlamm mit ihren langen Rüsseln Salze und andere lebenswichtige Mineralien zu saugen.

Kaum, daß wir die Insel betreten haben, fallen Milliarden blutsaugender Fliegen über uns her. Sie sind so klein, daß man sie gerade noch mit dem bloßen Auge erkennen kann. Bevor ich mein Schutzspray gefunden habe, bin ich schon bedeckt mit stechenden und saugenden Insekten. Sie mit der Hand in Massen zu zerdrücken, nützt nichts. An die Stelle Hunderter kommen Tausende neue. Später zähle ich allein auf einem Handrücken fast hundert Einstiche. Solange wir im Bongo waren, hat der Fahrtwind uns vor der Plage bewahrt. Diese Insekten sind nicht nur lästig, sie übertragen auch die Erreger der gefürchteten Flußblindheit, die – wenn sie nicht rechtzeitig erkannt und behandelt wird – zu langem Siechtum und letzten Endes zum Verlust des Augenlichtes führt.

Als erstes errichten wir unsere Funkantenne und übermitteln unseren Standort, so genau wir ihn festlegen können, an Armando in San Carlos. Die Insel scheint ein idealer Landeplatz für unseren Hubschrauber zu sein. Das Lager wollen wir im Wald des südlichen Ufers errichten.

Lianen und andere Klettergewächse haben das Licht in der Flußschneise genutzt und sich zu einer dichten Mauer verwoben. Es dauert eine Weile, bis die Indianer eine Öffnung hineingeschlagen haben. Doch dann treten wir ein in das dämmrige Licht einer grünen Kathedrale. Ihre Säulen, die Baumstämme, ragen bis zu 40 Meter und mehr empor, bevor die ersten Äste ausschlagen, und der Grund des Waldes ist keinesfalls undurchdringlich. Zwischen den Jungbäumen und dem Nachwuchs der Palmen, deren riesige Blätter sich auf zehn Meter

Die sedimentbeladenen
Fluten des Rio Siapa bescheren
dem Menschen eine reiche Ausbeute an
Fischen, aber bedrohen ihn auch
durch eine unheimliche Seuche — die
Flußblindheit: Sie wird von
Myriaden winziger, blutsaugender Fliegen
übertragen, deren Larven wie
Polypen im Wasser leben

langen Blattstielen direkt aus dem Boden erheben, kann man sich gut bewegen.

Die Indianer errichten für die Hängematten aus dünnen Baumstämmen vier große Unterstände, die sie mit Plastikplanen überspannen. Die Stiele der abgeschlagenen Palmenblätter binden sie mit dünnen Lianen zu Tischen, Bänken und Küchenregalen zusammen. In wenigen Stunden entsteht eine kleine Siedlung, die auf ihre Bewohner wartet. Über den großen Tisch in unserem „Gemeinschaftsraum" spannen wir einen Fallschirm. Er verhindert, daß Regen, Laub oder Ungeziefer in die Suppe fallen. Danach wird der Boden gefegt, damit sich kein giftiges Getier unter Laub oder Holz verbirgt.

Bis zum späten Nachmittag klettert das Thermometer im Inneren des Waldes auf 31 Grad Celsius, und das Hygrometer zeigt 99 Prozent Luftfeuchtigkeit an. Allein vom Kampf gegen die Beißfliegen, die selbst in Nase und Ohren kriechen, bin ich völlig durchgeschwitzt. Wir hoffen auf ein erfrischendes Gewitter, dessen Grollen bereits ganz nah scheint. Wir hören, wie schwerer Regen auf dem Dach des Waldes über uns hinwegrauscht. Irgendwo ist unheilvoll das Krachen eines brechenden Astes zu hören. Kurz darauf schlägt er ganz in unserer Nähe dumpf zu Boden. Hohe, schlanke Palmen am Ufer biegen sich unter den Böen fast bis auf das Wasser, das sich mit den schweren Tropfen verbindet, während wir im Wald noch völlig im Trocknen stehen. Doch dann bricht es auch über uns herein. Das Wasser schießt von Ästen und Stämmen, ergießt sich kannenweise aus eingeknickten Blättern.

Der einzige Komfort in der unermeßlichen Weite der Wildnis ist für jeden Expeditionsteilnehmer seine eigene Hängematte. Moskitonetze gewähren Schutz — wenigstens vor dem gröbsten Ungeziefer

Regen transportiert die Kühle hoher Luftschichten hinab in die Tiefe des Waldes. Die Hoffnung, daß der Wolkenbruch die Fliegen vertreibt, erfüllt sich jedoch nicht. Wie von Zauberhand sind sie kurz vorher verschwunden, doch gleich nach dem Gewitter sind sie wieder allgegenwärtig. Glücklicherweise steht die Sonne schon so tief, daß sie es heute nicht noch einmal schafft, diese Sauna aufzuheizen.

Die Indianer haben einen großen farbenprächtigen Wels mit der Grundangel erbeutet. Der Rücken des reichlich 15 Kilo schweren Fisches, den sie Lau-Lau nennen, ist smaragdgrün. Der Bauch und die Flanken leuchten zitronengelb. Cunejo, der auch während dieser Expedition unser Koch ist, verwandelt das Monster zu einer köstlichen Suppe.

Mit Einbruch der Dunkelheit sind die Fliegen verschwunden. Nun geistern Leuchtinsekten durch den Wald und senden ihre Lichtsignale aus. Fledermäuse schießen lautlos durch den Lichtkegel unserer Lampen. Ich höre, wie ihre Kiefer über dicken Motten zusammenklappen. Irgendwo schreit ein Nachtvogel, und vom Ufer klingt das metallische Klikken der winzigen transparenten Glasfrösche. Über Funk erfahren wir aus San Carlos, daß der Hubschrauber vormittags gegen halbelf eintreffen soll.

Morgens, noch bevor am Grunde des Waldes ein Lichtschimmer wahrzunehmen ist, verkündet eine Horde Brüllaffen von hochoben die Rückkehr des Tages. Ihre dröhnenden, dumpfen Rufe hallen wider. Der Anbruch des Tages ist furchtbar, denn mit dem Licht kehren die Fliegen zurück. Mit Schrecken beobachte ich, wie unzählige von ihnen es

Selbst das beste Essen bietet keinen Genuß, wenn man bei jedem Bissen den Insektenschleier lüpfen muß. Falter versammeln sich auf den verschwitzten Stiefeln des Autors, um Salze aufzusaugen — Mangelware im Regenwald

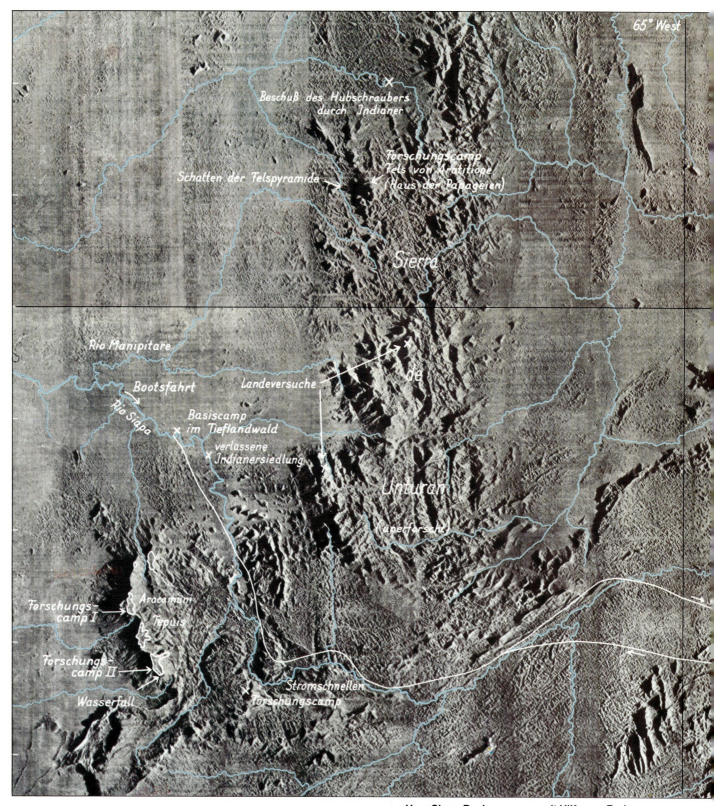

Vom Siapa-Becken und seinen Bergen gibt es noch keine Karte. Orientieren können sich die Forscher im Hubschrauber nur mit Hilfe von Radaraufnahmen, die von hochfliegenden Flugzeugen durch Wolken und Vegetation gemacht wurden. Sie zeigen das Relief der Erdkruste. Aus den Schattenwürfen der Radarstrahlen lassen sich die Lage und Höhe der Gebirge ermessen

schaffen, sich durch die feinen Maschen des Moskitonetzes hindurchzuzwängen. Der Krieg beginnt also schon vor dem Aufstehen. An Morgenwäsche, etwa am Flußufer, ist gar nicht zu denken. Stattdessen schmiere ich mir eine brennende, stinkende Flüssigkeit ins Gesicht.

Ein Funkkontakt mit San Carlos kommt nicht zustande. Wir hören zwar Armandos Rufen klar und deutlich, aber er kann uns aus irgendeinem Grund nicht empfangen. Da der Hubschrauber zur verabredeten Zeit nicht eintrifft, entfacht Ramon auf der Insel ein großes Feuer, in das ganze Lagen großer, grüner Blätter geworfen werden. Eine hohe blaugraue Rauchsäule steigt senkrecht zum Himmel. Sie soll dem Piloten den Weg weisen. Um elf trifft er mit Armando ein und landet in einer Wolke aufstiebender Schmetterlinge auf der Insel. Tausende bleiben mit zerrissenen Flügeln wie welkes Laub auf den Felsen liegen.

Noch am gleichen Tag trifft auch die Falka ein. Erstaunlicherweise hat das schwerbeladene Fahrzeug für die Reise nur einen Tag mehr als wir benötigt. Unser Lager verwandelt sich zu einer regelrechten kleinen Wissenschaftsstadt, gefüllt mit Laboratorien, Generatoren, Mikroskopen, Pflanzenpressen und Spezialöfen zum Trocknen von Pilzen.

Mit Professor Osumas Ankunft findet das gemütliche abendliche Beisammensein ein jähes Ende. Schon am ersten Abend fängt der Entomologe unter dem Baldachin über unserem großen Eßtisch alle Überträger der Chagaskrankheit – große fliegende, blutsaugende Wanzen, die mit ihren Stichen einen furchtbaren Parasiten injizieren. Der Lebensraum dieser Parasiten ist der Herzmuskel von Mensch und Säugetieren. Durch den Befall erweitert sich der Muskel mehr und mehr, bis er völlig zerstört ist. Am Ende eines so gut wie unaufhaltsamen langen Siechtums steht ein furchtbarer Tod. Die Chagaskrankheit ist die Geißel vieler Indianerdörfer, wo die Wanzen in den Palmblattdächern hausen. Auch deshalb ist es ratsam, nie in einem Indianerdorf zu übernachten.

Nach dieser Aufklärung durch Professor Osuma zieht sich jeder so früh wie möglich in seine Hängematte unter dem Moskitonetz zurück und überprüft sorgfältig, ob es weit genug gespannt ist, damit ihn hindurchstechende Insekten im Schlaf nicht erreichen können. Unter den Netzen sehen menschliche Wesen aus wie riesige, zum Schlafen in ihre hautigen Flügel gehüllte aufgehängte Fledermäuse.

Ich habe mich schon vor dem Essen in Sicherheit gebracht, denn mir ist an diesem Abend der Appetit vergangen. Es hat zwar, nachdem die Indianer von der Jagd zurückgekehrt sind, köstlich nach Wildschweinbraten gerochen, dann aber sehe ich, daß auf dem Grill auch ein paar Affen schmoren; sie bieten den furcht-

baren Anblick verkohlter Kinderleichen. Alpträume von Menschenfresserei quälen mich, bis mich die Beißfliegen am nächsten Morgen davon erlösen.

Zunächst fliegt der Pilot an diesem Tag nach San Carlos zurück, um einen Mechaniker mit Kisten voll Ersatzteilen zu holen. Wir nutzen die Zeit und erkunden den Rio Siapa weiter aufwärts mit einem leichten Bongo. Schon bald nach der Insel schwingt er in weitem Doppelbogen zwischen dem Aracamuni-Block und der Sierra de Unturan zuerst nach Süden, dann nach Osten. Am Ufer liegen hin und wieder kleine Areale eines Waldes, der mit wenigen großblättrigen Baumarten und dünnen Stämmen besonders auffällt: Hier haben einst die Felder und Siedlungen der verschollenen Mandavaca-Indianer gelegen. Aus ihren Anpflanzungen und aus wilden Sämlingen des umgebenden Waldes regenerieren sich diese kleinen Rodungen jetzt von selbst.

Nach zwei Stunden treffen wir auf unüberwindliche Stromschnellen, die sich — so weiß Chimo zu berichten — weit bis zum oberen Siapabecken erstrecken. Es ist durch das Wildwasser und Gebirge rundum von der Außenwelt abgeschnitten.

Während der Mittagsrast erzählt Chimo eine faszinierende Legende. Danach hatten seine Vorfahren mit ihren Einbäumen noch einen riesigen, silbern schimmernden See befahren, der einst das ganze obere Siapabecken ausfüllte. War das nicht der legendäre Silbersee im Zentrum von El Dorado gewesen, nach dem Raleigh und all die anderen Desperados so lange gesucht hatten? Eines Tages aber grub sich das Wasser einen Abfluß durch die Enge zwischen Aracamuni und der Sierra de Unturan und floß aus. Schlagartig wird mir klar, warum der Rio Siapa im Gegensatz zu den klaren Schwarzwasserflüssen so gelb ist: Er trägt vielleicht die Sedimente ab, die sich einst auf dem Grunde des Sees abgelagert haben.

Nachmittags um drei kehrt der Hubschrauber zurück. Gleich nach dem Auftanken starte ich mit den beiden Armandos zu einem Erkundungsflug auf die Tepuis. Wir sind aufgeregt wie Kinder am Heiligen Abend. Was der Flug uns bescheren soll, hat noch nie ein Mensch zuvor erblickt.

An den Flanken des nördlichsten Tepuis des Aracamuni-Blocks zieht der Pilot den Hubschrauber empor, und dann überblicken wir den ganzen Archipel. Er besteht aus drei großen und drei kleinen Tepuis. Da sich laut Auswertung der Radaraufnahmen hier lediglich drei Tafelberge befinden, haben wir in dieser Sekunde drei neue Tepuis entdeckt.

Sie alle sind anders als die bisher bekannten Tepuis. Die senkrechten Wände bestehen aus weißem Quarzit — ein wunderbarer Kontrast zu den grünen Pflanzen, die sich darin festklammern. Einzigartig erscheint uns auch die Oberfläche der großen Tepuis. Statt einer wilden chaotischen Felswüste liegt unter uns eine liebliche, romantisch anmutende Landschaft: eine sanftgewellte grüne Savanne mit kleinen Hainen und baumgesäumten Bächen. Es könnte eine mittelenglische Grafschaft sein; nur Kühe und Pferde fehlen. Über allem liegt ein purpurner Schimmer. Als wir zur Landung ansetzen, erkennen wir seine Natur. Aus dem sumpfigen Boden erheben sich auf meterhohen Stielen Millionen blühender Orchideen. Selbst Armando Michelangeli, der viele Tepuis kennt, versichert uns, er habe noch nie etwas vergleichbares gesehen.

Während die Maschine, geschüttelt von Luftwirbeln, über dem unbekannten Grund vorsichtig einschwebt und die Kufen langsam zwischen Orchideen und Brocchinien versinken, springt Armando mit einer langen Stange hinaus, rammt sie in den morastigen Grund und entfaltet daran die Flaggen Venezuelas sowie der National Geographic Society, die diese Expedition finanziert hat. Ich fühle mich wie Amundsen bei der Besitznahme des Südpols. Wir markieren eine Stelle, wo möglichst morgen das erste Lager errichtet werden soll. Sie ist so gewählt, daß ein kleiner Fluß und mehrere typische Biotope gut erreicht werden können. Eine aufziehende Gewitterfront jedoch vertreibt uns bald. Mit einem Strauß Orchideen kehren wir zu den anderen in die dumpfe Hitze des Regenwaldes zurück.

Das Gewitter tobt die Nacht hindurch bis in die Morgenstunden. Jeder ist früh auf den Beinen, denn jeder möchte diesem Klima und den Insekten so schnell wie möglich entfliehen. Der nördliche Tepui der Aracamuni-Gruppe ist wolkenfrei.

Armando als Expeditionsleiter hat es nicht einfach. Ein jeder verfolgt ihn und versucht ihm darzulegen, warum gerade er als erster mit dem Hubschrauber auf die Tepuis hinaufmuß. An wissenschaftlichen Begründungen fehlt es nicht. Mit südamerikanischem Temperament kommt es zu stundenlangen Diskussionen und Packaktionen, über die wir die Fluggunst des frühen Morgens verpassen.

Im Anflug auf den Aracamuni-Tepui: Was aus der Luft wie eine baumgesäumte Wiesenlandschaft anmutet, ist eine Savanne aus Orchideen und Brocchinien — ein Paradies für den Orchideenspezialisten Armando Subero

Das Wetter entwickelt sich täglich etwa auf gleiche Weise. Nach den nächtlichen Gewittern ist es zunächst klar. Wenn dann die steigende Sonne die Luft aufheizt, schwitzt der Wald die nächtens aufgenommene Feuchtigkeit wieder aus, die sich dann schon gegen acht Uhr wie eine Schicht dicker Watte über die Baumkronen legt.

Nun ist es bereits zu spät. Der Pilot könnte zwar im Blindflug durch die Nebelschicht senkrecht hindurchstarten, aber falls dann der Nebel nicht weicht – was an vielen Tagen der Fall ist –, fände er nicht wieder zurück. Also müssen wir auf günstige Umstände warten. Wenn es dem Wind gelingt, die Nebelschicht an ein paar Stellen aufzureißen, kann die Sonne das Dach des Waldes erwärmen. Dann setzt die Thermik ein und reißt den Nebel schnell empor. Es bilden sich Wolkentürme, aus denen bereits am Nachmittag wieder die ersten Blitze zucken. Der Klimakreislauf, der diesen Wald am Leben erhält, ist geschlossen.

Gegen Mittag endlich bricht die Sonne durch und es gelingt, in drei Flügen eine große Gruppe von Wissenschaftlern mit all ihrer Ausrüstung auf dem Tepui abzusetzen, den wir am Vortag inspiziert haben.

Dann unternehme ich mit Armando Subero einen Erkundungsflug zur Sierra de Unturan. Wir wollen versuchen, dort zu landen und eine zweite Forschungsstation vorzubereiten. Als wir das Ziel nach einer halben Stunde erreichen, ist fast alles bereits in dichte quellende Wolken gehüllt. Der Pilot wagt einen atemberaubenden Flug vorbei an granitenen Zakken, Zinnen, Graten und pflanzenüberwucherten Felsbalkonen, zwischen denen sich nur unsere Phantasie die Tiefe der verborgenen Abgründe auszumalen vermag. Gelegentlich gibt es einen Ausblick auf hohe zuckerhutförmige Bergkegel, die vor Urzeiten als heiße zähplastische Gesteinsblasen aus tiefen Bereichen der Erdkruste emporgequollen sind. Doch so sehr wir auch suchen: Wir entdecken aus der Luft in den steilen Felsformationen kein Wasser, aber auch keinen sicheren Landeplatz, von dem aus wir zu Fuß danach suchen könnten. Die Sierra de Unturan wird noch lange unerforscht bleiben.

Wir drehen ab. In unserem Lager können wir nicht mehr landen. Doch in Lee des südlichen großen Tepuis gestattet uns ein Loch in den Wolken, bedingt durch das Windprofil des Berges, den Anflug. Wir springen in moorigen Untergrund und versinken in mannshoher Vegetation zwischen Orchideen und Heliamphora. Für die Zelte müssen wir mit Macheten mühsam Platz machen. Aus den abgeschlagenen Pflanzen schichten wir dann schwankende Plattformen auf.

Dieser Platz liegt nur etwa fünfzig Meter von einem Flußtal entfernt. Felsbecken mit klarstem kühlen Wasser laden zum Baden ein. Statt der Beißfliegen umschwirren uns zutraulich perlmuttschillernde Kolibris mit langen weißen Schwanzfahnen.

Zuerst erkunde ich mit Armando das Flußtal, das über viele Steilstufen nach Süden entwässert. Die Pracht der Farben ist faszinierend. Eingefaßt von der leuchtendgrünen Vegetation der Moore und kleinen Wäldchen, aus denen Girlanden von Orchideen herabhängen, erscheint das vom Wasser polierte Felsenbett mal zitronengelb, mal tiefschwarz. Streckenweise glänzt der Quarzit schneeweiß, und am Grunde wassergefüllter Felsbecken leuchten die Flußkiesel wieder wie pures Gold.

Faszinierende Entdeckungen erwarten uns. Ich sehe eine merkwürdige feuerrote Kreatur in eine Felsenspalte unter Wasser huschen. Mit einem Stock scheuchen wir sie heraus: ein etwa sechs Zentimeter großer Krebs, der sich rotbraun verfärbt, als wir ihn fangen. Es ist der erste Nachweis eines Vertreters dieser Tiergruppe auf einem Tepui.

Wie auf einer wasserüberfluteten Marmortreppe gelangen wir immer tiefer hinab in einen steilwandigen Cañon von wildromantischer Schönheit. Wie Stalagti-

Der auf dem Aracamuni gefangene *Lophornis pavonina* zählt zu den kleinsten Kolibris und ist für die Tepui-Region endemisch. Die Heimat dieses äußerst seltenen Vogels sind lichte Bergwälder unterhalb von 2000 Metern Höhe

ten in einer Tropfsteinhöhle hängen von den Wänden meterlange Moospolster herab, in denen die Rosetten von Bromelien stecken. Stellenweise wird der Weg zu einer riskanten Kletterpartie. Einen zwanzig Meter hohen Wasserfall innerhalb des Cañons müssen wir umklettern. Dann blockieren herabgestürzte schlüpfrige Felsblöcke mit dazwischen verkeilten Baumstämmen unseren Weg.

Nach zwei Stunden erreichen wir das Ende der Schlucht. Wie durch ein großes Tor stürzt der Fluß in die Tiefe. Vorsichtig kriechen wir auf einem Felsblock bis an die Kante und blicken hinunter. Etwa zweihundert Meter unter uns liegt auf einem breiten Felsbalkon ein kleiner See, schwarz wie ein großes dunkles Auge. Die Höhe des Wasserfalls hat auf dem Felsvorsprung eine tiefe Aushöhlung geschaffen, die jeden Lichteinfall schluckt.

Nur selten geben die ziehenden Wolken den Blick nach Süden auf das Meer des Waldes frei. Daraus ragen die gewaltigen düsteren Wände des Cerro de la Neblina auf – des Nebelgebirges, das senkrecht in die Wolken führt. Mit 700 Quadratkilometern Oberfläche gehört dieses zerrissene Sandsteinplateau zu den größten Tepuis und mit einer Höhe von mehr als 3000 Metern ist es das höchste. Wir denken daran, dorthin einen Ausflug zu unternehmen. Aber wegen der großen Entfernung und des unsicheren Wetters wäre dieses Wagnis zu groß.

Als wir das Lager erreichen, ahnen wir noch nicht, welcher Lebensgefahr wir entkommen sind.

Am nächsten Morgen erfahren wir über Sprechfunk von dramatischen Ereignissen in unserem Basislager. In kurzer Zeit waren die

Die Wand des Cañons auf dem Aracamuni ist eine Fundgrube für die Botaniker der Expedition. In den dicken, wasserspeichernden Moospolstern wurzeln die grün irisierenden Blattrosetten kleiner Bromelien

Fluten des Rio Siapa meterhoch gestiegen – ein fernes Gewitter über seinem riesigen Einzugsgebiet hat ihn anschwellen lassen. Es wurde bereits dunkel, als die Wassermassen die Kufen des Hubschraubers umspülten. In letzter Minute gelang es dem Piloten, die Maschine nach San Carlos zu evakuieren.

Viele der Fässer mit Flugbenzin sind weggespült worden. Die Indianer haben die ganze Nacht damit zugebracht, sie wieder aufzufischen. Jetzt sind sie damit beschäftigt, einen hochwassersicheren Landeplatz im Wald zu schlagen. Bis er fertig ist, kann der Hubschrauber nicht zurückkehren.

Heute wollen wir flußaufwärts versuchen, die nördliche Steilwand zu erreichen. Aber schon etwa hundert Meter oberhalb unseres Lagers verschwindet der Fluß in einem ausgedehnten Wald. Kreuz und quer im Flußbett liegende Stämme versperren uns den Weg, und der Wald erweist sich als undurchdringlich. Als wir das Flußtal verlassen und versuchen, den Wald zu umgehen, kommen wir in genauso große Schwierigkeiten. In dieser Übergangszone vom Wald zum Moor ist der Pflanzenwuchs besonders üppig. Die meterhohen Blattkelche der Brocchinien stehen so dicht, daß wir mit Macheten einen Weg freischlagen müssen. Die schlanken Vasen der Heliamphora erheben sich hier auf richtigen kleinen Stämmen. Auch Orchideen sind, in Konkurrenz zu den Bäumen, bis zu viereinhalb Meter hoch geschossen: Weltrekord!

Die meisten Orchideenarten auf den Tepuis sind endemisch; einige Arten können auf vielen Tepuis

Nicht nur Blüten locken mit ihrer Farbenpracht, sondern auch Früchte wie diese einer *Melastomataceae*. So werden Fruchtfresser wie die Aras aufmerksam gemacht, die dann die Samen verbreiten

vorkommen. Das Besondere aber ist, daß anscheinend immer nur eine einzige Art auf einem Tepui oder auf einer Tepui-Gruppe vorherrscht.

Ob wir den anderen Rand des Tepuis erreichen, ist fraglich, denn wir kommen in der Moorvegetation keine 500 Meter pro Stunde voran. Auf einem einzigen Quadratmeter zählen wir 27 verschiedene Pflanzenarten. Viele davon kann selbst der erfahrene Armando nicht bestimmen; sie sind wahrscheinlich neu für die Wissenschaft. Damit eine derartige Pflanzenfülle überhaupt miteinander zu existieren vermag, sind die Arten in mehreren Stockwerken übereinander angeordnet.

Tiefenmessungen mit einem angespitzten Stock ergeben die für Tepuis völlig ungewöhnliche Mächtigkeit des Moorbodens von 1,60 Metern. Warum sich die Oberfläche der Aracamuni-Tepuis nicht wie die anderer in eine kahle, felsige Regenwüste verwandelt hat, ist uns ein großes Rätsel.

Staunend stellen wir fest, daß die roten Krebse auch im Moor leben. Zusammen mit langen beinlosen Echsen, die wie Schlangen durch die Polster fleischfressender Pflanzen gleiten, steigern sie die Fremdartigkeit dieser Welt ins Surreale.

Nach Stunden nähern wir uns dem Rand des Plateaus. Wir merken es daran, daß der Vegetationsteppich entlang einer diffusen Linie in ein Nebelmeer übergeht: die Wolken, die in Lee der Tepui-Wand entstehen. Vorsichtig tasten wir uns weiter, denn wir haben aus dem Hubschrauber gesehen, wie die Vegetation allseits über den Rand hinauswuchert. Wir finden aber keinen Vorsprung, der einen Einblick in die Wand unter uns ermöglicht.

Auf dem Rückweg zum Lager bemerke ich vor mir in einem Dikkicht eine Bewegung und vernehme eine menschliche Stimme. Kurz darauf taucht Ron Lisner auf, einer der Botaniker unserer Expedition. Vor Begeisterung über seine Entdeckungen führt er ständig Selbstgespräche. Unermüdlich ist er vom ersten bis zum letzten Lichtschimmer des Tages unterwegs, und man kann sich mit ihm lediglich über Pflanzen unterhalten. Bei jedem anderen Thema findet er schnell zu seinem Lebensinhalt zurück. Die Wissenschaftler im Lager nennen ihn scherzhaft „Bachacka" – nach den Blattschneider-Ameisen, die unermüdlich Blätter ernten und in ihre Bauten tragen.

Alles an Rons Lebensweise ist den Bedürfnissen seiner Wissenschaft untergeordnet. Er trinkt keinen Kaffee, weil ihn das beim Sammeln noch aufgeregter machen würde, als er ohnehin schon ist. Er trinkt weder einen Schluck Rum mit uns, noch von Armandos erlesenen Weinen, weil er vor Jahren einmal nach dem Genuß geistiger Getränke beim Pflanzensammeln aus der Krone eines Baumes gefallen ist.

Strahlend wie ein Kind, das seine ersten Worte kundtut, verkündet Ron, daß er an diesem Tag bereits mindestens vier neue Pflanzenarten gefunden hat und daß er heute überhaupt sein zwanzigtausendstes Exemplar sammeln werde. Aber schnell verweist er auf seinen Landsmann und sein großes Vorbild, den nordamerikanischen Altmeister der Botanik, Julian Steyermark, der den Weltrekord von 140 000 gesammelten Pflanzen hält. Rons ganzer Stolz ist, den großen Julian davon überzeugt zu haben, daß man Pflanzen nicht mit einem Messer abschneidet, wie er es jahrzehntelang getan hatte, sondern mit einer Zange, denn das ist seiner Meinung nach wesentlich effektiver.

Wie ausgeprägt Rons Sammeltrieb ist, erlebe ich auch einige

Mit der Ausbeute des Tages schwer beladen, kehrt der Botaniker Ron Lisner ins Lager zurück

Tage später. Ich werde auf dem höchsten Teil des Tepuis von einem schweren Gewitter überrascht. Weit und breit bin ich die höchste Erhebung im Moor, ein lebender Blitzableiter. Zunächst versuche ich noch, zum Lager hinunterzuhasten. Als mir aber sintflutartiger Regen jede Sicht nimmt und Blitz auf Blitz niederkracht, werfe ich mich flach in das Moor und hoffe zu überleben.

Nach etwa einer Stunde — ich bin trotz meiner Regenkleidung längst durchnäßt — ist mir die Kälte so sehr in die Glieder gekrochen, daß ich mich erhebe, obwohl das Gewitter noch nicht vorüber ist. Die Abfolge der Blitze jedoch ist länger geworden. Kaum stehe ich auf den Beinen, da taucht Ron wie ein Gespenst aus dem noch immer dichten Regen vor mir auf, bückt sich mal hier, zwickt mit seiner Zange mal dort eine Pflanze ab. Er scheint das Gewitter überhaupt nicht zur Kenntnis zu nehmen. Entsetzt höre ich, daß er zweimal von heißem Wasser überschüttet worden ist — so nahe sind die Blitze bei ihm eingeschlagen.

An diesem Tag erhalte ich noch eine weitere Überlebenslektion. Unser Lager steht völlig unter Wasser, die Zeltböden schwimmen. Der Gewittersturm hat die Plastikplane über unserer Küche zerfetzt und den Antennenmast umgebrochen. Der kleine liebliche Bach gleich nebenan ist während meiner Abwesenheit mehrere Meter gestiegen und hat sich zu einen reißenden Wildwasser verwandelt. Hätte uns diese Flut gestern zwischen den steilen Wänden des Cañons überrascht, so wären wir wie die entwurzelten Bäume über die Klippen hinuntergespült worden.

Eines der Ziele unserer Expedition ist, den evolutionären Ursprung der Pflanzen und Tiere der Aracamuni-Tepuis zu erkunden. Er kann bei vielen Arten im Tropenwald tief unten liegen. Denn die Tepuis, auf denen wir uns jetzt aufhalten, sind mit nur 1600 Metern Höhe rund 1000 Meter niedriger als all die anderen zuvor, und ihre etwa nur 300 Meter senkrecht abfallenden Wände sind — auch das ist ungewöhnlich — stellenweise von Pflanzen überwuchert.

Auf dem moorbedeckten Aracamuni bietet das Felsenbett des Flusses die einzige trockene Arbeitsfläche. Doch Vorsicht ist geboten. Binnen kurzem kann sich das kleine Rinnsal zu einem reißenden Wildwasser verwandeln

Über welche Zwischenstufen haben sich Flora und Fauna des Aracamuni vielleicht von unten nach oben hinauf entwickelt?

Um diese Frage zu klären, wird beschlossen, in etwa 1000 Metern Höhe auf dem ausgedehnten Sokkel des Gebirges eine weitere Forschungsstation zu errichten. Dort geht der Regenwald des Tieflandes in eine Bergsavanne über.

Wir unternehmen einen langen Erkundungsflug — nicht allein, um diesen neuen Platz zu finden, sondern auch, um die weitere Umgebung nach Indianerdörfern abzusuchen. Denn wir müssen auf der Hut sein. Armando hat bei einem Flug weiter im Norden mehrere große Yanomami-Dörfer ausgemacht. Als sein Pilot versuchte, in der Nähe zu landen, konnten sie beobachten, wie sich die Indianer ihre Gesichter blitzschnell mit schwarzer Farbe einrieben – und das ist die Farbe des Krieges. Tatsächlich beschossen sie dann den Hubschrauber mit Pfeil und Bogen. Kein Zweifel: mit vergifteten Pfeilen.

Wir fliegen bis zu den Avispa-Tepuis hinüber. Sie erstrecken sich wie eine Kette über 60 Kilometer entlang einer geologischen Verwerfung, die von Urwald überwuchert ist und sich lediglich auf den Radarfotos deutlich abzeichnet. Hier könnte sich die Theorie des deutschen Geologen Helmut Grabert beweisen, wonach die Tepuis nicht einfach die Überreste eines ehemals ausgedehnten Plateaus sind, welches von der Erosion zerfressen wurde, sondern daß sie aus der Erdkruste herausgebrochen und emporgehoben worden sind. An der gekippten Lage des Tepuis ist das gut zu erkennen. Zudem belegt der introsive Granit der nahen Sierra de Unturan, daß hier gewaltige Hebungskräfte am Werke gewesen sind.

Die ganze Gegend erweist sich als unbesiedelt. So setzen wir Professor Osuma mit seinen beiden Assistenten am Ufer eines Flusses ab.

Ein paar Tage später wechsele ich mit der noch auf dem südlichen großen Tepui verbliebenen Mannschaft in unser erstes Lager auf den nördlichen großen Tepui über.

Im neuen Lager trifft auch Roy Harling ein, ein Pilzexperte vom New York Botanical Garden. Als er erfährt, daß ich aus Europa komme, erzählt er mir begeistert von seiner Reise durch Polen und Rußland, die er eigens unternommen hatte, um die dort auf Wochenmärkten reichlich angebotenen Pilze zu studieren.

Weit im Norden entlädt sich wieder einmal ein starkes Gewitter. Blitz folgt auf Blitz, und im Inneren des Wolkengebirges flakkert für Stunden ein feuriges Licht. Auch keiner der Südamerikaner kann sich erinnern, je ein solches Schauspiel erlebt zu haben.

Am nächsten Morgen begleite ich Roy auf einer Exkursion zum südlichen Rand des Tepuis. Dort liegt auf balkonartigen Vorsprüngen in der senkrechten Wand ein kleiner Wald, zu dem man auf einem Felsensims ohne Gefahr hinabgelangen kann. Die Bäume stehen so dicht, daß sie Halt und Schutz bieten.

Dieser Wald ist eigentlich ein denkbar ungünstiger Lebensraum für Pilze, die ja davon leben, abgestorbene organische Substanzen abzubauen. Hier aber in der steilen Wand werden die meisten dieser Stoffe vom Wasser fortgespült. Die Wurzeln der Bäume klammern sich in Felsspalten, und Humus ist nur an wenigen kleinen Stellen vorhanden.

Doch Roy weiß, wo er hier suchen muß, und er wird schnell fündig. Aus einem kleinen Bodenplacken ragt ein fingerdickes, zehn Zentimeter langes spargelförmiges Gebilde mit roter Spitze hervor. Roy gräbt es vorsichtig aus, und statt einer Wurzel kommt die Körperhülle eines großen dikken Engerlings zum Vorschein.

Roy ist glücklich, denn sein Fund stellt wahrscheinlich den Rekord an Größe einer Gruppe unheimlicher Lebensformen dar, über die die Wissenschaft noch wenig weiß. Das merkwürdige Gebilde, Sporenkörper eines Pilzes, wächst aus dem aufgeplatzten Rücken der toten Insektenlarve hervor. Als Roy den Engerling aufschneidet, sehe ich, daß das ganze Innere nur noch ein dichtes Gespinst von Pilzfäden ist.

Es handelt sich um eine Gruppe von Pilzen, die eine räuberische Lebensweise angenommen hat. Wahrscheinlich infizieren und töten sie ihre Beute, Insekten und Spinnen, aktiv. Vieles weist darauf hin, daß die Opfer auf der Stelle gestorben sind; befallene Ameisen beispielsweise zeigen eine Körperhaltung wie beim Fressen. Das Innere der getöteten Tiere wird durch die Pilzmasse haargenau ausgefüllt. Dann sprießen aus ihr vielförmig Sporenkörper und bilden gespenstische Skulpturen (siehe auch Seite 353).

Am Morgen hat man vom Südrand des Tepuis einen herrlichen Blick über den nebelverhangenen Urwald hinweg auf die ferne Silhouette der Sierra de Unturan, und an besonders klaren Tagen kann man im Dunst des Horizonts eine gewaltige Pyramide erkennen, die sich über einem tepuiähnlichen Plateauklotz erhebt. Die Indianer nennen ihn Aratitiope: „Haus der Papageien" – und tatsächlich können wir beobachten, wie die großen farbenprächtigen Aras tief unten über dem Regenwald in Richtung auf den markanten Berg ziehen: Aracamuni – „Weg der Papageien". Es ist eines unserer Expeditionsziele, das Geheimnis jenes Pyramidenberges zu lüften und auch auf ihm ein

Zur Klassifizierung von Pilzen ist auch ihre Farbe wichtig. Bevor sie beim Trocknen verblaßt, wird das frische Exemplar mit einer Farbskala verglichen. Das spargelförmige Gebilde ist der Sporenkörper eines Pilzes, der einen Engerling befallen hat

weiteres Forschungslager aufzuschlagen.

Eigentlich können wir bei dem anhaltend guten Wetter den langen Flug dorthin wagen, aber daraus wird erst einmal nichts. Aus dem Basislager am Rio Siapa erfahren wir, daß der Pilot unseres Hubschraubers zur fälligen großen Inspektion nach San Carlos gestartet ist. Das wirft uns in unseren Plänen weit zurück, denn er kommt nicht wieder. Angeblich fehlt ein Ersatzteil, das erst aus Caracas eingeflogen werden muß. Das dauert Tage.

Jetzt steht Armando, der Expeditionsleiter, vor einem großen logistischen Problem. Neu ankommende Wissenschaftler sollen ausgetauscht werden gegen jene, die bereits seit Wochen arbeiten. Daraus wird nun nichts, denn die Kollegen sind ja ohne Hubschrauber in den Lagern gefangen.

Über Funk erreicht uns aus Caracas eine weitere Nachricht, die nicht gerade dazu angetan ist, unsere Situation zu verbessern: Der Hubschrauberpilot und sein Mechaniker sollen ausgewechselt werden. Schon länger haben wir den Eindruck, daß sich die beiden für unsere Belange überhaupt nicht interessieren. Das aber ist die Voraussetzung, um auch die Strapazen in der Wildnis zu ertragen. In unserem Lager kommt der Verdacht auf, daß die Geschichte von der Inspektion und den fehlenden Ersatzteilen nur erfunden worden ist, um nach Hause zu kommen.

Dann bricht, durch die Witterung bedingt, auch noch der Funkkontakt mit dem fernen Caracas zusammen: Reichweitenprobleme. Erst nach Stunden gelingt es, über eine Missionsstation eine Funkbrücke aufzubauen.

Nur wenig weiß man
bisher über die Strategien
der Verbreitung bei tropischen Pilzen.
Angelockt von Düften, von trichter-
förmigen Tränken oder leuchtenden Farben,
können Insekten Sporen verschleppen.
Farbe kann aber auch vor
Giftigkeit warnen

Nach fast einer Woche Wartezeit hören wir die Stimme von Armandos Bruder Fabian klar und deutlich aus San Carlos. Endlich ist die Militärmaschine mit den Wissenschaftlern, dem Ersatzteil und einer neuen Hubschraubercrew eingetroffen.

Mit ihrem Rückflug haben sich der bisherige Hubschrauberpilot und sein Mechaniker in die Annehmlichkeiten der Zivilisation abgesetzt, ohne ihre Nachfolger gebührend in die unbekannte Situation einzuweisen.

Armando ist außer sich. Nur der großen Erfahrung des neuen Piloten, Ricardo, Chefpilot mehrerer früherer Expeditionen zur Sierra de la Neblina, ist es zu verdanken, daß er uns in der Wildnis aufspürt.

Während die erste Wissenschaftlergruppe mit einem großen Bongo den Rio Siapa abwärts nach San Carlos fährt, um von dort nach Caracas zurückzukehren, starte ich zum ersten Flug in Richtung Aratitiope.

Was sich vor uns langsam aus Dunst und Wolken herausschält, hätte man in vergangenen Jahrhunderten sicherlich zu den Weltwundern gezählt. Wie ein gigantischer, silbern schimmernder Kristall wächst der Fels von Aratitiope aus dem Meer des grünen Urwalds empor. Es ist eine gewaltige isolierte Granitintrusion, ein Vorposten der Sierra de Unturan. Irgendwann vor Hunderten von Millionen Jahren ist sie aus tiefen Bereichen der Erdrinde aufgestiegen und in mächtige Sedimentschichten der äußeren Erdkruste eingedrungen. Als diese Sedimente im Laufe der Zeiten von Wind und Wetter abgetragen wurden, blieb der harte Granit wie ein geologisches Denkmal stehen. Der Fels ist so hoch, daß die aufsteigende feuchte Luft an seiner Spitze kondensiert. In Lee des Berges treibt wie bei einem Schornstein fast ständig eine lange Wolkenfahne.

Mit gebührendem Abstand umrunden wir die Felsenpyramide nahe ihrem messerscharfen Grat. Der Höhenmesser des Hubschraubers zeigt 1650 Meter. Da der Sockel des Berges hier in etwa 400 Meter Meereshöhe liegt, fallen die senkrechten Felswände an zwei Seiten 1250 Meter tief hinab. Die dritte Flanke des Berges stürzt auf jenen im Nordwesten vorgelagerten, etwa einen Quadratkilometer messenden, steilwandigen plateauförmigen Granitklotz. Dieser Teil von Aratitiope ist dicht bewaldet. Nur nahe dem Rand treten einige kahle Felsbuckel zutage, und nur dort können wir versuchen zu landen: ein gewagtes Unternehmen, denn der Platz liegt in Lee der überragenden Felspyramide unter der langen Wolkenfahne.

Luftwirbel schütteln den Hubschrauber wie einen Fetzen Papier im Sturmwind. Ricardo dreht ab, fliegt einen großen Bogen und versucht einen neuen Anflug. Ich konzentriere mich krampfhaft auf einige leuchtendrosa blühende Bäume tief unten im Regenwald, zwischen dessen Kronen es immer wieder aufblitzt. Große Bereiche der Wälder, die Aratitiope umgeben, stehen unter Wasser.

Ich denke an die französische Expedition, die vor einigen Jahren versuchte, den Berg zu erreichen. Die Männer waren vom Rio Siapa aus den Rio Manipitare hochgefahren, der einen großen Teil seiner Wasser vom Aratitiope bezieht. Als sie sich dem Berg nahe wähnten, schlugen sie sich durch einen düsteren Wald, dessen Grund völlig unter Wasser stand. Neun Tage waren sie dann durch das hüfthohe Wasser gewatet. Zunächst hatten sie ihr schweres Gepäck auf dem Kopf getragen. Als sie dann aber stellenweise sogar schwimmen mußten, hatten sie sich für das Gepäck kleine Flöße gebaut. Unter ihren zwischen Bäumen über das Wasser gespannten Hängematten schwammen riesige Anakondas. Dieses indianische Wort hat dem Fluß, von dem sie aufgebrochen waren, seinen Namen gegeben.

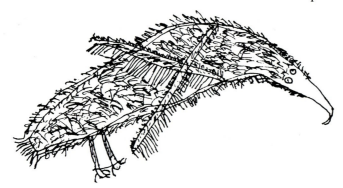

Als sie, ohne jemals einen Ausblick gehabt zu haben, tatsächlich ihr Ziel erreichten, waren sie zu erschöpft gewesen, um die himmelstürmenden Felswände zu erklettern.

Ricardo muß auch den zweiten Landeversuch abbrechen. Nun bleibt nur noch Benzin für einen dritten, denn der Rückflug zum Basislager ist weit.

Diesmal klappt es. In ruhiger Luft setzen wir auf einer nackten Felskuppe auf und springen heraus. Ricardo startet sofort wieder. Kaum ist der Hubschrauber in sicherer Höhe, toben abermals schwere Böen über das Plateau.

Wir haben großes Glück. Die Luftwirbel bilden sich in Intervallen. Gerät der Hubschrauber in einen solchen Wirbel kurz vor der Landung, so kann er auf dem Fels zerschmettert werden.

Hoch über uns ertönt lautes Gekreische. Der Hubschrauber hat aus den Felswänden Hunderte von Aras aufgescheucht, die jetzt über uns kreisen und die fremden Eindringlinge in Augenschein nehmen. Wahrscheinlich liegen hier, auf dem „Haus der Papageien", ihre Brutplätze. Wir stehen inmitten eines Felsengartens, dessen vollendete Architektur sich nur mit der des fernen Murosipan-Tepuis vergleichen läßt. Felswannen scheinen wie bepflanzt mit den allerschönsten fremdartigen Gewächsen. Und aus Spalten kriechen knorrige, bizarr gewundene Bäumchen mit gelbroten tulpenförmigen Blüten. Hunderte weißblühender Orchideen erheben sich auf meterhohen Stielen. Wie die violetten von Aracamuni, gehören auch sie zur Familie *Sombralia*.

In orangerotem Balzgefieder huschen Felsenhähne vorbei, wissen nicht, was sie von den unbekannten Wesen halten sollen.

Wohlweislich schlagen wir unsere Zelte jeweils auf dem höch-

Aus dem Dunst des nördlichen Horizonts über einem plateauähnlichen Klotz taucht die gewaltige Felsenpyramide des Aratitiope auf

337

Vor dem Wagnis des Aufstiegs kalkuliert Ramon Blanco die Schwierigkeiten von Kaminen und Simsen in der himmelsstürmenden Felswand. In kleinen Spalten klammern sich bizarre Bäumchen und Orchideen fest. Bromelien haften am glatten Fels

sten Punkt der Felsbuckel auf. Der Hubschrauber kehrt noch zweimal mit Wissenschaftlern und Ausrüstung zurück. Wir haben uns inzwischen auf die regelmäßigen Intervalle der Luftwirbel eingestellt und können dem Piloten signalisieren, wann eine Pause eintritt. Beim letzten Flug bringt er einen großen geräucherten Lau-Lau mit.

Am Nachmittag steige ich zusammen mit Ramon und Raoul einen bewaldeten Hang empor, der an dem senkrechten Grat zweier Felswände endet. Die rechte erhebt sich über das Plateau, die linke führt vom Regenwald tief unten in gerader Linie bis zum Gipfel. Unser Aussichtspunkt liegt etwa auf halbem Wege zwischen oben und unten. Obwohl senkrecht und glatt, sind die Felswände großflächig dicht von Pflanzen bewachsen.

Am häufigsten kommen rotblättrige Bromelien vor, die wie schalenförmige Wandlampen am Fels haften und in ihren Blattrosetten herabfallende Humusstoffe auffangen. So bilden sie praktisch ihre eigenen Blumentöpfe, aus denen sie sich versorgen. Unsere Botaniker stellen fest, daß es sich nicht nur um eine neue Art handelt, sondern auch um eine bisher unbekannte Gattung.

Mit dem Fernglas beobachte ich, wie in schwindelerregender Höhe in hängenden Gärten unter unerreichbaren Felssimsen mehrere Papageien turnen. Ich bin sicher, daß dort ihre Brutplätze liegen. Einen Kilometer darunter segelt eine Harpye durch die Kronen des Waldes. Dieser größte und kräftigste aller Adler ist darauf spezialisiert, schnell und gewandt wie ein Habicht Affen auf den Ästen der Bäume zu schlagen.

Obwohl mich eine menschenabweisende unerforschte Wildnis bis zu allen Horizonten umgibt, fühle ich mich auf meinem hohen Ausguck wohl und geborgen — wie in dem Baumhaus, das ich mir als Kind in einer einsam stehenden Feldeiche gebaut hatte. Ich beobachte, wie der Schatten der Felsenpyramide tief unten auf dem Blätterdach des Waldes Kilometer um Kilometer nach Osten wächst, bis das Licht vollends erlöscht. Es ist Zeit, zum Lager hinabzusteigen.

Etwas Besseres als geräucherten Lau-Lau kann man nicht essen. Wir trinken dazu die letzte Flasche italienischen Rotwein und genießen auch sie in dem Bewußtsein, wie privilegiert wir sind, uns an diesem einzigartigen Ort aufzuhalten.

Mitten in der Nacht werde ich durch Lärm in der Küche, nur ein paar Meter von meinem Zelt entfernt, geweckt. Macht sich da jemand von uns, getrieben vom Hunger, an dem Deckel des großen Aluminiumtopfes zu schaffen, in dem der Lau-Lau liegt? Aber seltsam, ich sehe keinen Schein einer Taschenlampe. Kurz darauf stolpert jemand an den gespannten Leinen meines Zeltes. Gleich darauf ist es so still, daß ich das Grummeln eines Magens höre. Als mein Fragen nicht beantwortet wird, werde ich mißtrauisch und öffne vorsichtig das Moskitonetz vor dem Zelteingang. Keine vier Meter entfernt bewegt sich ein mächtiger Jaguar im Schein meiner Lampe über den Felsen — aus der Perspektive eines Zeltbewohners ein Ungeheuer.

Tatsächlich ist dieses Raubtier, das einem Rind mit einem einzigen Biß den Schädel zermalmen

Wie der Schattenstab einer Sonnenuhr zeigt der Fels des Aratitiope über der Weite des Regenwaldes das nahe Ende des Tages an

kann, etwa doppelt so massig wie der Leopard, den ich aus Afrika kenne. Ohne mich zu beachten, schreitet die gefleckte große Katze den Felsen aufwärts und verschwindet in einem Orchideendickicht. Am nächsten Morgen finden wir zwei große Kothaufen auf dem Lagerplatz. Der Jaguar hat sein Territorium, in dem wir uns angesiedelt haben, markiert. Wir müssen vor ihm auf der Hut sein und gehen von nun an nur noch mit durchgeladenen Gewehren auf Exkursion.

Am zweiten Tag nach unserer Ankunft machen sich die Bergsteiger der Gruppe, Ramon und Raoul, beim allerersten Tageslicht fertig, um in die Felswand oberhalb des Lagers einzusteigen und den Gipfel zu erklimmen. Als wir die beiden Extremkletterer im Laufe des Tages mit unseren Ferngläsern beim Durchsteigen von schmalen Kaminen und beim Überwinden von Überhängen beobachten, werden uns die Dimensionen dieses Berges zum erstenmal gegenwärtig. Die beiden wirken klein wie Ameisen. Schließlich können wir sie nur noch mit Hilfe ihrer Informationen aus den Sprechfunkgeräten ausmachen. Am späten Nachmittag nehmen wir durch den kleinen Lautsprecher an ihrer Freude teil, den Gipfel erreicht zu haben.

Dann aber, am Abend, beschleicht uns die Angst. Von Südosten rückt die von Blitzen durchzuckte schwarze Wand eines schweren Gewitters unaufhaltsam gegen das „Haus der Papageien" vor; es ist nun der größte Blitzableiter weit und breit. Der Funkkontakt mit den beiden auf dem Gipfel bricht ab. Stunden später, etwa gegen zehn Uhr, überfällt es uns: ein Gewitter wie bei Erschaffung der Welt und ihrem Ende zugleich. Blitz auf Blitz kracht in die Spitze des Felsens, dann öffnen sich die Schleusen des Himmels. Unsere Zelte auf den Felskuppen werden zu Inseln inmitten eines Wildwassers. Ich bin sicher, daß die Fluten auf breiter Front über die nahe Kante in die Tiefe stürzen. Und ich bin froh, daß zwischen uns und dem Abgrund noch ein schmales Dickicht liegt, das uns wie ein Netz auffangen kann, wenn das ganze Lager hinweggespült werden sollte. Auf den Felsen allein, deren Algenbewuchs jetzt glatt wie Schmierseife ist, hätten wir keinen Halt.

Das Gewitter tobt die ganze Nacht hindurch bis in die frühen Morgenstunden. Kaum ist es abgezogen, rufen wir per Sprechfunk nach Ramon und Raoul, aber bekommen keine Antwort. Wir befürchten das Schlimmste. Doch dann, gegen acht Uhr, meldet sich Ramon mit klarer Stimme. Die beiden haben sich, als sie das Gewitter heraufziehen sahen, in eine tiefe Felsspalte unterhalb des Gipfels abgeseilt und dort biwakiert.

Nach anderthalb Monaten kehren wir nach Caracas zurück, beladen mit mehr als einer Tonne wissenschaftlicher Sammlungen. Jetzt beginnt in Instituten und Laboratorien eine zweite Expedition, die Jahre in Anspruch nehmen wird.

Pirú-Pukú –

Einem der letzten großen weißen Flecken der Erde in den Aufzeichnungen der Biologen, Geologen, aber auch Kartographen galten die verschiedenen Etappen der insgesamt zweijährigen Expedition im Süden Venezuelas mit Dutzenden von Wissenschaftlern — eines der größten Forschungsunternehmen unserer Zeit. Hunderttausende von Präparaten wurden gesammelt, Tonnen von Pflanzen gepreßt, um die Phänomene dieser unbekannten Welt begreifbar zu machen. In diesem Kapitel skizziert Initiator und Expeditionsleiter Charles Brewer Carias eine erste wissenschaftliche Bilanz. Doch viele Experten, die das für die Forschung neue Material aus jener unberührten Welt studieren und auch klassifizieren werden, sind noch nicht einmal geboren

der lange Fisch

Es ist drei Uhr gegen Morgen. Das Licht des zunehmenden Mondes wirft deutliche Schatten der Pupunha-Palmen, die um die Missions-Station von Maturacá im Norden Brasiliens wachsen. Die Luft ist klar, und ich kann am Himmel die imaginäre Linie ziehen, die die Sterne Alkahid, Alioth, Mizar und Alkor zur Deichsel des Großen Wagens verbindet, der über der großen dunklen Gebirgskette Pirá-Pukú am Horizont steht.

Es scheint ein merkwürdiges Zusammentreffen zu sein, daß in dieser Nacht gerade der Stern Alkahid im Zenit steht, den die Indianer das Hauptklageweib des Totenwagens nennen; von überall her aus der Siedlung höre ich die schaurigen Wehrufe, mit denen die Yanomami einen unbekannten Hékura verfluchen, einen Dämon, der an diesem Abend von irgendwoher aus der Tiefe der Wälder kam und einem Kind den Tod durch Fieber brachte.

Der Tod hat für die Yanomami keine natürliche Ursache. Ich weiß, daß sie in dieser Nacht nicht nur trauern, sondern daß ihre Krieger und Schamanen auch auf Rache sinnen. Mit Hilfe einer starken Droge, dem Ebena, treten sie in Verbindung mit ihren eigenen Hékuras und suchen den Schuldigen: Entweder gehört er zu einer feindlichen Siedlung, oder einer der fremden Besucher hat den mächtigen Geist der Nacht mitgebracht.

Ich fühle mich angezogen vom Geruch, der in der Luft liegt: Er stammt von einem Gemisch aus dem Harz des Catamahaco-Baumes, dessen Holz zu Fackeln gespalten wird, sowie aus Onoto, womit die Yanomami ihre Körper

Nur wenige Tage im Jahr zeigt sich der Pirá-Pukú der Indianer wolkenfrei. Die weißen Erforscher gaben ihm den Namen Cerro de la Neblina — Nebelgebirge

bemalen, und schließlich aus dem Mehl der Pijiguao-Palmfrucht. Ich fühle das unwiderstehliche Verlangen, hinauszugehen in die Dunkelheit und mich heimlich dem Kreis der Hütten zu nähern, um bei den funkensprühenden Feuern den rhythmischen und mimischen Tänzen der Schamanen zuzuschauen und mit ihnen den Schauer des fremden Todes zu spüren.

Während ich meine Lampe für die nächtliche Wanderung mit einer Lichtblende versehe, bedenke ich die Sache noch einmal. Mir geht durch den Kopf, daß ich am Nachmittag in dem Dorf mehrere Gegenstände entdeckt habe, die meiner Expedition aus dem Basislager am Rio Baria gestohlen worden waren. Zwar hatte ich im Dorf ganz deutlich zu erkennen gegeben, daß mich meine Entdeckung nicht erzürnte, sondern ich mich – im Gegenteil – darüber freute, daß die Sachen eine so nützliche Verwendung gefunden hatten; gleichwohl kann meine Beobachtung bei den Indianern ein gewisses Schuldgefühl geweckt haben – und dann stehe ich gewiß als einer der ersten auf der Liste derer, die den bösen Hékura herbeigerufen haben. Dieser Gedanke besiegt meine Neugier. So lege ich mich wieder hin und beobachte nun, wie die dunkle Masse des Berges, den ich kenne wie kein anderer, aufsteigt und versinkt im rhythmischen Schaukeln meiner Hängematte.

In der Sprache der Yanomami heißt jener Berg Pirá-Pukú, was soviel bedeutet wie: langer Fisch. Seine Kulisse, die sich weit nach Nordosten erstreckt, sieht tatsächlich aus wie der lange, von Flossen gezackte Rücken eines Fisches.

Die eigentümlichen, meterhohen Schopfbäume *Neblinaria celiae* wachsen ausschließlich auf dem Gebirge, nach dem sie benannt sind. Dieses riesige Plateau gipfelt im 3045 Meter hohen Pico da Neblina

Die ferne Silhouette des Pirá-Pukú hatte schon den großen englischen Botaniker und Entdecker Richard Spruce fasziniert, der 1853 Entdeckungsreisen auf dem Rio Negro und dessen Nebenflüssen unternahm. Als begeisterter Forscher setzte er sich zum Ziel, dieses Gebirge zu erreichen und dort zum Ruhme Englands geheimnisvolle Pflanzen zu sammeln.

Anhand seiner Veröffentlichungen folgte ich den Spuren von Spruce. Er war von San Carlos am Rio Negro aufgebrochen und dann mit seinem Einbaum den Casiquiare aufwärts gefahren, von Moskitowolken gequält. Er kam an der Piedra de Culimacare vorbei, an der fünfzig Jahre zuvor Humboldt übernachtet hatte, und fertigte von dem Granitfelsen eine Zeichnung an. Dann bog er nach Süden ab und folgte den schwarzen Wassern des Rio Pacimoni, um sich schließlich an einer Flußgabelung für den Rio Yatúa zu entscheiden. Wäre er dem Rio Baria gefolgt, den wir auf unserer GEO-Expedition den „Fluß der Schrecken" nannten, wäre er – mit viel Anstrengung und Glück – auf seinen Berg gestoßen und hätte wohl an derselben Uferstelle angelegt, wo wir 130 Jahre später das Basislager unserer Hubschrauber-Expedition errichteten. Aber seine indianischen Führer hatten ihn sicherlich vor dem labyrinthischen Binnendelta des Maturacá gewarnt, in dem man sich leicht verirren konnte.

Immerhin näherte sich Spruce einem Berg, den seine Begleiter Imei nannten, was in der Sprache der Baré-Indianer der Name einer Wespe mit gestreiftem Unterleib ist. Spruce war sich damals nicht bewußt, daß dies der östlichste Ausläufer des Pirá-Pukú-Massivs ist, das zu erreichen er so sehr gewünscht hatte. Ich verstehe gut seine Unsicherheit, in dem endlosen grünen Baumtunnel der Flüsse, aus dem es so gut wie nie einen Ausblick gibt, die Himmelsrichtung zu bestimmen; es würde uns heute noch genauso gehen, hätten wir nicht die Radarfotos, die uns im wahrsten Sinne des Wortes Durchblick verschaffen.

Im Dezember 1953, hundert Jahre nach Spruce, fuhr Basset Maguire, Botaniker am New Yorker Botanischen Garten, auf der Suche nach unbekannten Pflanzen mit zwei anderen Wissenschaftlern und zehn Indianern den Casiquiare, den Pacimoni und den Rio Yatúa hinauf. Sie bahnten sich mit Macheten einen Weg durch die dichte Vegetation und gelangten nach strapaziösen Fußmärschen endlich auf ein riesiges Sandsteinplateau, das ständig von Wolken bedeckt war. Während kalte Regenschauer auf sein Zelt prasselten, schrieb Maguire am Sylvestertag dieses Jahres in sein Tagebuch, daß „Cerro de la Neblina" – Nebelgebirge – eine passende Bezeichnung für diese Formation sei. So erhielt sie ihren neuen Na-

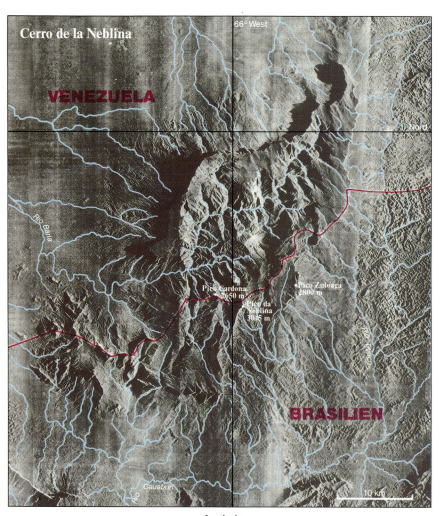

Auch der Cerro de la Neblina ist kartographisch noch nicht erfaßt. Erst Radar enthüllt seine von Cañons wildzerklüfteten Konturen im Grenzbereich zwischen Venezuela und Brasilien

men. Bis dahin hatte an dieser Stelle in den Karten nur ein weißer Fleck gelegen – mit der Eintragung: „Es ist gefährlich, tiefer als 10000 Fuß zu fliegen".

Kurz darauf folgten Maguires Expedition die venezolanischen Ornithologen William und Kathy Phelps und der Geologe Charles Reynolds. Sie wurden von dem großen Vogelsammler Ramon Urbano geleitet, der sie in Rekordzeit auf den Gipfel führte.

Mit ganz anderen Schwierigkeiten hatte ich zu kämpfen, um meine erste Expedition zum Cerro de la Neblina zu starten. 1981 bereits hatten in Caracas Besprechungen stattgefunden zwischen mir, Dr. Hemmings von der Royal Geographical Society in London und Thomas und Cecilia Blohm von der Fudena, dem Verein zur Erhaltung der Natur. Sie hatten erste Erkundungsflüge unternommen, und 1982 war eine Liste zusammengestellt von 95 auch sehr namhaften Expeditionsmitgliedern wie Sir Hanbury-Tenison – ein weltbekannter Schriftsteller mit hohem Engagement für bedrohte Völker –, dem Herzog von Kent und Viscount Montgomery sowie eine Anzahl britischer Wissenschaftler, mit denen ich in London unser Projekt in den Grundzügen festlegte. Aber als dann 1983 in Caracas alles Nähere besprochen werden sollte, machte der Falkland-Konflikt einen Strich durch die Rechnung. Selbst als die Schirmherrschaft von der „Venezolanischen Stiftung für die Entwicklung der Naturwissenschaften" übernommen wurde, blieben Engländer unerwünschte Personen auf dem südamerikanischen Kontinent.

Ich versuchte es nun mit Wissenschaftlern aus Nordamerika. Be-

Das Basislager der Expedition ist nicht nur Einsatzzentrale für alle Aktivitäten der Forscher, sondern auch Sammelpunkt für ihre wissenschaftliche Ausbeute. Hier stapeln sich am Ende 14 Tonnen gepreßter Pflanzen; hunderttausende zoologischer Objekte werden präpariert und sortiert

sonders Roy Mc Diarmid vom Smithsonian-Institut und James Luteyn vom New Yorker Botanischen Garten engagierten sich sehr. Sie pflegten von Anfang an engsten Kontakt mit ihren venezolanischen Kollegen. Auf mehreren Flügen nach San Carlos am Rio Negro bereitete ich alles vor, erkundete aus der Luft mögliche Lagerplätze an der Basis und auf der Oberfläche des Plateaus und stellte Material für die wissenschaftliche Arbeit zusammen; zum Beispiel erhielt jeder Teilnehmer Radarfotos vom Cerro de la Neblina, um sich mit dem Gelände einigermaßen vertraut zu machen.

So kam es schließlich doch zu meiner großen Expedition, die 1983 begann – wohl eine der größten, die je zur Erforschung eines Gebietes unternommen worden ist: Zwei Jahre lang wurde die Feldarbeit in vier Lagern am Fuße und in zwölf Lagern auf dem Cerro selbst durchgeführt, mit wechselnden Belegschaften von Wissenschaftlern der verschiedensten Disziplinen aus vielen in- und ausländischen Institutionen. Und die Auswertung des gesammelten Materials wird sie noch Jahre in Anspruch nehmen. Um nur einen kleinen Begriff von der enormen Masse zu geben: Fast 14 000 Pflanzenexemplare wurden gesammelt. Das botanische Material an sich wog mehr als 14 Tonnen. Man bedenke allein die Transportschwierigkeiten in dieser abgelegenen Ecke der Welt...

Außer dem Sammeln von Pflanzen aus rein taxonomischen Gründen – das heißt, um die Liste der beschriebenen Arten zu vervollständigen – wurden Untersuchungen der verschiedensten wissenschaftlichen Gebiete ange-

Die noch namenlose Spinne vom Durchmesser eines Eßtellers sprang mit ihrer Beute, einer Eidechse, auf den Tisch des Basislagers. Die Prachtbienen sind bereits Objekt systematischer Forschung. Bei anderen Insekten macht es Mühe, sie überhaupt einzuordnen

stellt: Erforscht wurden also darüber hinaus die ökologischen, anatomischen und genetischen Besonderheiten der Pflanzen, zum Beispiel die Art ihrer Bestäubung.

Es wurde alles gesammelt, was ins Pflanzenreich gehört – angefangen von den Pilzen, den Moosen und Flechten, den Farnen bis zu den verschiedenen Gruppen der Blütengewächse. Bei allen gab es eine große Zahl von neuen Arten, ja sogar neuen Gattungen – beispielsweise die unglaublichen Pilze, die Insekten überfallen, sie töten, sich in deren Körper entwickeln und ihn ausfüllen, um schließlich über der toten Hülle ihre Schirme zu entfalten.

Eine weitere faszinierende Entdeckung machte unsere Pilzspezialistin. Sie fand und bestimmte *Tubeufia ovatum* und *Tubeufia aurantiella,* die man bisher nur vom anderen Ende der Welt kannte, von Neuseeland und Java. Paläogeographisch genauso wertvoll war der Fund der Flechte *Ostrothelium gigasperum,* die bisher nur aus Südostasien bekannt war.

Riesengroß war die Ausbeute bei den Blütengewächsen. Bereits am ersten Tag wurden drei neue Arten gefunden, die sich als Urahnen von heute in aller Welt bekannten Nutzpflanzen herausstellten – zwei aus der Familie der Apfelsinen und eine aus der Familie der Yucca.

Insgesamt wurden seit der Erstbesteigung des Cerro de la Neblina im Jahre 1953 bis zu Beginn unserer Expedition im Jahre 1983 genau 3833 botanische Belege gesammelt. Wenn wir unsere Ausbeute seither hinzurechnen, kommen wir auf die Zahl von 17 890, allein für dieses Gebirge. Und wir sind sicher, daß noch eine große Zahl von Pflanzen auf dem Cerro de la Neblina auf ihre Entdeckung wartet.

Auch in der Zoologie waren Aufwand und Ergebnisse unserer Expeditionen enorm. Unter den insgesamt 16 Wissenschaftlern aus Venezuela und 35 aus Nordamerika befanden sich 20 Entomologen, 1 Malakologe, 7 Ichtyologen, 8 Herpetologen, 9 Ornithologen und 3 Mastozoologen. Ihre vordringliche Aufgabe war, Belege für den Fundus ihrer Institute zu sammeln und zu präparieren; darüber hinaus führten sie viele ökologische Untersuchungen durch, etwa über die Siedlungsdichte der Arten und die Beziehung zwischen Tieren und Pflanzen. Mit dem Zeichenstift wurden die Färbungen von lebenden Pflanzen und Tieren festgehalten, mit dem Tonbandgerät die Stimmen von

Räuberische Pilze infizieren und töten Insektenlarven, die sich in ihren selbstgefressenen Gängen sicher wähnten. Nur ein winziger Sporenkörper über der Rinde zeugt von dem Tod in der Tiefe

Pilzmasse hat den Körper einer „24-Stunden-Ameise" detailgenau ersetzt. Nun sprießen aus ihm schirmförmige Sporenträger und bilden gespenstische Skulpturen

Vögeln und Fröschen. Im Labor des Basislagers wurden sogar genetische Untersuchungen, chromatographische Analysen und histologische Präparationen gemacht.

Die multidisziplinäre Zusammenarbeit war vorbildlich. So präparierten zum Beispiel die Ornithologen und Mastozoologen für ihre Gefährten von anderen Fakultäten die Parasiten, die sie auf ihren gefangenen Tieren gefunden hatten. Bei den abendlichen Gesprächsrunden gab es vielfachen Meinungsaustausch, der sich oft spontan fast zu Vorlesungen ausweitete.

Von den Gliedertieren, Spinnen und Skorpionen wurden insgesamt allein 150000 Exemplare gesammelt, darunter zehn neue Arten, die sich größtenteils gewissermaßen selber stellten: Wir fanden sie zwischen der Ausrüstung in den Lagern. Ein besonders großer Skorpion wurde in ziemlich malträtiertem Zustand gefunden, weil jemand seine Schuhe am Morgen nicht ausgeschüttelt hatte...

An Schmetterlingen sammelten wir im Durchschnitt sechs bis acht neue Arten täglich. Insgesamt fingen wir 10000 Exemplare, davon 7000 im Tropenwald am Basislager. Von den kleinen Nachtfaltern nehmen wir an, daß fast alle auf dem Plateau gefundenen Arten noch nicht beschrieben sind, und 75 Prozent von denen, die wir im Basislager fingen, waren ebenfalls neu für die Wissenschaft; von den großen Nachtfaltern auf dem Plateau stellten sich 20 Prozent der Arten als endemisch heraus.

152 Libellen-Arten wurden gesammelt, von denen 23 sowie vier Unterarten noch unbekannt sind.

Unter den Ameisen fand man eine ganz neue Gattung und zahlreiche neue Arten. Aufregend waren die Beobachtungen, die wir von dieser Tiergruppe sozusagen hautnah, das heißt in unseren provisorischen Unterkünften, selbst machen konnten. In perfekter Zusammenarbeit führen die Legionen der berüchtigten Wanderameisen, bei denen ein einziges Volk bis zu 300 Millionen Exemplare zählt, ihre Heerzüge aus. Wie eine Flutwelle fielen sie über Boden, Dach, Patio, Küche, Labor und Schlafräume des Basislagers her. Uns blieb dann gerade noch Zeit, in die Hängematten zu flüchten und von dort aus die Schlacht zu verfolgen: Wie dieses Heer alle Insekten, Spinnen und Skorpione, die der Aufmerksamkeit der Wissenschaftler entgangen waren, erbeuteten, zerlegten und auf ihrer ewigen Wanderschaft mit sich schleppten. Selbst Eidechsen zählten zu den Opfern. Wir waren nicht unglücklich über diese Heerzüge, denn danach war unser Platz frei von vielen Quälgeistern.

Die Ordnung mit der größten Artenzahl im gesamten Tierreich — weltweit etwa 350000 — sind die *Coleoptera*: die Käfer. Dutzende neuer Arten und mehrere unbekannte Gattungen wurden von uns entdeckt. Ein Wasserkäfer aus der Familie der *Elmidae* wurde bereits dem Cerro de la Neblina gewidmet: *Nebligena prima* — „die erste": Das erste neue Tier, das von dieser Expedition wissenschaftlich beschrieben wurde.

Eine ganz besondere Form der Anpassung fand der zuständige Kollege bei einem Wasserläufer —

Nichts ist vor dem Millionenheer der Wanderameisen sicher. Zwischen den riesigen Kieferzangen schleppen sie ihre Beute, aber auch ihre Brut mit sich. Ineinander verhakt, bilden sie von Zeit zu Zeit lebende Nester

jene Insekten, die sozusagen über das Wasser surfen. Dieses Tierchen lebt versteckt in dem Schaum, der sich auf den Schwarzwasserflüssen bildet. Die Larven und die ungeflügelten Zwischenstadien sind cremefarben, genauso wie der Schaum. Die geflügelten ausgewachsenen Tiere dagegen sehen dunkler aus: wohl eine Tarnung für den Flug über dem schwarzen Wasser.

Eine ebenso erstaunliche Entdeckung machte eine andere Expertin: Sie fand auf einem Pilz streichholzförmige gallige Auswüchse von etwa einem Millimeter Länge, und als sie diese unter der Lupe aufschnitt, stellte sich heraus, daß es sich augenscheinlich um eine merkwürdige Symbiose handelt, um eine Lebensgemeinschaft zwischen dem Pilz und einem Insekt: Der Pilz entwickelt ein spezielles Gewebe, um die Larven zu beherbergen. Es handelt sich um Larven, deren erwachsene Form als Insekt man bisher noch nicht entdeckt hat.

Fische konnten auf dem Gipfelplateau Neblinas zwar nicht nachgewiesen werden, aber während der An- und Abreise auf den Flüssen im Tiefland sowie im Basislager wurden auch die Ichtyologen unserer Expedition in jenen Gewässern fündig, die zu den zwei größten Flußsystemen unseres Planeten gehören: der Orinoko und der Amazonas. Die endgültigen Untersuchungen könnten grundsätzlich einigen Aufschluß geben über den Ursprung der Fischpopulationen und damit auch einen Einblick in die erdgeschichtliche Entwicklung zweier Flußsysteme, die vielleicht die ältesten auf der Erde sind.

Sowohl in den klaren Wassern des Rio Baria, des Casiquiare und des Rio Negro wie in den trüben Fluten des Orinoko wurden viele neue Fischarten entdeckt, besonders solche, die sich elektrisch aufladen können und dies als Waffe und zur Orientierung verwenden – eine trotz aller Untersuchungen immer noch geheimnisvolle Eigenschaft.

Zu diesen merkwürdigen Lebewesen gehört auch der berühmt-berüchtigte Zitteraal *Electropherus electricus*, den wir in unserer Badebucht fingen. Er ähnelt einem Aal, ist mit ihm aber nicht näher verwandt; er wird bis zu zwei Meter lang und kann Elektrizität bis zu 500 Volt erzeugen. Damit schreckt er größere Tiere ab, die ihn belästigen, Menschen inklusive.

Zu unseren seltsamen Entdeckungen gehört auch ein Fisch aus der Familie der *Loricariidae*. Er trägt am vorderen Teil seines Kopfes eine Reihe von langen Borsten wie eine Art Pinsel. Er wurde zu Ehren des Neblina *Neblinichthys nillosus* genannt. Über den Zweck und die Funktion seiner Borsten weiß man noch nichts.

Dies kann nur ein vorläufiger Bericht über die Ergebnisse unserer Expeditionen sein. Aber schon jetzt habe ich drei gründliche Arbeiten von Ichthyologen, in denen eine neue Gattung und drei bisher unbekannte Arten aus der Familie der *Characidae* beschrieben werden. Dazu gehört der *Serrabrycon magoi*, nach seinem Entdecker Francisco Mago benannt – ein winziger Fisch, der sich von Schuppen ernährt, die er größeren Fischen ausreißt.

Zu den spannendsten Erlebnissen zählten jene nächtlichen Exkursionen, in denen wir, ausgerüstet mit Laternen und Gewehren, dem nicht zu ortenden allgegen-

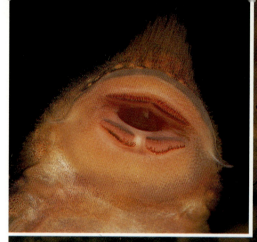

Zu den seltsamsten Kreaturen, die von der Expedition entdeckt wurden, gehört der borstenköpfige Fisch, der mit seinem Saugmaul Algen von den Steinen abweidet. Wie aus Urzeiten muten Panzerwelse an, die im Cañon des Rio Baria gefangen wurden

wärtigen Gesang von möglichen kleinen Ungeheuern nachgingen: Geräusche, die in der Dunkelheit noch fremder klangen und die – wie sich herausstellte – weder von Käuzchen noch von auf Bäumen lebenden Säugetieren, sondern von Fröschen stammten, die hohle, wassergefüllte Stämme als Resonanzkörper benutzen.

Seit langem wußte man von einem geheimnisvollen Tier, dessen Laute mit Tonband aufgenommen worden waren. Eine schwierige und langwierige Suche führte endlich zum Urheber – ein kleiner Frosch. Er erhielt den Namen *Adelastes hylonomos*: „Der im Wald verborgen singt".

Einmal fielen bei einem Platzregen massenweise Kaulquappen vom Himmel. Sie waren aus Eiern geschlüpft, die von Baumfröschen hoch oben im Kronendach des Waldes abgelegt worden waren. Zu ihrem Entwicklungszyklus gehört es, mit dem Regen in Gewässer gespült zu werden, in denen sie ihre Metamorphose beenden können, um als Frösche wieder auf die Bäume zurückzukehren.

Als wir einmal aus dem Erdreich helle Pfeiftöne vernahmen und zu graben begannen, entdeckten wir unter dem dichten Netz jahrhundertealter Baumwurzeln kleine Frösche mit merkwürdigen schaufelförmigen Mäulern. Damit graben sie sich im Erdreich Tunnelsysteme zwischen Blättern und Wurzeln. Dabei entdeckten wir, verborgen unter Blättern und Wurzeln, eine riesige, sieben Meter lange Anakonda. In einer Art Zirkusakt gelang es uns mit sechs Mann, sie aus ihrem Versteck zu ziehen, um sie zu fotografieren. Dann ließen wir sie wieder frei und beobachteten, wie sie den seltsamen Wesen entkam, die wir Menschen für sie wohl gewesen sein mußten.

Nicht weniger eindrucksvoll waren unsere Entdeckungen auf dem kalten Gipfelplateau des Neblina selbst. Einmal, nachdem wir einen kleinen Felsbrocken hochgehoben hatten, beobachteten wir fasziniert mehrere Stunden lang den Eifer und die Sorgfalt eines Frosches der Gattung *Oreophrynella*, wie er sich in dem aufgedeckten Nest um seine kugelrunden Eier kümmerte; seine Nachkommen schlüpfen ohne das sonst bei Fröschen unabdingbare Wasser, und ohne das Stadium einer Kaulquappe zu durchlaufen.

Insgesamt hat unsere Expedition 110 verschiedene Amphibien- und Reptilienarten gesammelt. Von den 17 verschiedenen Arten, die wir auf dem Plateau fanden, sind 14 neu für die Wissenschaft. Es gelang, die Population einer wenig bekannten Kaiman-Art, *Paleosuchus trigonatus,* zu untersuchen, den man „Baba Negra" nennt: schwarzer Kaiman. Biogeographisch ist das ein besonders wichtiger Erfolg.

Durch die Beteiligung von Ornithologen an der Expedition dreißig Jahre zuvor war auf dem Gebiet der Vogelkunde bereits einiges bekannt; doch die jetzt angelegte Sammlung von rund 2100 Exemplaren, die sich auf 266 Arten aufteilen – dazu noch die 50 Arten, die nicht gefangen, aber beobachtet wurden –, bereichert unsere Kenntnisse von der einheimischen Vogelwelt ungemein. Auch in biogeographischer Hinsicht: Es wurden zum Beispiel fünf Arten entdeckt, die bisher nur aus den Anden bekannt waren. Außer den taxonomischen Bestimmun-

Auch die Welt der Amphibien und Reptilien bot den Wissenschaftlern so viel Neues, daß sich deren Identität oft erst in den Laboratorien ferner Institute offenbaren wird

gen wurden verhaltenskundliche Studien angestellt, zum Beispiel über die Hochzeitstänze und Gesänge des Felsenhahns.

Inzwischen wurden für die Fachwelt die ersten Arbeiten über die Vögel des Cerro de la Neblina veröffentlicht. Darin werden drei neue Unterarten der Fliegenfänger aus der Familie der *Tyrannidae* beschrieben — anhand des Materials aus unserer Expedition. Sie scheinen endemisch für den Neblina zu sein und wurden nach den Ornithologen benannt, die unermüdlich damit beschäftigt waren, die Vögel zu fangen. Die Bälge mußten oft unter schwierigsten klimatischen Bedingungen präpariert werden: Feuchtigkeit und Schimmel setzten unseren Experten heftig zu.

Ein anderes Glanzstück an Durchhaltevermögen: Die Wissenschaftlerin Mercedes Foster mußte einmal, als der Hubschrauber defekt war, ganz allein auf dem völlig überschwemmten Gipfelplateau elf Tage ohne Nahrung ausharren, wobei sie sich von Schlangen und Kolibris ernährte, die sie gesammelt hatte.

Die Spezialisten für kleine Säugetiere sind beinahe naturgemäß gute Jäger. Da sie es meist nur auf die Felle und Skelette abgesehen haben und das Fleisch wegwerfen, werden sie immer vom Koch verfolgt, der nachsieht, was er von der Beute gebrauchen kann. Auf unserer Expedition zeichnete sich besonders Alfred Gardner vom Smithsonian-Institut dadurch aus, daß er uns seine gefangenen Ratten fürs Abendessen anbot und sie auch schmackhaft zubereitete.

An Säugetieren wurden insgesamt 837 Exemplare gefangen, die zu 94 Arten gehören, und wir konnten noch neun weitere beobachten, ohne ihrer habhaft zu werden. Obwohl seit dem 19. Jahrhundert kaum noch neue Säugetierarten in der Welt entdeckt wurden, hat unsere Expedition eventuell gleich drei unbekannte gefunden: eine Fledermaus, vermutlich aus der Gattung *Histiotus,* und mit Sicherheit eine Unterart der *Marmosa Impavida* — also ein Beuteltier und eine Maus.

Über Erwarten eindrucksvoll war die Ausbeute aus der Familie der fliegenden Säugetiere: Mit Netzen, die das Radar der Fledermäuse nicht reflektieren, wurden insgesamt 60 verschiedene Arten erbeutet — in der Kürze der Zeit ein Rekord. Aber auch hier werden weitere Expeditionen noch Überraschungen bringen. Wir werden dann gewiß einen viel weiteren Reichtum an Arten mit ihren Spezialisierungen und Anpassungen entdecken als bisher: die kleinen Fledermäuse, die auf Insekten spezialisiert sind oder auf Früchte; die Fledermäuse mit den langen Zungen, die sich vom Nektar der Blüten ernähren und sie dabei bestäuben; schließlich die riesigen fleischfressenden Fledermäuse mit ihren 70 Zentimeter langen Flügeln. Da gibt es ferner in ihrer Lebensweise wenig bekannte andere große Fledermäuse, die sich aufs Fischen spezialisiert haben. In stillen Nächten konnten wir hören, wie sie im Flug mit ihren langen Krallen das Wasser durchfurchen, um ihre Beute zu packen. Schließlich fehlen uns auch noch genauere Beobachtungen der Vampire, deren Überleben davon abhängt, frisches Blut zu lecken. Einmal sahen wir, wie sie auf der Suche nach einem Opfer über den Lagerplatz krochen und sich im Schatten, den unsere Lampen warfen, versteckten.

Die Resultate der Expedition, wissenschaftlich verarbeitet und publiziert, werden erst allmählich erscheinen, in Venezuela und im Ausland, in den verschiedensten Fachzeitschriften; es ist sogar ein periodisches Bulletin vorgesehen, das wir einfach „Neblina" nennen möchten.

Ansonsten gilt wohl für die Expedition im Ganzen die Antwort, die eines ihrer Mitglieder auf die Frage gab, wann die Ergebnisse insgesamt vorlägen: „Viele der Experten, die das gesammelte Material studieren und klassifizieren werden, sind noch nicht geboren."

Stichwort-Verzeichnis

(Kursive Seitenzahlen verweisen auf Bilder)

A

Acevedo, Miguel 213
Acineta alticola 144
Ackerbau 250
Acosta, José de 84
Acuna (spanischer Jesuit) 276
Adelastes hylonomos 358
Ademi-Sprache 244
Adler 250
Affen 95, 131, 250, 275f., 284, 320f.; *285*
Agaven 56
Akuena-See 244
Algen 140; *33, 357*
Alkahid 344
Alligator *265*
Alter (der Tepuis) 44ff., 196ff.
Altersbestimmung (von Gesteinen) 44ff.
Amazonas(becken) 34,43, 54f., 78, 128, 239, 274, 276, 290, 297, 356; *89*
Amazonas (Bundesstaat) 250, 272
Amazonen 90; *89*
Amboßfrosch 294
Ameisen s.a. Wanderameisen 34f., 180, 210, 213, 216, 219, 286, 290, 333, 354
Amerigo Vespucci 81f.
Amphibienarten, unbekannte 140, 358; *358*
Amyris 297
Anakonda 292f., 336, 358; *281*
Ananas 279
Ananasgewächse 141, 213; *207*
Anden 85, 279, 358
Angel, Jimmy 133
Angel-Wasserfall 131ff.; *130*
Anophelesmücke 315
Antherium 59
Antike 81, 90
Antipoden 81
Aonda-Cañon 130, 151
Apcynaceae 122f.
Apfelsinen (Pflanzenfamilie) 352
Aphanocarpus steyermarkii 186; *187, 188, 219*
Ara s.a. Papageien 131, 275, 284, 333, 337; *314*

Araliaceae 45
Arawak 236
Arizona 131
Artenentstehung s.a. Evolution 197ff.
Artenkonkurrenz 54
Artenvielfalt (des Regenwaldes) 250
Arum 59
Arundinaria schomburgkii 242f.
Assimilation 214, 221, 283
Atures 239
Atures-Stromschnellen 238
Auslese, natürliche 197
Australien 221
Aufklärung 95
Azteken 84, 86

B

Baba Negra 358
Bahamas 80
Bakterien 213, 220f., 291
Balsaholz 282
Balztanz (der Felsenhähne) *306, 309*
Bambus 242
Bananenblätter 240f.
Bananen-Pflanzungen 251
Baré-Indianer 250, 348
Baria-Cañon 288
Bartflechten 192
Bauchspeicheldrüse 220
Baumschlange *266*
Befreiungskrieg (der Makiritare-Indianer) 239
Beißfliegen 318f.
Bejuca de Mavacure 239f.
Bergkristall 51; *51*
Berglöwe 199
Berrio, Antonio de 85ff., 92, 95
Bertholletia 240
Beuteltier 359
Bienen 219; *287, 351*
Bignoniaceae 122
Blanco, Ramon 135f., 180, 195, 315, 322, 341; *137, 338*
Blasrohre s.a. Curare 240ff.
Blasrohrherstellung 242f.
Blattformen (der Tepui-Vegetation) 209ff.
Blepharandra hypoleuca 122
Blohm, Thomas und Cecilia 349
Boas 95
Bogotá 85
Bolivar, Simon 76, 272f.
Bongo (Einbaum) 274ff., 283ff., 292, 314ff., 324; *261*
Bonnetia-Bäumchen 187ff., 196; *50, 122, 173, 175, 188*

Bonnetia roraimae 45, 186, 188
Bonpland, Aimé 239, 241, 274
Brasilien 34, 78, 238, 273f., 290, 344
Brasiliennüsse 242
Brassia bidens 144
Brewer Carias, Charles 51ff., 152, 156, 158ff., 274ff., 280, 286, 294; *156, 258*
British Guyana s.a. Guyana 38, 240
Brocchinien 186ff., 196, 213f., 219, 221, 324, 330; *185, 207, 209, 325*
Brocchinia acuminata 120, 122, 186
Brocchinia hechtioides 213; *122, 219*
Brocchinia reducta 213; *45, 122, 186*
Brocchinia tatei 187, 188
Bromeliaceen 59; *45, 122, 188, 219*
Bromelien 59, 141, 151, 195, 213, 279, 290, 328; *141, 183, 305, 328, 338*
Browne, Charles Barrington 40
Brüllaffen 320; *285*
Bry, Theodor de 82
Buache, Philip 276
Bulbophyllum exaltatum 144
Buschmänner 250

C

Cactus 56
Calaboza 296f.
Cambessedesia roraimae 60
Canaima 128; *106*
Cañon 48f., 128ff., 140f., 183f., 187, 189f., 196, 326ff., 332; *328, 348*
Cañon de Bera 297
Caracas 128, 133, 195, 272f., 314, 334f., 341, 349
Carice 240
Carnea 56
Carnivorie s.a. fleischfressende Pflanze 213ff.
Cassava-Brot 244, 249
Castilleja scorzoneraefolia 94
Catamahaco-Baum 344
Cattleya lawrenceana 144; 144
Cattleya-Orchideen 40f., 56, 144; *100*
Cephalotus 221
Cerro Autana 272
Cerro de Bera 299

Cerro de la Neblina s.a. Tepui Neblina 274, 328, 348ff., 356ff.; *344, 347ff.*
Chagaskrankheit 322
Characidae 356
Chaymas-Indianer 297
Chimantaea 186; 184
Chimantaea cinerarea 138
Chimantaea huberi 186
Chimantaea lanocaulis 187
Chimo Garcia 274, 279, 288, 290ff., 315ff.; *274*
China 80
Chita 85f.
Chitin 221
Christentum (Bekehrungen zum) 95
Churún Cañon 133, 146
Churún Merun (Wasserfall) 131
Ciracaguero-Baum 241
Ciudad Bolivar 156
Civrieoux, Marc de 244
Cladonia 187
Cladonia congesta 122f.
Cladonia rangiferina 56
Clusien 56, 297
Cocomia 56
Co-Evolution 142
Coleoptera 354
Colibri coruscans *41*
Colorado 131
Condamine, Charles Marie de la 239
Connellia augustae 45
Conquista 84
Copeicillo violáceo 132
Cordona Puig, Felix 133
Cortez, Hernando 84, 86, 90
Corupira (Waldgeist der Indianer) 294f.
Cosmibuena 56
Cottendorfia paludosa 188, 219
Crescentia 241
Cucurito-Früchte 247
Culimacari (Granitfelsen) 279

Cumana 297
Curare 88, 239ff.
Curareherstellung *240, 241*
Cyperaceae 122
Cyrilla racemifloria 186

D

Dalfinger, Ambrosius 84
Delphine 274
Desmoncus horridus 283
Darice (mythische Gestalt) 244ff.
Darlingtonia 221
Darwin, Charles 40ff., 197, 220
Datierung (von Gesteinen) 45ff.
Delascio, Francisco 195; *194*
Deutsche Überseebesitzung 84
Diamantenminen 78
Diamantensuche 51, 78, 92, 130, 140, 272
Didymiandrum stellatum 122
Diez de la Fuente, Apollinar 239
Digomphia laurifolia 122
Dinoshi (Adler der Makiritare-Mythologie) 244
Dolerit 45
Dorfteilungen 251
Doyle, Arthur Conan 34, 42, 51, 54, 130, 148; *60*
Drogen 344
Drosera 187, 190, 210, 213, 221
Drosera roraimae 220
Drüsenhaare (der fleischfressenden Pflanzen) 213, 216
Drüsenzellen (der fleischfressenden Pflanzen) 220
Durin, Bernhard *287*
Dynastes hyllus 287

E

Ebena (Droge) 344
Echsen 331
Edelsteine 92
Eidechsen 354; *351*
Einbaum s. Bongo
Einbaum-Bau *243*
Eisenminen 239
Eiweiß-Verdauung (der fleischfressenden Pflanzen) 220
El Dorado 36, 76ff., 85ff., 90, 153, 239, 324; *74, 89*
Electropherus electricus 356
elektrische Fische s.a. Zitteraale, Zitterrochen 296ff., 356; *293, 296ff.*

Elektrisiermaschine 296f.
Elizabeth, Königin 92
Elmidae 354
Endemische Arten 138f., 144, 213, 221, 330, 354, 359; *24, 41, 120, 184*
Engerling 333
England 88
Entdeckungsreisen 80ff., 95
Entomologe 322, 352
Entwicklungstheorie (Darwins) 40ff.
Enzyme 215, 220f.
Epidendrum durum 144
Epidendrum ramosum 144
Epidendrum spec. 186
Epidendrum vespa 144
Epiphyten 141, 144, 148, 188, 196; *141*
Epistephium duckei 144
Erdgeschichte 48ff.
Erdheim, Mario 82f.
Ericaceen 186, 190; *45, 122, 187, 188, 219*
Eriocaulaceae 122, 187
Eriopsis biloba 143, 144
Erosion 34, 48, 148, 198f., 236, 333
Eschweilera rigida 283
Esmeralda 239ff.; *240*
Essequibo 54
Everardia montana 122
Everardia vareschii 186
Evolution 41, 146, 197, 221, 251, 332
Exaerete smaragdina 287

F

Fabelwesen 81, 95; *81*
Falkland-Konflikt 349
Falter s. Schmetterlinge
Fangblasen (der Utricularia) 214f.
Fanuru 238f.
Farne 59f., 352; *193*
Felsenhähne 337, 359; *306, 309*
Felsgravuren (primitive) 280
Fermente 220
Fiesta de la juvias 240
Fische 280f., 356; *357*
Fischfang (der Indianer) 282, 297ff.; *317*
Fischotter 130, 250
Flechten 56, 192, 352; *186, 209*
Fledermäuse 76, 291, 320f., 359
Fleischfressende Pflanzen 180, 187, 189, 210ff., 218ff.; *207, 212, 219*
Fliegen 316ff.; *317*
Fliegenfänger 359
Flugsaurier s.a. Saurier 196; *197*
Flußblindheit 87, 316

Foster, Mercedes 359
Frankfurt/M. 82
Französisch-Guyana 76
Frauenraub 251
Friedensfest 252f.; *227*
Friocaulaceen 186
Fritz (Jesuit) 276
Frösche 358
Fudena 349

G

„Gabelteilung" 276, 279
Galapagos-Inseln 41, 197
Galvanisierung 297
Gardner, Alfred 359
Garimperos 76
Gaultheria 56
Geburtenkontrolle 251
Geckos 76
Genlisea 187, 213
Gentianee 59
Gentianaceae 122
Gesichtsbemalung 333
Gesnerien 56
Gestensprache (der Yanomami) *245*
Gewitter 36f., 140, 153f., 292, 318f., 324f., 330, 332f., 341; *31, 39, 256, 279, 312*
Gibson, Henry 156
Givnish, Th. 213
Glasfrösche 320
Gliedertiere 354
Glimmer 60
Glossarion rhodanthum 120
Gneis 46
„Goldener König" s.a. El Dorado 85, 94
Goldenes Reich der Inka 88, 90
Goldgräbersiedlung 195
Goldfluß 133
Goldfärbung der Flüsse *70*
Goldminen 78, 84ff., 94, 239
Goldsuche 78, 84ff., 133, 272, 284
Gondwanaland 48
Gongylolepis spec. 120
Grabert, Helmut 198f., 333
Graffenrieda sessilifolia 120
Granitfelsen 279, 314, 333, 336, 348
Granitintrusionen 315, 336
Gran Labirinto del Norte 51
Gran Sabana 78, 213, 238, 272; *74, 134*
Griechen (als Entdecker) 80
Guácharos 157ff.; *161*
Guatavia 85, 94
Guaykeri 297
Gürteltier 88

„Guter Wilder" (Mythos) 95
Guyana s.a. British Guyana, Französisch-Guyana 34, 54, 76, 79, 85f., 88, 90ff., 236, 240, 276; *89*
Guyanaschild 34
Gymnotus electricus 292, 296ff.; *296ff.*

H

Habernaria leprieurii 144
Haiti 80
Halbnomaden 250f.
Hanbury-Tenison, Sir 349
Hängematte 285f., 354; *253, 319*
Harling, Roy 315, 333
Harnsäure 220
„Häuser der Götter" s. Tepui
Hekura 344f.
Heliamphora 187, 190, 196, 213ff., 218ff., 326, 330; *23, 122, 217, 218, 220*
Heliamphora heterodoxa 215, 218
Heliamphora ionasii 215
Heliamphora minor 215
Heliamphora nutans 215
Heliamphora tatei 215, 218; *213, 219*
Heliconien 59
Hemming, John 86
Hemmings, Dr. 349
Hepaticae 45
Herpetologen 352
Heuschrecken 213
Hexenkult 84
Histiotus 359
Hochmoor s.a. Moore *122f.*
Höhlensysteme (der Tepuis) 152, 161
Holst, Bruce 183f., 195f.; *182*
Hubschrauber 133f., 146ff., 151ff., 156, 178f., 192f., 208, 274, 296, 314, 316, 322ff., 330ff., 334ff., 359; *115, 117, 151, 182*
Humboldt, Alexander von 95, 128, 239ff., 274ff., 292, 296ff., 348; *95, 240*
„Hungerfluß" 128
Huuio (mythische Wasserschlange) 250
Hypolytrum tepuianum 122f.

I

Iamankave (mythische Gestalt) 244ff.
Iaranavi 238f.
Ichtyologen 352, 356
Im Thurn, Everard 40ff.

Indianer s.a. Chaymas-Indianer, Makiritare-Indianer, Mandavaca-Indianer, Pemon-Indianer, Yanomami-Indianer 82ff., 88, 92, 94, 140, 178, 236ff., 272f., 280f., 284, 290ff., 297ff., 315, 322, 330, 344ff.; *39*
Indianersklaven 94
„Indien" (Entdeckung) 79ff.
Inkas 84f., 88
Insekten 216, 219, 221, 250, 316ff., 324, 355; *287, 351*
Insektenlarven 251, 333; *352*
Insektenplage 279; *321*
Insekten (in Co-Evolution mit Orchideen) 142
„Insel der Seligen" 80f.
Irlbachia coerulescens 122
Iyako (mythische Gestalt) 244ff.

J

Jaffe, Klaus 126, 213, 220
Jagd 251, 292; *245*
Jagdbeute *293*
Jagdtabus (der Indianer) 250
Jaguar 95, 249, 339f.; *310*
James VI. 92
Jaspis-Felsen 78f.; *79*
Jaspis-Lager 72
Java 352
Javita 240
Jenseits-Vorstellung (der Indianer) 248
Jungermannien 58
Juvias 240

K

Kadiio (mythisches Tier) 249
Käfer 354; *35, 202, 234, 265, 285, 287*
Kaffeegewächse 186
Kaiman-Art 358
Kalium 221
Kamarata 154
Kamaso (mythische Gestalt) 246ff.
Kannenpflanzen 213, 216ff.; *215, 217, 220*
Kannibalen 82f., 86; *83*
Kannibalismus 84, 244
Karibische Inseln 80, 85
Karl V. 84, 94
Kartographie 81ff.
Kaulquappen 358
Kautschuksammler 290f.
Kegelia houtteana 144
Kieselsäure 198
Klima (der Tepuis) 140, 213
Klimakreislauf (des Regenwaldes) 326

Klimaxvegetation 221
Klimaxwald 188f.; *188*
Kochbananen 273
Koch-Grünberg, Theodor 242f.
Kokainschmuggel 272, 314
Kolibris 153, 326, 359; *41, 327*
Kolonialpolitik (spanische) 95
Kolumbien 85, 272, 314
Kolumbus 80ff.
Konquistadoren 82ff., 95, 238
Körperbemalung 315, 344f.; *225, 229*
Kosmologie (der So'to) 244ff.
Krebse 326, 331
Kriege 251ff.
Kriegsbemalung *225*
Kröte *265*
Krokodile 95, 280, 284, 292; *293*
Krustenflechten *17*
Kuba 80
Kuchi (mythische Gestalt) 244f.
Kude'ene (Wasserschlange der Makiritare-Mythologie) 244
Kugelform der Erde 80ff.
„Kuratas" (Blasrohre) 240

L

Lachsboa *285*
Ladenbergia 56
La Esmeralda 239
Laime, Alexander 128f., 148, 236; *129*
Lankester, Ray 42
Las Casas, Bartolomé de 82, 94
Laubmoos 188
Lau Lau 320, 339
Lebermoose *45*
Ledothamnus atroadenus 186
Ledothamnus Elisabethae 59
Ledothamnus guianensis 39; *122, 187*
Ledothamnus sessiliflorus 120
Ledothamnus spec. 188
Leidener Flasche 296, 299
Lentibulariaceae 122f.
Leopolidinia pulchra 283

Stichwort-Verzeichnis

Leuchtinsekten 320
Liane 34, 76, 239, 241, 278, 284, 290, 316f.; *295*
Libellen-Arten 354
Lichenen 58
Liliaceae 45
Liliengewächse 186
Limonen 273
Lindmania holstii 183
Lindsaea schomburgkii 193
Lindsaea stricta 193
Lisner, Ron 331f.; *331*
Llanos 85f., 296f.
Lopez de Gomara, Francisco 239
Lophornis pavonina 327
Loricariidae 356
Löwe 199
Luftfeuchtigkeit 318
Luteyn, James 350
Lycopodium alopecunoides 45
Lyell, Charles 40

M

Macairea cardonae 219
Macairea chimantensis 188
Macizo de Chimanta 134
Macrocarpaea quelchii 120, 122
Mado (mythische Gestalt) 249
Madunawe (mythische Gestalt) 246ff.
Magnesium 221
Mago, Francisco 356
Maguire, Basset 248f.
Maguireaothamnus speciosus 120, *122f.*
Mahaivadi 239
Maipures-Stromschnellen 238
Makiritare-Indianer 236ff.; *243*
Makunaima 54, 178, 195f.
Malakologen 352
Malaria 315
Malluoetia glandulifera 283
Malpighiaceae 122
Manáos 273f.
Mandavaca-Indianer 274, 314, 324
Mandevilla benthamii 122f.
Mangobäume 273
Mangroven 141
Maniok 85, 241, 273f.
Maniok-Pflanzungen 251
Manoa-See 85, 88; *89*
Marahuaka (mythischer Baum) 246ff.

Marahuacaea spec. 219
Maravaca 242
Marco Polo 79f.
Marima 54
Marmosa imparvida 359
Martyr, Petrus 84
Mastozoologen 352f.
Maturacá 344; *295*
Mauritia aculeata 283
Mausarten 359
Mavacurare 240f.
Maxillaria 56
Maxillaria auyantepuiensis 144
Maxillaria nasuta 144
Maxillaria quelchii 143
Maxillaria ramosa 144
Mc Diarmid, Roy 54, 350
Mc Phee, John 46
Meisneria cordifolia (Benth.) 56
Melanesien 221
Melastomacee 60
Melastomataceae 122, 219, 330
Menschenfresser 82f., 95, 324; *83*
Merian, Maria Sibylla *90*
Meseta Sarisariñama 152, 156ff., 161; *156, 159*
Mexiko 84, 86, 90
Michelangeli, Armando 126f., 131, 135f., 140, 178f., 195, 199, 250, 314ff., 324, 331, 334f.; *127*
Michelangeli, Fabian 126f., 187, 336; *212*
Mimosen 56, 297
Missionare 238f., 241, 272
Montanus, Arnoldus *86*
Montrichardia arborescens 283
Moore (der Tepuis) 138f., 148, 183, 187, 190, 196, 209, 326, 330ff.; *122f.*
Moorvegetation 331
Moose 56f., 186, 328, 352; *17, 44, 141, 328*
Moostierchen 187
Morphofalter 131, 284
Moskitoplage 280, 348
Mücken 219f.
Mückenlarven 214, 220
Mutation 197
Myrica 56

N

Nachtfalter s.a. Schmetterlinge 354
Nährstoffarmut (der Tepui-Böden) 221
Nährstoffkreislauf (des Regenwaldes) 128, 144f., 282f.
Navia splendens 45
Nebligena prima 354
Neblinaria celiae 347
Neblinichthys nillosus 356

Nepenthes 221
Neugranada 279
Neuseeland 352
Niagara-Fälle 131
Nietnerien 186
Nietneria corymbosa 45, 186, 187
Nitrat 221
Nobolebe (Indianer-Seele) 250
Nomaden 274
Noneschi (Indianer-Schattenseele) 250
Nott, David 156ff.
Nyeomia 220

O

Ochnaceae 122
Octoblepharum albidum 56
Octomeria integrilabia 144
Odontoglossum 56
Odosha (mythische Gestalt) 244ff.
Ökologie 186, 250
Ökologische Nische 142, 282
Ökosystem (der Tepuis) s.a. Pflanzengemeinschaften 219ff.
Oncidium 56
Oncidium carthagenense 144
Oncidium orthostates 144
Onoto 344f.
Opium 241
Optimalvegetation 186f.; *187*
Orchideen 40f., 56, 59, 141ff., 151, 153, 186, 195, 290, 324f., 330, 337, 341; *100, 141, 143ff.; 325, 338*
Orchideen-Paradies (auf dem Auyan-Tepui) 144ff., 186
Ordáz, Diego de 84ff.
Orectanthe sceptrum 17, 45
Oreophrynella 52f., 358; *24*
Orinoko(becken) 34, 54f., 78, 80, 84ff., 95, 126f., 156, 208, 236ff., 242, 249, 253, 272f., 276, 279, 290, 297, 356; *89*
Ornithologen 352f., 358
Orthosanthus chimboracensis 120
Osmose 215
Ostrothelium gigasperum 352
Osuma, Professor der Entomologie 322, 333
Otostylis spec. 144

P

Pachira aquatica 283
Paepalanthus minutus 122
Paepalanthus spec. 122
Pagameopsis maguirei 120
Paleosuchus trigonatus 358
Palmen 140, 282, 344
Panama 133
Panzerwelse s.a. Welse 357
Papageien s.a. Ara 128, 275; *129, 305, 314*
Paracelsus 82
Paranußbaum 293
Parasiten 282, 322, 354
Pashiuba-Palme 242
Passatwind 78
Pauji 292
Paul III. 94
Peceri 95
Pemón-Indianer 34, 238
Peperomien 59
Peréz, Miguel José 34, 36, 40, 44, 51f., 76ff., 272
Perkins, Harry 40f.
Perro de Agua (Fischotter) 130
Persien 80
Peru 84, 90, 279
Pez-Raya 282
Pflanzenformen (der Tepuis) 138ff., 208ff.; *41*
Pflanzengesellschaften (der Tepuis) 144, 184ff.; *46*
Pflanzenzonen 56
Phelps, William und Kathy 349
Phosphor 221
Phragmipedium Klotzschianum 143
Phrictus d'adema 287
Phylodendron 290; *149*
Piaroa-Indianer 244
Piedra de Culimacare 348
Pijiguao-Früchte 247, 252, 345
Pilze 333, 352, 355; *268, 334f., 352f.*
Pimichin 241
Pionierpflanze 186
Piraiba-Wels s.a. Welse 280
Piranhas 280f.; *280*
Pirá-Pukú-Gebirge 344ff.; *344*
Pizarro, Francisco 84, 90
Plesiosaurier 51, 130
Pleurothallis archidiaconi 144
Pleurothallis imraei 144
Pleurothallis sclerophylla 144
Poecilandra sclerophylla 122
Poreana (Indianer-Geist) 250
Port of Spain 87

Portugiesen (Entdecker) 80
Pozo, Carlos del 296
Prescottia carnosa 143
Priesterkönig 85
Proteasen 220
Psittacanthus spec. 120
Pterodactylen 157
Pterozonium spectabilis 193
Puerto Ayacucho 272ff.
Pupunha-Palmen 344
Pygmäen 250

Q

Quarz 153
Quarzit 183, 198f., 324
Quelchia bracteata 219
Quito 279

R

Radaraufnahmen 34, 156, 282, 314, 324, 333, 348, 350; *322*
Rädertierchen 214
Raja 297
Raleigh, Walter 87ff., 239, 276, 324
Ramon, Manuel 238
Rapataceae 122, 188, 219
Rapatea paludosa 283
Rascha-Palme 252; *233*
Rastro de Abaxo 297
Rauschmittel 252; *251*
Ravenala guianensis 283
Reconquista 84
Regenwald, tropischer, s.a. Tropenwald 144ff., 156, 236, 250, 272, 282ff.; 315, 324, 336
„Regenwüste" 43
Regenzeit 35, 78, 85ff., 128, 153, 199, 218, 290; *31, 102*
Reiher 88
Reptilienarten, unbekannte 358; *358*
Reynolds, Charles 349
Rhynchocladium steyermarkii 122
Rhynchospora roraimae 187
Rio Amazonas s. Amazonas
Rio Aonda 128, 148
Rio Atabapo 236
Rio Atapapo 272
Rio Baria 274, 283, 290ff., 345, 348, 356; *291*
Rio Branco 55
Rio Caroni 55, 87f., 94, 148, 239
Rio Carrao 128f., 178; *106*
Rio Casiquiare 273, 276ff., 290, 315, 348, 356; *277, 279*
Rio Cauaburi 290
Rio Caura 236, 249
Rio Churún 130ff., 153; *102, 155*
Rio Colorado 297

Rio Cotinga 55
Rio Cuya 55
Rio Esseguibo 54f.
Rio Guarapiche 297
Rio Guaviare 272
Rio Iguapo 236
Rio Kamaiba 55
Rio Komaiba 57
Rio Kukenam 55, 79
Rio Kuntinama 249
Rio Kunukunuma 249
Rio Kunuma 236
Rio Manipitare 336
Rio Manzanares 297
Rio Maturacá 290, 348
Rio Mavaca 242
Rio Mazaruni 55
Rio Merevare 249
Rio Meta 297
Rio Metatuni 249
Rio Napo 279
Rio Negro 34, 38, 55, 250, 273ff., 276, 279f., 290, 314f., 348, 350, 356; *275*
Rio Orinoko s. Orinoko
Rio Pacimoni 280ff., 290, 314f., 348; *283*
Rio Padamo 240
Rio Páramu 242
Rio Paru 86
Rio Parucito 86
Rio Siapa 250, 314ff., 324, 330, 334ff.; *317, 322*
Rio Takutu 55
Rio Tama Tama 276
Rio Ucayale 279
Rio Ventuari 236, 242, 249
Rio Yatúa 348
Rio Yuruani 55
Ritualkämpfe 252f.
Röhrenblätter (der fleischfressenden Pflanzen) 213
Román (Missionar) 276
Roraima-Plateau 34ff., 54ff., 60
Rozen, Jerome G. 54
Rubiaceae 45, 122, 219
Ruderfüßler 187
Runchomya 220

S

Sachs, Carl *297f.*
Sahara 48
Salto Angel 131, 135; *109, 111f.*
San Carlos de Rio Negro 273ff., 288, 290, 296, 314, 322f., 330, 334f., 348, 350
Sandflöhe (*Pulex penetrans*) 239f.
Sandstein 60, 183, 189, 196, 198f., 236, 242
Sandsteinplateau s.a. Tepui 34, 44, 48, 56, 274, 315, 328, 348
Sandwüsten 196
San José de Oruna 88
Santo Tomé (Fort) 94
Sarracenia 221
Sarraceniaceae 219
Säugetierarten (der Tepuis) 359
Saurier 40ff., 54, 128f., 148, 192, 196, 199; *197*
Saurierflug *197*
Savanne 78, 178f., 208, 213, 218, 297, 324; *74*
Scaphyglottis grandiflora 143
Schabono 250ff.
Schamanen 344f.; *229*
Schefflera spec. 45
Schildkröten 284
Schilfrohr 242
Schlangen 250, 286, 290, 292, 359; *122, 266, 281, 285*
Schlingpflanzen 59, 240f.
Schmetterlinge 213, 278, 315, 322, 354; *263, 321*
Schomburgk, Robert 38f., 41, 51, 78f., 215, 240ff.; *54*
Schomburgk, Richard 38f., 51, 78f., 187
Schomburgkia undulata 144
Schopfbäume *347*
Schöpfungsgeschichte (der Indianer) 244ff., 253
Schüttellähmung 35
Schwarze Messe 84
Schwarzwasserfluß 128, 280, 324, 356
„Second Wall" 148, 153
Sedimentuntersuchungen (Gesteinsdatierungen) 44ff.
Seeungeheuer 81
Selektion der Arten 40ff.
Semania (mythischer Vogel) 247ff.
Serrabrycon magoi 356
Serrano, Raoul 133ff., 146, 150ff., 156, 341

Sidikarrignuma (mythische Sternenfrau) 253
Siecha-See 94
Siedal 40f.
Sierra de la Neblina s.a. Tepui Neblina 336
Sierra de Unturan 315, 324ff., 333, 336
Silikatsand 186, 208, 221
Silifizierung 198
Sima 152; *156, 157, 159*
Sima Aonda *150, 151*
Shangri La 78, 154, 199; *152, 155*
Siphula 186
Siphula carassana 122f.
Sklavenhändler 290
Sklaverei 94
Skorpione 38, 76, 290; *354*
Smaragde 239
Sobralia Elisabethae 56
Sohirina (mythischer Geist) 253
Solano 278
Sombrulia 337
Sonnenamphoren s.a. *Heliamphora* 190, 215; *23, 202, 204, 215*
Sonnentau-Arten (der Tepuis) 187, 210; *210*
So'to (Makiritare-Indianer) 236ff.
Spanien 94
Spanier (als Eroberer) 84ff., 90ff., 236ff.
Spec. Rubus 60
Spechte 247
Sperrgebiet 272
Sphagnum spec. 122f.
Spinnen 220, 333, 354; *220, 351*
Sphyrospermum buxifolium 188
Spruce, Richard 34, 348
Stachelrochen 282; *282*
Staden, Hans 82
Stegolepis 138, 186, 196
Stegolepis ligulata 186
Stegolepis parvipetala 186; 187
Stegolepis ptaritepuiensis 188
Stegolepis spec. 45, 122
Stegosaurus 153, 190f.
Stelis-Arten *144*
Steyermark, Julian 133, 184, 215, 221, 331; *133*
Stomatochaeta cymbifolia 120

Strategus jugurtha 287
Stromschnellen 324
Strychneen 241
Subero, Armando 126, 141, 180, 195f., 272f., 314ff., 324ff.; *325*
Sukzession 186
Sukzessionsstudien 186, 189
Sumpfwald *283*
Symbiose (zwischen Pilz und Insekt) 356

T

Tachigalia cavipes 283
Tafelberge s. Tepui
„Tal der tausend Säulen" *146*
Tamanaken-Sprache 299
Taoudeni-Becken 48
Tapir 95, 199, 249; *293*
Tavernierung 49
„Tembladores" 297
Tepuis 34, 38ff., 42, 48, 52, 78, 92, 126ff., 144, 152, 178ff., 189, 192, 196ff., 208ff., 236, 251, 296, 324ff.; *21*
Tepui Aparaman (Tepui-Archipel) 154, 178ff., 195, 197, 199, 218; *164, 166, 179, 181, 194*
Tepui Aracamuni (Tepui-Archipel) 213, 216, 314, 324, 331ff., 337; *207, 312, 315, 325, 327f., 332*
Tepui Aratitiope 333, 336ff.; *302, 305f., 337, 340*
Tepui Autana *159*
Tepui Auyan 128ff., 140ff., 161, 178, 184f., 187, 196, 199, 213, 216, 236; *99, 102, 105, 109, 111f., 119, 130, 146, 152, 209*
Tepui Avispa 333
Tepui Ayang-catsibang 54
Tepui Caurauringtipu 54
Tepui Duida 249
Tepui Huachamakari 220, 236, 249
Tepui Humirida 56
Tepui Ilu 192; *8, 166*
Tepui Irutipu 54

Tepui Iwarkarima 54
Tepui Kamarkaiwaran 180f., 192, 196, 199; *164, 182, 198*
Tepui Kukenam 42, 54, 57f., 192; *12, 27, 33, 42, 44, 49, 55, 166*
Tepui Marahua 131
Tepui Marahuaka 218, 236, 244, 249; *219*
Tepui Marima 54
Tepui Murosipan 180ff., 189ff., 196, 199, 218, 337; *166, 171, 173, 185*
Tepui Neblina s.a. Cerro de la Neblina 44, 54, 198, 274, 283, 288, 314, 328
Tepui Ptari *168, 171*
Tepui Roraima 34ff., 54ff., 126f., 184, 192, 198; *8, 10, 17, 34, 37, 39, 50, 51, 55*
Tepui Tereke-Yuren 180; *164*
Tepui Tramen *6*
Tepui Wayacapiapa 54
Tepui Yaruaramo 54
Tepui-Archipel 154, 161, 178ff., 197, 314
Tepui-Entstehung 197ff., 333; *198*
Tepui-Vegetation 140ff., 151, 188, 195, 208ff., 220, 326ff., 331; *10, 14, 17, 41, 46, 120, 124, 185*
Tepui-Wald 144f., 152; *44, 99, 100, 145*
Termiten 128
Terramar 126, 199
Terramar-Expedition 131, 154
Teufelsinseln 76
Theaceae 45, 188
Thibaudia 56
Thibaudia nutans 120, 186, 187, 188, 219
Thyrsacanthus schomburgkianus 56
Tibouchina fraterna 122
Ticunas-Indianer 239
Tillandsien 188, 196; *44*
Tillandsia turneri 45, 188
Titi-Affen 276
Tococo spec. 120, 283
Todesvorstellung (bei den Yanomami) 344
Torf 208
Trichosalpiux roraimensis 143
Trinidad 86f.
Trockenzeit 85, 140, 154f., 178, 218, 280, 291; *109*
Tropenforschung 95
Tropenkrankheiten 86
Tropenökologie 126
Tropenwald s.a. Regenwald, tropischer 187, 283, 315, 332, 354
Truffino, Rudi *130*
Truthahn 292; *293*
Tubeufia aurantiella 352

Stichwort-Verzeichnis

Tubeufia ovatum 352
Tucandera 35
Tucuma-Nuß 242
Tukane 128, 247, 275; *129, 270*
Tyrannidae 359
Tyrannosaurus 153

U

Ulm 84
Urbano, Ramon 349
Urinophilus diabolicus 282
Urumanavi-Indianer 236
USA 314
Usher, James 40
Utricularia-Arten 190, 213ff., 221; *214*
Utricularia humboldtii 187f., 215; *120, 122, 215*
Utricularia quelchii 184, *187*
Utricularia subulata 122
Usnea Australis (Fl.) 56

V

Valle de los Cristales 51
Valle de Mil Colummas 150
Vampirfledermaus 76, 291, 359
Vareschi, Peter 153
Vareschi, Volkmar 34, 54, 126ff., 138, 142f., 153, 183ff., 219, 276, 280; *44, 124*
Vegetation (der Tepuis) s. Tepui-Vegetation
Vegetationsentwicklung (der Tepuis) 188
Veinticuatro (24-Stunden-Ameise) 34f., 290; *35*
Venezuela 34, 38, 44, 76f., 84ff., 94f., 126, 133, 156, 184, 236, 282, 290, 314, 324, 359
Verdauung (der fleischfressenden Pflanzen) 220f.
Versteinerung 198
Verwitterungsformen *190*
Vespucci, Amerigo 81f.
„24-Stunden-Ameise" s. *Veinticuatro*
Violinenvogel 136, 153
Virginia 87
Vogelarten (der Tepuis) 358f.
Vogelspinnen 286, 290; *265*

W

Wachedi (mythische Gestalt) 249
Wald s. Regenwald, tropischer; Tepui-Wald
Wald (der Meseta Sarisarinama) 156ff.
Waldseemüller, Martin 81
Wanadi (Indianergott) 239, 244
Wanderameisen 354; *354*
Wanzen 322
Wasserfälle 78f., 92, 128, 131ff., 140, 151ff., 180, 195, 236, 328; *79, 105, 106, 109, 111, 112, 150, 151*
Wasserflöhe 214
Wasserkäfer 354
Wasserläufer 356
Wasserschlauchgewächse s. *Utricularia*
Wayacapiapa 54
Wedema (mytische Gestalt) 246ff.
„Weiße Flecken" (auf der Landkarte) 81
Welse 280f., 320; *357*
Welser 84
Weltbild (der Waldindianer) *237*
Wespen 290f.

X

Xyridaceae 45, 122
Xyris bicephala 188
Xyris delicatula 122
Xyris spec. 45, 122
Xyris witsenioides 187

Y

Yameos-Indianer 239
Yanomami-Indianer 250ff., 315, 333, 344ff.; *225, 227, 229, 245, 251*
Yucca 352
Yumariquin 240

Z

Zementquarzit 183
Zeugenberg s.a. Tepui 34, 197
Zikade 287
Zitteraal 292, 297ff., 356; *297ff*
Zitterrochen 297
Zunderbaum 138
Zygopetlum tatei 143

Literatur zum Thema

Brewer Carias, Charles: „The Lost World of Venezuela and its Vegetation", Caracas, 1987.

Brewer Carias, Charles: „Roraima", Editorial Arte, Caracas, 1984.

Civrieux, Marc de: „Watunna", North Point Press, San Francisco, 1980.

Degenhard, Ursula: „Exotische Welten — Europäische Phantasien — Entdeckungs- und Forschungsreisen im Spiegel alter Bücher", Katalog zur Ausstellung, Edition Cantz, Württembergische Landesbibliothek, 1987.

Dennison, L.R.: „Devil Mountain", Hastings House, New York, 1942.

Hemming, John: „The Search for El Dorado", Michael Joseph Ltd., London, 1978.

Hudson, W.H.: „Green Mansions — A Romance of the Tropical Forest", AMS Press, New York, 1968.

Humboldt, Alexander von: „Leben und Werk", C.H. Boehringer Sohn, Ingelheim am Rhein, 1985.

Humboldt, Alexander von: „Südamerikanische Reise — Ideen über Ansichten der Natur", Safari Verlag, Berlin, 1943.

Koch-Grünberg, Theodor: „Von Roraima zum Orinoko", Verlag Dietrich Reiner, Berlin, 1917.

Kohl, Karl-Heinz: „Berliner Festspiele — Mythen der Neuen Welt zur Entdeckungsgeschichte Lateinamerikas", Katalog zur Ausstellung, Fröhlich + Kaufmann, 1982.

Mayr, Ernst/Phelps jr., William H.: „The Origin of the Bird Fauna of the South Venezuelan Highlands", Bulletin of the American Museum of Natural History, New York, 1967.

Nott, David: „Into the Lost World", Prentice Hall,

Englewood, Cliffs, N.J.

Schomburgk, Richard: „Reisen in Britisch Guiana in den Jahren 1840–1844", Verlagsbuchhandlung von J.J. Weber, Leipzig, 1848.

Schomburgk, Robert Hermann: „Reisen in Guiana und am Orinoko", Verlag von Georg Wigand, Leipzig, 1841.

Steinvorth-Goetz, Inga: „Uriji jami — Die Waika-Indianer in den Urwäldern des oberen Orinoko", in Kommission Eugen Diederichs Verlag, Düsseldorf/Köln.

Vareschi, Volkmar: „Geschichtslose Ufer", F. Bruckmann, München, 1959.

Vareschi, Volkmar: „Vegetationsökologie der Tropen", Eugen Ulmer, Stuttgart, 1980.

Weidmann, Karl: „La Gran Sabana", Oscar Todtmann Editores, Caracas, 1986.

Winton, John: „Sir Walter Raleigh", Coward, McCann + GEO GheGan Inc., New York, 1975.

Zerries, Otto/Schuster, Meinhard: "Mahekodotedi — Monographie eines Dorfes der Waika-Indianer (Yanomami) am oberen Orinoko", Klaus Renner Verlag, 1974.

Zerries, Otto: „Wild- und Buschgeister in Südamerika", Studien zur Kulturkunde Bd. 11, Wiesbaden.

Bildnachweis

Anordnung im Layout: l. = links, r. = rechts, o. = oben, m. = Mitte, u. = unten

Fotos: Uwe George
außer
T. Abercrombie/National Geographic Magazine: 130 l.
Barbara Brändli: 224–238, 241–253
Charles Brewer-Carias: 35 o., 40 r.o., 109, 120 l.o., m. und r.o., 121 l.m. und u. (3), 143 l.o. und l.u., 158, 159, 168/169, 184 u., 192, 193 l., 205, 210 l., 213, 214 r.u., 216/217, 218, 268/269, 279, 284 o. (3), 285, 293 o., 316 r.u., 317 r.u., 344/345 o., 346/347, 349, 350/351, 353, 354–357, 358 o.
James Collison: 197 o.
Roy McDiarmid: 358 l. und r.u., 359 l.
Hans D. Dossenbach/Ardea: 309
Carlos Ferraro: 143 r.m.
Richard Foster: 310/311
Hans Gerold Laukel: 86/87, 284 o.
Jan Lindblad/Photo Researchers: 197 u.
Armando Michelangeli: 318/319
Fabian Michelangeli: 38, 74/75, 79, 100/101, 121 l.o., 132 o., 136/137 u., 142, 166 u., 167 u., 174/175, 202/203, 214 r.u., 220, 325 r.u., 330, 335 r.o.
Michael Nichols/Magnum/Focus: 30/31, 61 u., 72/73, 108, 128, 129 r.o. und u., 270/271
Wilmer Peres: 151 u.
Jeff Rotman: 281
Julian Steyermark: 133 u.
Armando Subero: 143 r.u., 183, 184 o., 293 u.
Pepper W. Trail: 306/307, 308
Rudi Trufino: 130 r.
Peter Vareschi: 198 o., 335 l.o.
Günter Ziesler: 160/161 o.

Zeichnungen/Illustrationen
The Bettmann Archive: 82
Bibliothèque Nationale, Paris, aus dem Buch „Untersuchungen am Zitteraal" von Dr. Carl Sachs: 297, 298
Bildarchiv Preussischer Kulturbesitz: 90 o., 95 l.o.
aus Strand Magazine, Juni 1912: 3 r.o., 42, 43 l., 61 o., 62–67

Botanischer Garten, Berlin/Reproduktionen J. Liepe: 54 o., 59, 133 o.
Botanischer Garten, Hamburg/Reproduktionen M. Mahn: 56, 240 o.
Brasilien Bibliothek der Robert Bosch GmbH, aus dem Buch „Voyage Pittoresque et Historique au Brésil" von Jean-Baptiste Debret/Reproduktion: M. Mahn: 76/77, aus dem Buch „Expéditions en Amérique du Sud" von F. de Castelnau/Reproduktion N. Koliusis: 282, Zeichnungen von Maximilian zu Wied/Reproduktionen N. Koliusis: 290 u., 314
The Bridgeman Art Library: 60, British Library: 89 o.
British Museum (Natural History), aus dem Buch „Histoire Naturelle" von Jean de Spix: 3 l.m., 95 l.u., aus dem Buch "Hummingbirds" von John Gould: 326 u., aus dem Buch „Avium Brasiliensium Species Novae" von Jean de Spix: 336 o.
British Museum (Prints and Drawings): aus dem Buch „A book of birds, beasts and fishes" von John Overton: 80 r., l.o., l.m.o. und l.u., aus dem Buch „Flowers and insects of Surinam" von Maria Sybilla Merian: 5, 69, 163, 255, 301
Ursula Dönges-Sandler: Innentitel, 132 u., 292
Bernard Durin: Vorsatz vorne und hinten, 84/85, 286/287
Robert Harding Picture Library: 280 r.u.
Herzog August Bilbiothek, Wolfenbüttel: aus dem Buch "De nieuwe en onbekande Weerld" von Arnoldus Montanus: 86, aus dem Buch „Kurze, wunderbare Beschreibung" von Sir Walter Raleigh: 89 r.u.
Ibero-Amerikanisches Institut, Berlin/Reproduktionen J. Liepe: aus dem Buch „Twelve Views" von Charles Bentley: 55, 106, 240 r.u., aus dem Buch „Reisen in British Guayana" von Richard Schomburgk: 78 o.
Ibero-Amerikanisches Institut, Hamburg/Reproduktionen M. Mahn: aus dem Buch „Voyage aux régions equinoxiales du nouveau continent" von Alexander von Humboldt und Aimé Bonpland: 277, 296 o.
The Mansell Collection: 89 l.u.
Nationalmuseum Dänemark: 83
The New York Botanical Garden: aus dem Buch „Iconography of Vegetable wasps and plant worms" von Dr. Yosio Kobayasi und Daisuke

Shimizu/Reproduktion John P. Naughton: 352 l.
Staatsbibliothek, Berlin/Reproduktionen J. Liepe: aus dem Buch „Historia Naturales Palmarum" von Carl Friedrich Philipp von Martius: 58, aus dem Buch „The Temple of Flora" von Robert J. Thornton: 92, aus den Handschriften auf Papier „Pflanzen aus den kaiserlichen Gärten in Wien": 93, aus dem Buch "Voyage aux régions équinoxiales du nouveau continent" von Alexander von Humboldt und Aimé Bonpland: 94, aus dem „Bilderbuch für Kinder" von Friedrich J. Bertuch: 280 r., aus dem Buch „Icones Aroidearum" von Heinrich W. Schott: 3 r.m.o., aus dem Buch „Recueil de plantes des Indes" von Maria Sybilla Merian: 90 u., 90/91, 97, 201, 223, 343
Charles E. Tuttle Co. Inc. Tokyo: aus dem Buch „Into the lost world": 157 o., 160 l.
Ernesto Pannier: 3 r.u., 41 o.
Volkmar Vareschi: 44/45, 122/123, 144, 145, 186, 187, 188 u., 214 l.u., 215, 219, 283.

Alle Vignetten am Schluß der Kapitel von Conrad Gesner (1516–1565) aus den Büchern „Thierbuch" und „Vogelbuch"

Alle Vignetten der Yanomami aus der Sammlung Barbara Brändli

Karten
Cartografia Nacional y Codesur de Venezuela, Caracas: 323, 348, Günther Edelmann: 150 u., 157 u., 291, Detlev Maiwald/Studio für Landkartentechnik: 18, 19–21, Francisco Oliva: 178/179, Fernando Russo: 134/135

BÜCHER VON GEO

Uwe George
Die Wüste

Vorstoß zu den Grenzen des Lebens.
356 Seiten mit 270 Farbfotos.
ISBN 3-570-01665-X
Ausgezeichnet mit dem Kodak-Fotobuchpreis

Joachim W. Ekrutt
Die Sonne

Die Erforschung des kosmischen Feuers.
368 Seiten mit 274 Farbfotos.
ISBN 3-570-01720-6

Peter-Hannes Lehmann/Jay Ullal
Tibet

Das stille Drama auf dem Dach der Erde.
390 Seiten mit 370 Farbfotos.
ISBN 3-570-01721-4

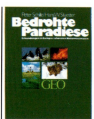

Peter Schille/Hans W. Silvester
Bedrohte Paradiese

Erkundungen in Europas schönsten Naturreservaten.
350 Seiten mit 287 Farbfotos.
ISBN 3-570-04955-8
Ausgezeichnet mit dem Kodak-Fotobuchpreis
(vergriffen)

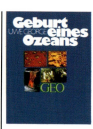

Uwe George
Geburt eines Ozeans

Afrika – Ein Kontinent zerbricht.
362 Seiten mit 278 Farbfotos.
ISBN 3-570-07030-1
Ausgezeichnet mit dem Kodak-Fotobuchpreis

Loren A. McIntyre
Die amerikanische Reise

Auf den Spuren Alexander von Humboldts.
368 Seiten mit 378 farbigen Abbildungen.
ISBN 3-570-07029-8

Erwin Lausch
Der Planet der Meere

Forscher entschlüsseln die Geheimnisse der Tiefe.
382 Seiten mit 440 farbigen Abbildungen.
ISBN 3-570-02058-4

Dankwart Grube/Thomas Höpker
Die New York-Story

Wie aus Mannahatin eine Weltstadt wurde.
384 Seiten mit 483 meist farbigen Abbildungen.
ISBN 3-570-02056-8
Ausgezeichnet mit dem Kodak-Fotobuchpreis
(vergriffen)

Rolf Bökemeier/Michael Friedel
Naturvölker

Begegnungen mit Menschen, die es morgen nicht mehr gibt.
348 Seiten mit 280 Farbfotos.
ISBN 3-570-04742-3
Ausgezeichnet mit dem Kodak-Fotobuchpreis

Wolf Schneider/Guido Mangold
Die Alpen

Wildnis – Almrausch – Rummelplatz.
364 Seiten mit 304 farbigen Abbildungen.
ISBN 3-570-02380-X

Uwe George
Regenwald

Vorstoß in das tropische Universum.
380 Seiten mit 408 farbigen Abbildungen.
ISBN 3-570-04572-2

Klaus Harpprecht/Thomas Höpker
Amerika

Die Geschichte der Eroberung von Florida bis Kanada.
348 Seiten mit 280 farbigen Abbildungen.
ISBN 3-570-07996-1

GEO und NATIONAL GEOGRAPHIC SOCIETY
Der Mensch

Eine phantastische Reise durch den Kosmos in uns.
384 Seiten mit 440 farbigen Abbildungen.
ISBN 3-570-01639-0

Karl Günter Simon
Islam

Und alles in Allahs Namen.
364 Seiten mit 342 farbigen Abbildungen.
ISBN 3-570-06210-4

Uwe George
Inseln in der Zeit

Venezuela – Expeditionen zu den letzten weißen Flecken der Erde.
384 Seiten mit 422 farbigen Abbildungen.
ISBN 3-570-06212-0

Volker Sommer
Die Affen

Unsere wilde Verwandtschaft.
348 Seiten mit 325 farbigen Abbildungen.
ISBN 3-570-03985-4

Reinhard Breuer
Mensch+Kosmos

Expedition an die Grenzen von Raum und Zeit.
350 Seiten mit 400 farbigen Abbildungen.
ISBN 3-570-03470-4

Gerald Sammet
Der vermessene Planet

Bilderatlas zur Geschichte der Kartographie.
348 Seiten mit 383 farbigen Abbildungen.
ISBN 3-570-03471-2

Wolfgang W. Wurster
Die Schatz-Gräber

Archäologische Expeditionen durch die Hochkulturen Südamerikas.
350 Seiten mit 402 meist farbigen Abbildungen.
ISBN 3-570-01000-7

Volker Sommer
Feste, Mythen, Rituale

Warum die Völker feiern.
352 Seiten mit 295 farbigen Abbildungen.
ISBN 3-570-01746-X